Direito Internacional Público

Conselho Editorial
André Luís Callegari
Carlos Alberto Molinaro
Daniel Francisco Mitidiero
Darci Guimarães Ribeiro
Draiton Gonzaga de Souza
Elaine Harzheim Macedo
Eugênio Facchini Neto
Giovani Agostini Saavedra
Ingo Wolfgang Sarlet
Jose Luis Bolzan de Morais
José Maria Rosa Tesheiner
Leandro Paulsen
Lenio Luiz Streck
Paulo Antônio Caliendo Velloso da Silveira

Dados Internacionais de Catalogação na Publicação (CIP)

S462d   Seitenfus, Ricardo
Direito Internacional Público / Ricardo Seitenfus. 5. ed. rev., atual. – Porto Alegre : Livraria do Advogado Editora, 2016.
220 p.; 23cm.
ISBN 978-85-69538-20-2

1. Direito Internacional Público. 2. Relações Internacionais. I. Título.

CDU 341.1/8

Índices para o catálogo sistemático
Direito Internacional Público
Relações internacionais

(Bibliotecária responsável: Marta Roberto, CRB-10/652)

Ricardo Seitenfus

Doutor pelo Instituto de Altos Estudos Internacionais da Universidade de Genebra. Professor Titular do Departamento de Direito da Universidade Federal de Santa Maria/RS.

Direito Internacional Público

5ª EDIÇÃO
Revista e atualizada

Porto Alegre, 2016

© Ricardo Seitenfus. 2016

Foto da capa
Sebastião Salgado - Amazonas Images

Capa
J. Adams Propaganda

Revisão
Rosane Marques Borba

Projeto gráfico e diagramação
Livraria do Advogado Editora

Direitos desta edição reservados por
Livraria do Advogado Editora Ltda.
Rua Riachuelo, 1300
90010-273 Porto Alegre RS
Fone: 0800-51-7522
editora@livrariadoadvogado.com.br
www.doadvogado.com.br

Impresso no Brasil / Printed in Brazil

Aos estudantes brasileiros interessados pelo Direito Internacional, bem como aos que tive o privilégio e a alegria de participar em sua formação.

Prefácio à 1ª edição

Esta *Introdução Direito Internacional Público* é uma contribuição bem-vinda à nossa literatura jurídica especializada. A proposta dos autores é de um texto didático, acessível e moderno.

O caráter inovador está presente no conteúdo e na bibliografia em português, oferecida no início de cada capítulo. Também se inova na literatura de ciência política que permeia o livro – sem que este perca seu enfoque jurídico – acentuando um traço de realismo no exame da matéria.

Devo dizer que estes elementos me agradam muito. Na minha carreira docente, procurei sempre levar os alunos às novas fronteiras do direito, examinar como ele é na hora em que o texto é escrito. A palavra escrita, lamentavelmente, nos permite a visão fixa de um momento de recordação do passado. São fotografias a que algum esboço pode ser ajustado, imaginando o futuro.

Mas o direito é dinâmico, e não é só isso, ele é vivido dentro da realidade.

Se o caráter dinâmico nunca é reproduzido, pode ser sugerido, o que este livro tenta fazer. Também busca a inserção do direito na realidade política e econômica de nossos dias e a apresentação de seus efeitos.

Por essas razões, a obra de Ricardo Seitenfus e Deisy Ventura é útil também aos que não vêm da área jurídica.

Outro aspecto agradável dessa obra é a simplicidade e clareza da linguagem, e a ausência do pedantismo que afeta certos jovens autores, tornando os seus trabalhos dificilmente digeríveis. A economia das citações é útil e permite aos autores expor seu próprio modo de pensar, o que é bom.

Os aspectos modernizadores, entretanto – é bom que se frise –, não sacrificaram a necessária continuidade do pensamento e da tradição jurídica.

As noções históricas básicas, os autores clássicos e suas ideias aparecem na medida justa para que quem se inicia na matéria o faça na justa perspectiva.

Dessa forma, as referências às grandes disputas doutrinárias aparecem severamente, sem tomada de partidos, abrindo aos estudantes o campo para refletir e escolher.

Tratando-se de manual didático com essas qualidades, é de se esperar novas edições. Estas, a par da atualização, permitirão aprofundar outros temas que mereçam maior difusão, como o acesso dos indivíduos aos tribunais internacionais, tão bem analisados pelo Prof. Cançado Trindade, ou a ampliação do estudo da OMC, e do papel da cláusula da nação mais favorecida.

Na verdade, o simples fato de se pensar nas próximas edições já é a aprovação do livro e uma recomendação ao público.

Esperemos que essa obra sirva de marco de referência para uma renovação dos manuais de direito internacional.

Como um prefácio deve se cingir ao essencial e ser a reflexão que a obra provocou em determinado leitor, encerro por aqui, cumprimentando os autores pelo seu trabalho.

São Paulo, janeiro de 1999.

Luiz Olavo Baptista
Professor Titular de Direito do Comércio Internacional da
Faculdade de Direito da Universidade de São Paulo

Siglas e abreviaturas

AFDI	Anuário Francês de Direito Internacional
AG	Assembleia Geral das Nações Unidas
AGU	Advocacia Geral da União (Brasil)
AID	Agência Internacional de Desenvolvimento
AIEA	Agência Internacional de Energia Atômica
ALADI	Associação Latino-Americana de Integração e Desenvolvimento
ALALC	Associação Latino-Americana de Livre Comércio
BCE	Banco Central Europeu
BID	Banco Interamericano de Desenvolvimento
BIRD	Banco Internacional para a Reconstrução e o Desenvolvimento (Banco Mundial)
BIT	Bureau Internacional do Trabalho
BSBDI	Boletim da Sociedade Brasileira de Direito Internacional
CARICOM	Comunidade do Caribe
CARTA	Carta das Nações Unidas
CDI	Comissão de Direito Internacional
CE	Conselho da Europa
CECA	Comunidade Europeia do Carvão e do Aço
CEE	Comunidade Econômica Europeia
CEPAL	Comissão Econômica das Nações Unidas para a América Latina e Caribe
CICV	Comitê Internacional da Cruz Vermelha
CIJ	Corte Internacional de Justiça
CJCE	Corte de Justiça das Comunidades Europeias
CJL	Corte de Justiça de Luxemburgo
Col. CIJ	Coleção de atos da Corte Internacional de Justiça
Col. CPJI	Coleção de Atos da Corte Permanente de Justiça Internacional
Col. Haia	Curso da Academia de Direito Internacional de Haia
Col. MRE	Coleção de Atos internacionais, Ministério das Relações Exteriores do Brasil
CNUCED ou UNCTAD	Conferência das Nações Unidas para o Comércio e o Desenvolvimento
CPJI	Corte Permanente de Justiça Internacional
CS	Conselho de Segurança das Nações Unidas
CSCE	Conferência para a Segurança e a Cooperação na Europa
ECOSOC	Conselho Econômico e Social das Nações Unidas
EFTA	Associação Europeia de Livre Comércio
EURATOM	Comunidade Europeia de Energia Atômica
FAO	Organização das Nações Unidas para a Alimentação e a Agricultura
FMI	Fundo Monetário Internacional
G 7	Grupo dos Sete

GATT	Acordo Geral de Tarifas Alfandegárias e Comércio
IDI	Instituto de Direito Internacional
IMCO	Organização Intergovernamental Consultiva Marítima
MERCOSUL	Mercado Comum do Sul
NAFTA	Área de Livre Comércio da América do Norte
NOEI	Nova Ordem Econômica Internacional
OACI	Organização da Aviação Civil Internacional
OCDE	Organização de Cooperação e Desenvolvimento Econômico
OEA	Organização dos Estados Americanos
OI	Organização Internacional
OIT	Organização Internacional do Trabalho
OMC	Organização Mundial do Comércio
OMI	Organização Marítima Internacional
OMM	Organização Meteorológica Mundial
OMS	Organização Mundial da Saúde
ONG	Organização Não Governamental
ONU	Organização das Nações Unidas
ONUDI	Organização das Nações Unidas para o Desenvolvimento Industrial
ONU-TS	Coleção de tratados publicados pelas Nações Unidas
OPANAL	Organismo para a Proscrição das Armas Nucleares na América Latina
OTAN	Organização do Tratado do Atlântico Norte
PACTO	Pacto da Liga das Nações
PNUD	Programa das Nações Unidas para o Desenvolvimento
PD	Países Desenvolvidos
POP	Protocolo de Ouro Preto
PVD	Países em Desenvolvimento
RBPI	Revista Brasileira de Política Internacional
RGDIP	Revista Geral de Direito Internacional Público (Paris)
SDN	Sociedade (ou Liga) das Nações
SFI	Sociedade Financeira Internacional
STF	Supremo Tribunal Federal (Brasil)
TANU	Tribunal Administrativo das Nações Unidas
TJCE	Tribunal de Justiça das Comunidades Europeias
UAI	União Acadêmica Internacional
UE	União Europeia
UEM	União Econômica e Monetária
UIT	União Internacional de Telecomunicações
UNESCO	Organização das Nações Unidas para a Educação, a Ciência e a Cultura
UNICEF	Fundo das Nações Unidas para a Infância
UPU	União Postal Universal

Sumário

Apresentação..15
1. Fundamentos do Direito Internacional Público..........17
   1.1. Definição e conceitos...17
   1.2. Percurso histórico..18
   1.3. Delimitação teórica..20
        Objeto...20
        Características..21
        Fundamento...22
        Relação com o direito interno...........................23
   1.4. Especificidade..24
        Direito das gentes..24
        Relações internacionais.....................................25
        Direito internacional privado............................25
        Organizações internacionais.............................26
        Direito das relações exteriores..........................26
   1.5. Marco jurídico interno.......................................27
        Papel do Poder Legislativo................................31
        Federalismo...32
2. Fontes do Direito Internacional Público....................33
   2.1. Tratados..34
        Definição..34
        Terminologia...35
        Classificação..35
        Produção do texto convencional......................36
        Acordos de forma simplificada........................38
        Vigência..38
        Caso brasileiro...39
        Conclusão dos tratados multilaterais...............41
        Validade...43
        Aplicação...45
        Interpretação...46
        Conflito de normas..47
        Jurisprudência brasileira...................................48
        Modificação...49
        Extinção...50
   2.2. Fontes não convencionais................................51
        Costume...51
        Princípios gerais de direito................................52
        Atos unilaterais..53

3. Personalidade Jurídica Internacional...56
3.1. Estado...56
3.1.1. Soberania...57
- A soberania e o nascimento do Estado...57
- Soberania interna e soberania externa...58
- Microestados...59
- Vaticano e Santa Sé...60
- Princípio da igualdade jurídica entre os Estados...60
- Soberania e supranacionalidade...61

3.1.2. Território...63
- Limites naturais e artificiais...64
- Aquisição...64
- Princípio da territorialidade...65
- O território brasileiro...67

3.1.3. Jurisdição...67
- Competência internacional...68
- Competência concorrente...68
- Competência exclusiva...70
- Imunidade de jurisdição dos Estados estrangeiros...70

3.1.4. Reconhecimento...71
- Teorias...71
- Modalidades...72
- Reconhecimento de Estado...73
- Reconhecimento de governo...73
- Doutrina do não reconhecimento...74
- Outros objetos de reconhecimento...75

3.1.5. Responsabilidade internacional...75
- Condições...76
- Proteção diplomática internacional...77
- Modos de reparação...78

3.2. Organizações Internacionais...79
3.2.1. Noções gerais...79
- Definição...79
- Principais características...80
- Elementos constitutivos...82
- Reconhecimento...84
- Imunidades...84
- Dissolução...85

3.2.2. Competências...85
- Competência normativa...86
- Competência operacional...87
- Competência impositiva...87
- Competência de controle...89

3.2.3. Instrumentos materiais de ação...90
- Recursos humanos...90
- Financiamento...91

3.2.4. Representação dos Estados-Membros...91
3.2.5. A ONU: o Direito do Poder...92

3.3. Indivíduo...95
3.3.1. Nacionalidade...96
- Aquisição...96

        Perda..97
        Não reconhecimento...98
        Pessoas jurídicas...98
        Navios, aviões e objetos espaciais..99
        Efeitos..100
        Proteção Diplomática...101
    3.3.2. Nacionalidade brasileira...101
        Aquisição..101
        Limitações decorrentes da naturalização..104
        Perda..104
        Reaquisição...105
    3.3.3. Condição jurídica do estrangeiro no Brasil............................105
        Estatuto especial dos portugueses no Brasil...................................107
        Extradição..107
        O caso Cesare Battisti...110
        Expulsão..112
        Deportação...113
        Asilo político..114
    3.3.4. A proteção fundada no direito internacional..........................115
        Proteção internacional dos direitos do homem...............................115
        Declarações e tratados...116
        Implementação dos direitos humanos..118
        Proteção internacional dos trabalhadores.......................................119
  3.4. Outros sujeitos fragmentários...120
        Organização Não Governamental de Alcance Transnacional (ONGAT)..........120
        Empresa multinacional ou transnacional..120

4. Marco Jurídico das Relações Internacionais.................................121

  4.1. Relações diplomáticas e consulares..121
        Estabelecimento e ruptura das relações diplomáticas....................122
        Modalidades de representação diplomática....................................122
        Imunidades e privilégios diplomáticos..123
        Relações consulares...124
        A situação das organizações internacionais....................................125
  4.2. Solução pacífica dos litígios..126
        Negociação diplomática..127
        Negociações através das organizações internacionais....................127
        Meios jurisdicionais...130
        Arbitragem...131
        Corte Internacional de Justiça (CIJ)..133
  4.3. Meios coercitivos de solução de litígios..135
        Doutrina da não intervenção..137
        Realidade da intervenção..138
        Direito da guerra..142
        Direito do desarmamento...145
        Direito internacional humanitário...147
  4.5. Espaços internacionais..148
        Mar..149
        Organização Marítima Internacional, OMI....................................149
        Zonas marítimas sob jurisdição nacional...150
        Demais zonas marítimas...151
        Rios, lagos e canais..152

    Canais internacionais..152
    Rios internacionais..153
    Lagos internacionais..153
    Ar e espaço extra-atmosférico...154
    Organização da Aviação Civil Internacional (OACI)................................154
    União Internacional de Telecomunicações (UIT)......................................156

5. O Direito Internacional Econômico...157
    5.1. O sistema econômico internacional...157
        Banco Internacional para Reconstrução e Desenvolvimento (BIRD)..........158
        Fundo Monetário Internacional (FMI)...158
        Organização Mundial do Comércio (OMC)...161
    5.2. Direito da integração econômica...163
        5.2.1. Direito comunitário..164
            Fontes..164
            Tratados constitutivos..164
            Direito derivado..168
            Acordos internacionais...169
            Princípios gerais..170
            Hierarquia...170
            Estrutura orgânica da CE...171
            Princípios fundamentais...173
            Primazia do direito comunitário sobre o direito nacional...........173
            Aplicabilidade imediata e invocabilidade em juízo....................173
            Contencioso comunitário..174
            A Zona Euro..175
        5.3.2. Direito do MERCOSUL...176
            Fontes..178
            Caráter autônomo...179
            Caráter obrigatório...181
            Jurisprudência brasileira..182
            Estados Associados..183
    5.3. Direito Internacional do Desenvolvimento (DID)................................183
        Nascimento e decadência do DID...184
        Premissas e propostas..184
        Das críticas ao fracasso...187
        Perspectivas para um novo DID..189
        A desigualdade persistente...189
        Condições para a renovação do DID...192

Conclusão...195

Bibliografia..199

Índice analítico..207

Apresentação

A experiência pedagógica demonstrou a necessidade de texto didático e objetivo, de fácil leitura, que introduzisse os alunos na disciplina do Direito Internacional Público (DIP). Perfis diversos encontram-se nas salas de aula consagradas à temática internacional nas Universidades brasileiras. São profissionais do Direito na ânsia de rever seus conhecimentos; alunos do curso de graduação que tencionam um primeiro contato com a matéria; estudantes de Ciência Política, Economia, História e Relações Internacionais que desejam alargar seus conhecimentos; e acadêmicos da pós-graduação em Direito que procuram um debate atualizado, propulsor de novas perspectivas de pesquisa e reflexão.

Da constatação desta demanda, surge este pequeno e condensado manual sobre o DIP cuja preocupação primeira consiste em oferecer ao leitor as noções fundamentais da disciplina. De pronto, transparece a preocupação em conjugar clareza com concisão e fazer eco aos que propugnam uma visão renovada do Direito Internacional Público.

Não desejando um novo Curso de DIP, tampouco uma revisão completa de sua acepção tradicional, houve renúncia a tratar de aspectos não essenciais ou ainda mencionar decisões jurisdicionais.

De um grande esforço de síntese, resultou o pequeno livro que se distribui em cinco capítulos ao longo de quinhentos itens. O primeiro deles debruça-se sobre as noções gerais do DIP, traçando os limites teóricos necessários à compreensão dos demais capítulos. Ele revela desde logo as peculiaridades da ordem jurídica internacional descentralizada. Um quadro dos dispositivos constitucionais que interessam às relações internacionais foi incluído para situar o leitor relativamente aos ditames elementares do ordenamento pátrio. A seguir, o segundo capítulo apresenta as fontes do DIP, estudando os tratados internacionais e as fontes não convencionais. O capítulo seguinte consagrado aos sujeitos do DIP inclui o Estado, as organizações internacionais, mas também o indivíduo e outros sujeitos *fragmentários*.

As relações diplomáticas e consulares, as soluções pacíficas ou coercitivas dos litígios, bem como os espaços internacionais estão no quarto capítulo que define o marco jurídico das relações internacionais. Finalmente, o último capítulo aborda o Direito Internacional Econômico através da análise do sistema econômico internacional, do Direito da Integração (Comunitário e do MERCOSUL) bem como do olvidado Direito ao Desenvolvimento.

Buscou-se, incessantemente, o uso de um vocabulário preciso, direto e compreensível. Evitou-se, ao máximo possível, o uso de citações, tanto de autores como de documentos, na tentativa de dar ritmo ao texto. Muitas delas foram, contudo, inescapáveis e, quando literais, estão identificadas em itálico. Sobre os autores citados, o leitor encontrará suas obras na bibliografia.

Com efeito, dois são os tipos de bibliografia aqui adotados. A bibliografia, ao final do livro, corresponde aos livros, ensaios e artigos consultados. Ela divide-se em bibliografia geral, que aborda de maneira ampla o DIP, e em bibliografia específica, que se cinge a tratar de aspectos precisos. A bibliografia sugerida, ao longo dos capítulos, indica ao leitor uma possibilidade, não exaustiva, de aprofundamento do tema ali tratado.

Do desafio proposto, o leitor pode julgar o resultado. Após quatro edições, a última esgotada em 2008, meu percurso intelectual e profissional e o da Professora Deisy Ventura, dificultou a feitura de uma nova edição. Em razão de novos desafios, Deisy renunciou a participar da atual edição. Portanto, toda a responsabilidade me incumbe. No entanto, é impossível dissociar do texto agora renovado o aporte, feito de justeza e de qualidade, que Deisy impregnou às edições anteriores.

Muitos são os agradecimentos. Em primeiro lugar, a todos os colegas pesquisadores e professores internacionalistas publicistas que se dedicam ao tema, e aos meus grandes incentivadores: os estudantes. Em seguida, a *Sebastião Salgado*, que permite oferecer ao leitor uma capa original: a máquina perfuradora do túnel sob o Canal da Mancha, parecendo um globo gigantesco cravado na terra. Iniciativa de cooperação entre rivais do passado, a construção do túnel, solidificada em imagem pelo gênio de Salgado, inspira diversas interpretações. Enfim, a *Antônio Paulo Cachapuz de Medeiros*, que permitiu o acesso a certos textos legais necessários à pesquisa, e a *Luiz Olavo Baptista*, pelo generoso Prefácio à primeira edição.

Santa Maria, janeiro de 2016.

Ricardo Seitenfus

1. Fundamentos do Direito Internacional Público

Bibliografia recomendada: ALMEIDA-DINIZ, A. J. *Novos Paradigmas em Direito Internacional Público*. Porto Alegre: Sergio Fabris, 1995, 216 p.; DUPUY, R.-J. *O direito internacional*. Coimbra: Almedina, 1993, 178 p.; KAPLAN, M.; KATZENBACH, N. *Fundamentos Políticos do Direito Internacional*. Rio de Janeiro: Zahar, 1964, 383 p.; LACHS, M. "O Direito Internacional no alvorecer do século XXI", in *Estudos Avançados*, vol. 8, nº 21. São Paulo, IEA/USP, maio--agosto/1994, pp. 97-118; MARTINS, P. B. *Da Unidade do Direito e da Supremacia do Direito Internacional*. Rio de Janeiro: Forense, 1998, 73 p. SEITENFUS, R. *Textos fundamentais do Direito das Relações Internacionais*. Porto Alegre: Livraria do Advogado, 2002, 373p.

1.1. Definição e conceitos

1. O Direito Internacional Público (DIP) deve ser definido como o Direito aplicável à sociedade internacional. Esta é composta essencialmente pelos Estados e apresenta-se de maneira descentralizada, ausente uma hierarquia formal. Ao passo que o DIP regulamenta as relações entre sujeitos que possuem personalidade jurídica internacional, o Direito Internacional Privado (DIPr) regulamenta as relações entre particulares e pessoas morais privadas. Portanto, trata-se de regulamentar as relações privadas que apresentam um elemento estranho seja de nacionalidade, seja de local. O DIPr é aplicável quando há *conflito de leis* entre dois ou mais sistemas jurídicos nacionais frente a uma questão concreta.

2. As delimitações teóricas realizadas deságuam em diversos conceitos do DIP. Para Philippe Manin, o direito internacional é o *conjunto de regras*, aqui compreendidas as recomendações das organizações internacionais; *que se aplicam às relações internacionais*, ou seja, aquelas que ultrapassam a esfera de um Estado; *e que não se fundam no direito de um Estado*, eis que o direito interno não tem vocação para vincular nenhum sujeito além de seu autor. Acentuando, assim, o papel da fonte de direito, que deve ser internacional, Manin retém uma definição *formal* do DIP.

3. Em Franz Von Liszt, encontra-se uma concepção *material*. O DIP seria o conjunto de regras jurídicas determinantes dos direitos e deveres mútuos dos Estados que fazem parte da comunidade in-

ternacional, naquilo que se refere ao exercício de sua soberania. A denominação correta do DIP seria então *direito interestatal*. A comunidade internacional seria delimitada por uma *consciência jurídica comum*, fundada tanto na civilização como no comércio.

4. Como todo o direito é a expressão da vida social de uma sociedade, Paul Reuter sustenta que o DIP é o *conjunto de regras que presidem à existência e ao desenvolvimento de uma comunidade internacional em constante mutação*. Para Raul Pederneiras, como condição de existência dos Estados, o direito internacional visa ao *conjunto dos princípios reguladores das relações entre eles. Tais relações, positivadas pelo consenso recíproco, estabelecem um conjunto de normas sobre a atividade jurídica, em situação estável*.

5. Em todas as definições do DIP, está presente o *Estado*, como o principal membro da sociedade internacional e o primeiro sujeito do direito internacional público. Dispondo, durante um longo período, da quase exclusividade deste direito, uma das principais características dos Estados é sua existência como poder supremo. Não se trata, porém, de um poder incondicional, pois limitado pelos compromissos internacionais e pelas regras do direito internacional. Além disso, crescente e salutar papel é destinado ao indivíduo no âmbito do DIP. Neste sentido, a definição de Hildebrando Accioly exala pertinência. Deve-se definir o DIP *como o conjunto de princípios ou regras destinados a reger os direitos e deveres internacionais, tanto dos Estados ou outros organismos análogos, quanto dos indivíduos*.

1.2. Percurso histórico

6. O direito internacional é tão antigo quanto a civilização em geral: ele é uma consequência necessária e inevitável de toda a civilização. A célebre afirmação do Barão Korff pressupõe que todo o relacionamento estabelecido entre grupos humanos organizados, desde que autônomos e de algum modo diferenciados entre si, implica a emergência de um direito internacional. É bem certo, porém, que ao direito internacional, na acepção clássica pela qual hoje o conhecemos, é atribuído um ato oficial de nascimento: a Paz de Vestefália, tratados concluídos em 1648, que puseram fim à Guerra dos Trinta Anos, da qual fez parte a maioria das nações europeias. Base de um direito público da Europa, *jus publicum Europaeum*, estes acordos foram o ponto de partida de numerosos outros tratados que terminaram por constituir um verdadeiro corpo de regras, o *corpus juris gentium* europeu. Instala-se o princípio da soberania, fundado na obrigação de não intervenção nos assuntos internos dos outros

Estados. Consagra-se o postulado da igualdade jurídica entre as soberanias.

7. Antes que os acordos de Vestefália pudessem produzir-se, entretanto, uma doutrina do direito internacional florescia na Europa. Destacaram-se teólogos espanhóis, entre os quais o dominicano Francisco de Vitória (1486-1546), que esboça uma teoria da guerra em pleno apogeu da Espanha. Reprovando as atrocidades praticadas sob o Império de Carlos V, Vitória investigou o fundamento da colonização e combateu a teoria da inferioridade dos povos do Novo Mundo. A seguir, o holandês Hugo Grócio (1583-1645), considerado o pai do direito internacional, do direito marítimo e um dos precursores do direito natural, escreve a obra-prima *De jure belli ac pacis*, em 1625. Inspirado na *Guerra dos Trinta Anos*, em pleno curso, Grócio afirma a necessidade de regulamentar a guerra para evitá-la, em nome de um direito natural, corpo de direitos fundamentais inerentes ao ser humano. Sustenta, ainda, que o mar é um bem comum, que escapa a toda a ocupação e à apropriação privada. Da inspiração dos precursores da disciplina é que deriva um de seus nomes: *direito das gentes*.

8. Tendo sua origem vinculada à afirmação dos próprios Estados nacionais, o direito internacional foi dominado, até o início do século XX, pelo ideário da soberania estatal. Entretanto, da pretensão de cada Estado à soberania absoluta só poderia resultar a anarquia enquanto ausência de direito. Com efeito, às incontáveis guerras que se produziram neste período, o direito internacional não foi mais do que *relacional*. Para René-Jean Dupuy, tratava-se de afastar ou pôr termo aos conflitos armados, através da consolidação da diplomacia. No século XX, malgrado a incapacidade de evitar as guerras se tenha evidenciado, o direito internacional dotou-se de órgãos próprios que lhe faltavam no direito meramente relacional. A premência em solucionar as graves crises contemporâneas nos faz por vezes, como destaca Manfred Lachs, minimizar a impressionante evolução percorrida pela disciplina nos últimos cem anos. No entanto, sua evolução não ocorreu sem resistências.

9. Com o final da Primeira Guerra Mundial, dois fenômenos contraditórios incidem sobre o direito internacional. Por um lado, seu fortalecimento através da tomada de consciência que uma guerra total pode afetar a todos os Estados. Portanto, surge a necessidade de mecanismos diplomáticos e jurídicos, de alcance multilateral, suscetíveis de evitar a hecatombe. Além da criação da Sociedade das Nações, surge a Corte Permanente de Justiça Internacional (CPJI) – muito ativa até 1940 – bem como vários tratados objetivando resolver de forma pacífica os litígios internacionais: Pacto de Locarno

(1925), Compromisso Geral de Arbitragem (1928) e no mesmo ano o Pacto Briand-Kellog de renúncia à guerra como instrumento de política externa dos Estados.

10. Por outro lado, o nascimento da União das Repúblicas Socialistas Soviéticas (URSS) faz surgir a primeira forte contestação dos fundamentos de um direito internacional considerado excessivamente eurocêntrico e a serviço do capitalismo. Esta crítica será reforçada a partir do início dos anos 1950 com a Guerra Fria e o surgimento da China Popular. Além dela, o processo de descolonização e a marginalização da América Latina farão com que surja uma nova vertente crítica. Pouco interessada pelos conceitos ocidentais do direito internacional (igualdade jurídica, soberania, individualismo), ela priorizará a busca da igualdade econômica, propondo novas regras internacionais, tal como a "soberania permanente sobre os recursos naturais", fazendo surgir a Organização dos Países Exportadores de Petróleo (OPEP) em 1960. Este *Direito Internacional Econômico* será abordado ao final deste livro.

1.3. Delimitação teórica

⇒ **Objeto**

11. O Direito Internacional Público, DIP, tal como é conhecido na atualidade, serve a uma tripla função. Segundo Charles Rousseau, assegura-se, primeiramente, a partilha de competências entre os Estados soberanos, cada um possuindo uma base geográfica para sua jurisdição e, não podendo, a princípio, exceder este limite. Em segundo lugar, o DIP impõe obrigações aos Estados no exercício de suas competências, limitando assim a margem de discricionariedade que estes dispõem. Finalmente, a competência das organizações internacionais é igualmente delimitada pelo DIP.

12. Para a Corte Internacional de Justiça, o DIP constitui um fator de organização da sociedade que atende a duas missões bem mais amplas: a redução da anarquia nas relações internacionais e a satisfação de interesses comuns entre os Estados. A vocação de atuação do direito internacional público é a mais ampla possível, pois é duplamente universal: dirige-se a todos os sujeitos e igualmente a todos os espaços. O campo de aplicação do direito internacional público, evidentemente, nem sempre foi marcado por esta amplitude. Tradicionalmente, ele se restringia às relações comerciais, diplomáticas e ao direito da guerra. Contudo, uma progressiva codificação em campos suplementares ocorreu nas últimas décadas, em especial na

área dos direitos humanos, do meio ambiente, do direito humanitário e na regulação do intercâmbio de bens e serviços.

⇒ **Características**

13. *Obrigatoriedade.* As regras de DIP são obrigatórias. Não se trata de cortesia internacional, de conveniência ou comodidade. Aquelas normas não correspondem a uma espécie de moral internacional e, há muito, ultrapassaram a condição de meros enunciados de direito natural. Entretanto, elas não compõem um todo homogêneo. David Ruzié difere um *direito judiciário*, cuja aplicação é controlada pelos órgãos jurisdicionais internacionais, e um *direito político*, aplicado pelos organismos internacionais de forma menos rigorosa, menos técnica e, portanto sujeita a distorções. Para Paul Reuter, o caráter jurídico de uma regra internacional decorre da objetividade do seu enunciado, da generalidade de sua aplicação e de sua compatibilidade com o conjunto das regras já admitidas no sistema.

14. *Fragmentação.* O alargamento do domínio material do DIP é flagrante, especialmente em decorrência do progresso técnico e da interdependência econômica entre os Estados. Além disso, o caráter fragmentário das regras de DIP decorre ainda de suas condições de elaboração, vinculadas à convergência de interesses dos Estados ou de suas relações de força. Mesmo as normas que resultam do costume podem merecer divergentes interpretações. Assim, o DIP assume a forma de uma trama de normas, heterogênea em todos os sentidos.

15. *Consentimento.* Mais do que na elaboração do direito convencional, a vontade estatal é um elemento capital para o DIP. Para que um Estado se comprometa com a regra de um tratado ou para que uma norma seja reconhecida como costumeira, impõe-se o consentimento dos Estados, inclusive daqueles que são diretamente interessados. O *princípio do livre consentimento* é consagrado pela Convenção de Viena sobre o Direito dos Tratados, de 1969, e pela Corte Internacional de Justiça. Relativamente a esta, a submissão de um Estado à sua jurisdição requer o consentimento prévio, que pode ser também limitado por reservas.

16. Entretanto, a criação do direito internacional pode, em certos casos, prescindir do consentimento dos Estados. A mesma Convenção de Viena reconhece a noção de *norma imperativa, jus cogens,* e de *obrigações essenciais* que se impõem ao conjunto dos Estados. Trata-se de normas que não podem ser derrogadas de um tratado sob pena de nulidade. Elas podem ser consideradas uma sensível evolução, que se manifesta também nas atividades de algumas organizações inter-

nacionais, quando são exemplificadas pela interdição do genocídio, da escravatura ou da agressão. Seus críticos apegam-se, entretanto, à percepção de que esta noção pode servir como veículo às aspirações dos Estados mais fortes.

17. *Ausência de poder central.* Inexiste, em seara internacional, uma estrutura de repartição de poderes ao estilo do Estado moderno: prescinde-se de Poderes Executivo, Judiciário e Legislativo mundiais. *Nem código, nem tribunal, nem força pública*, assim Henry Bonfils resumiu, no início do século XX, a objeção à existência do DIP como direito. De fato, este depende, para sua aplicação, da ação dos interessados em aplicá-lo. Sendo limitado o poder de sanção das organizações internacionais, e proibido o recurso ao uso da força, a efetividade do direito internacional permanece em constante sobressalto. Para Kelsen, enquanto a ordem interna é extremamente centralizada, a ordem internacional utiliza a técnica jurídica elementar da autoproteção, característica das ordens primitivas. Trata-se, então, de uma ordem jurídica descentralizada. Pelo que é seguidamente difícil distinguir as medidas que foram tomadas em defesa objetiva do direito ou em socorro aos interesses subjetivos do Estado. A centralização do monopólio da força em âmbito internacional somente poderia ser resultado de uma evolução lenta e gradual. Cécile Tournaye demonstra que esta centralização foi defendida por Hans Kelsen num projeto de organização internacional de jurisdição, apresentado em 1944 (*Covenant of a Permanent League for the Maintenance of Peace*).

⇒ **Fundamento**

18. Tal como o direito interno, duas vertentes doutrinárias explicam o fundamento do DIP. Para a *doutrina voluntarista*, as regras internacionais são produto da vontade dos Estados, assim como o direito interno se funda na vontade dos cidadãos. O voluntarismo possui alguns desdobramentos. Conforme Jellinek, o Estado está comprometido tão somente com o direito que foi objeto de seu consentimento (*teoria da autolimitação*). Segundo Triepel, o DIP nasce da fusão das vontades estatais em uma só vontade coletiva (*teoria da vontade coletiva, Vereinbarung*). Finalmente, para Anzilotti, a intervenção do Estado, mais do que existente, deve ser formalizada.

19. As doutrinas *não voluntaristas* ou *objetivistas* excluem a vontade humana como fundamento do direito. Para o *direito natural*, a razão impõe um conjunto de regras às relações humanas que estendem sua obrigatoriedade ontológica às relações entre os Estados. De outra parte, a *teoria normativista* de Hans Kelsen aponta a *norma fundamental*, da qual decorrem todas as regras jurídicas, como o fundamento do DIP. Enfim, para a *escola sociológica* de Scelle e Politis, a regra de

DIP origina-se no *fato social*, uma coerção que se impõe por si só aos indivíduos.

20. Muitos consideram que a investigação do fundamento do direito, em qualquer de seus ramos, não é um problema jurídico, mas sim filosófico ou moral, o que preconizaria uma visão menos ampla do que deve ser o direito. Pode-se simplesmente prescindir de uma opção, constatando a existência da ordem jurídica internacional que, apesar de suas peculiaridades, é a realidade objetiva de uma longa construção histórica.

⇒ **Relação com o direito interno**

21. Enquanto o direito interno subordina os sujeitos de direito a um poder central que estabelece a lei e os faz respeitá-la, graças a um aparelho institucional que pode recorrer à força, o direito internacional pressupõe a promulgação em comum, por meio de acordo, de uma regulamentação, cabendo a cada Estado avaliar a dimensão do dever que lhe incumbe e as condições de sua execução. Deste panorama traçado por René-Jean Dupuy, visualiza-se um *direito interno de subordinação* e um *direito internacional de coordenação*. Duas concepções teóricas convivem na doutrina no que concerne às relações entre o direito interno e o direito internacional.

22. Decorrente do voluntarismo, o *dualismo* os percebe como dois sistemas jurídicos iguais, independentes e separados. Seus partidários mais célebres, Triepel e Anzilotti, justificam a ideia das ordens paralelas pela diversidade de fontes e de sujeitos de direito, mas igualmente pela diferença de estrutura e de condições de validade entre as duas ordens. Há quem perceba, entretanto, a unidade lógica e sistemática das regras internas e internacionais, o que implica um imperativo de subordinação entre uma e outra. Assim, o *monismo* pode revestir-se de duas modalidades: o que defende a primazia do direito interno sobre o internacional, e o que sustenta o primado do direito internacional sobre o direito interno. O monismo se manifesta pela introdução, mormente nos textos constitucionais dos Estados, de uma cláusula que estipula a supremacia de um direito sobre o outro, hierarquizando suas fontes.

23. O predomínio do dualismo ou do monismo repercute em soluções práticas exigidas pelo convívio internacional. Para David Ruzié, ditas soluções se diferenciam quando se trata da aplicação, em seara interna, do *costume* internacional e dos *tratados* internacionais. No primeiro caso, verificam-se três alternativas. Estados há que adotam, em sua legislação, uma cláusula geral de adoção pura e simples do direito costumeiro internacional, como é o caso da Áustria,

do Japão e da África do Sul. Outros Estados, exemplificados pela Alemanha, mais do que adotar globalmente o costume, indica ainda a sua supremacia sobre o direito interno. Existem, enfim, países que silenciam sobre o tema, como é o caso da Suíça e da Inglaterra.

24. Com referência aos tratados internacionais, pode haver também o silêncio dos textos constitucionais. São mais frequentes, no entanto, três modalidades de tratamento constitucional da matéria. Primeiramente, há cláusulas que conferem aos tratados o valor de direito interno. Um segundo tipo de cláusula vai mais além, determinando a supremacia dos tratados sobre o direito interno. Esta supremacia poderá operar-se sobre a lei, ou sobre a Constituição, ou ainda sobre outros tratados – por exemplo, a prevalência dos tratados sobre direitos do homem relativamente a outros acordos internacionais. Finalmente, há cláusulas que preveem a necessidade de incorporação do texto do tratado ao ordenamento interno, logo a *internalização* do acordo, para que ele encontre sua vigência. Neste caso, os tratados equiparam-se à legislação ordinária.

1.4. Especificidade

25. Diversas disciplinas mantêm acentuada interação com o DIP. A riqueza destes estudos não desmerece, entretanto, a sua especificidade. Ele não deve ser confundido com o direito das gentes, com as relações internacionais, nem com o direito internacional privado. Além disso, ele não pode ser reduzido ao direito das organizações internacionais.

⇒ **Direito das gentes**

26. O DIP foi denominado *jus gentium* por diversos autores de um passado remoto. Muitas críticas são dirigidas à tradução literal da expressão *direito das gentes*, como sinônimo do DIP. É bem verdade que daí pode resultar uma confusão com o *jus gentium* do direito romano, que constituía o direito do Império, em oposição ao direito especial dos cidadãos. Porém, a observação mais frequente atine a um caráter mais amplo do direito das gentes ou a uma gradação entre os dois conceitos. Para John Rawls, o DIP é uma ordem jurídica existente ou positiva, ainda que incompleta sob certos aspectos. O direito das gentes, ao contrário, seria uma família de conceitos políticos que compreendem princípios do direito, da justiça e do bem comum. Assim, o direito das gentes contém os princípios segundo os quais o direito internacional pode ser julgado.

⇒ **Relações internacionais**
Bibliografia recomendada: SEITENFUS, R. *Relações Internacionais*. São Paulo: Manole, 2014, 2ª. edição, 267 p.

27. As relações internacionais pretendem realizar o estudo científico dos fenômenos cuja significação transcende as fronteiras de um Estado. Enquanto esta disciplina encena um *observatório* da vida internacional, o DIP constitui um *determinante* do comportamento dos seus atores e configura, então, um dos objetos de estudo das relações internacionais. Por outro lado, ao estabelecer objetivos comuns de convivência e de cooperação, e ao fixar regras de competição entre os membros da sociedade internacional, ao DIP incumbe a responsabilidade de *ordenar*, do ponto de vista formal, as relações internacionais.

⇒ **Direito internacional privado**
Bibliografia recomendada: ARAÚJO, N. *Contratos Internacionais*. Rio de Janeiro: Renovar, 1997, 230p.; BAPTISTA, L. O. *Dos Contratos Internacionais, uma Visão Teórica e Prática*. São Paulo: Saraiva, 1994, 222p.; CASELLA, P. B. (org.) *Contratos Internacionais e Direito Econômico no MERCOSUL*. São Paulo: LTr, 805p.; DOLINGER, J. *Direito Internacional privado, Parte Geral*, 5ª ed. Rio de Janeiro: Renovar, 1997, 498p.; RECHSTEINER, B. W. *Direito Internacional Privado, Teoria e Prática*. São Paulo: Saraiva, 1998, 314p.; RODAS, J. G. *Direito Internacional Privado Brasileiro*. São Paulo: RT, 1993, 86p.; STRENGER, I. *Curso de Direito Internacional Privado*. Rio de Janeiro: Forense, 1978, 627p.; ———. *Direito do Comércio Internacional e Lex Mercatoria*. São Paulo: LTr, 1996, 222p.

28. No entendimento de Jacob Dolinger, há uma inequívoca afinidade entre o direito internacional público e o privado, voltada para as questões que afetam os múltiplos relacionamentos internacionais, uma dedicada às questões políticas, militares e econômicas dos Estados em suas manifestações soberanas, a outra concentrada nos interesses particulares, dos quais os Estados participam cada vez mais intensamente. Ocorre que o objeto do direito internacional privado é a resolução de conflitos, resultantes de duas ou mais leis promulgadas por Estados diferentes, concernentes à aplicação destas leis sobre uma mesma relação de *direito privado*. Assim, no dizer de Henry Bonfils, os interesses em luta e os princípios a aplicar possuem caráter idêntico ao do direito privado nacional. Com efeito, leciona Irineu Strenger que, em sua acepção clássica, o direito internacional privado é um direito adjetivo, não substantivo; formal, e não de fundo material.

29. Não se pode ignorar, contudo, o desenvolvimento geométrico de uma dimensão do direito particularmente afeita ao comércio internacional. Trata-se da *lex mercatoria* que, ainda para Strenger, envolve diversos *delineamentos* jurídicos: o DIP, ao produzir regras e princípios que regulam o comércio internacional; o direito internacional privado, que individualiza a lei aplicável às relações jurídicas

comerciais; o direito civil, que ensina a disciplina do instrumento contratual; o direito comercial, que regula a atividade da empresa e a tutela dos bens de propriedade intelectual; o direito tributário, incidindo sobre a importação e a exportação; e, finalmente, o direito valutário, disciplinando a transferência de valores. Segundo Luiz Olavo Baptista, *teorias como a da nova* lex mercatoria *são objeto de louvores e críticas, quando procuram explicar a interjeição de novas figuras jurídicas e de soluções até então inéditas no mundo ordenado do direito internacional privado clássico e das leis nacionais.*

⇒ **Organizações internacionais**
Bibliografia recomendada: SEITENFUS, Ricardo. *Manual das Organizações Internacionais*, 6ª ed. Porto Alegre: Livraria do Advogado, 2016, 424 p.; VIRALLY, Michel, *L'organisation mondiale*. Paris: Armand Colin, 1972, 587 p.

30. O surgimento das organizações internacionais, especialmente após a Segunda Guerra Mundial, põe em cena um segundo sujeito de direito internacional. As organizações internacionais podem ser definidas como uma sociedade entre Estados, constituída através de um tratado, com a finalidade de buscar interesses comuns pela permanente cooperação entre seus membros. Logo, o direito das organizações internacionais é *derivado* ou *secundário* em relação ao DIP. Contudo, o extraordinário desenvolvimento da cooperação internacional nos distintos ramos de atividades conduzida no âmbito das OI fez surgir um direito específico destas voltado ao comércio (GATT/OMC, MERCOSUL), às finanças (FMI), à segurança (OTAN), à política (ONU, OEA), à integração (UE), ao meio ambiente e aos espaços marítimos e aéreos. Portanto, paralelamente ao DIP clássico, surgem novos "direitos" de alcance internacional.

⇒ **Direito das relações exteriores**
Bibliografia recomendada: BAILLOU, J.; PELLETIER, P. *Les Affaires Étrangères*. Paris: PUF, 1962, 378 p.; CAHIER, Ph. *Derecho Diplomático Contemporaneo*. Madri: RIALP, 1965, 685 p.; ZOLLER, E. *Droit des relations extérieures*, Paris: PUF, 1992, 368 p.

31. Pouco conhecido, o direito das relações exteriores se define como o conjunto de regras jurídicas nacionais que organizam as relações do Estado com os demais sujeitos de Direito Internacional. Cada Estado possui seu próprio direito das relações exteriores que define as competências e regras que orientam sua inserção e sua participação no sistema internacional.

32. O direito das relações exteriores não compõe o DIP. Ele é somente a parte nacional das regras jurídicas que são aplicadas às relações exteriores do Estado. Dependente do Direito Constitucional, o direito das relações exteriores orienta-se também pelo DIP na medida em que este definiu regras para a convivência entre os Estados. Assim,

a natureza da atuação externa do Estado está condicionada pelo Direito diplomático e pelas convenções de Viena sobre relações Diplomáticas (1961) e Consulares (1963).

⇒ **1.5. Marco jurídico interno**

Bibliografia recomendada: ALBUQUERQUE DE MELLO, C.D. "A revisão do direito internacional na Constituição de 1988", *in Revista Ciências Sociais*, nº 1. Rio de Janeiro: Universidade Gama Filho, 1995, pp. 75-89; CANOTILHO, J. J.; MOREIRA, Vital. *Os poderes do Presidente da República especialmente em matéria de defesa e política externa*. Coimbra: Coimbra, 1991, 117 p.; DALLARI, P. *Constituição e relações exteriores*. São Paulo: Saraiva, 1994, 220 p.; ESPALTER, M. F., *Ensayo sobre la influencia del Derecho Internacional en el Derecho Constitucional*: historia y doctrina, Montevidéu: Peña, 1938, 414 p.

33. Diversos temas de direito internacional público são apreendidos, direta ou indiretamente, como matéria constitucional na ordem jurídica brasileira. A maior parte dos enunciados da Constituição brasileira que interessam, em sentido lato, ao DIP, será comentada ao longo deste livro, quando do tratamento específico de cada tema. Entretanto, optou-se por conformar um quadro, não exaustivo, embora bastante amplo, deste tipo de dispositivo constitucional. Alguns deles acabam, por vezes, negados pelo DIP por perfazerem matéria de direito constitucional, ou vice-versa, permanecendo assim à sombra de ambos. A visualização do quadro permitirá que sejam comentados dois enfoques referentes ao tratamento das questões externas na dinâmica da ordem brasileira.

Dispositivos Constitucionais que interessam às relações internacionais

Princípios	O preâmbulo da Constituição afirma estar a sociedade brasileira comprometida, na ordem interna e internacional, com a solução pacífica de controvérsias. Conforme o artigo 1º, a República Federativa do Brasil tem como um de seus fundamentos a soberania (inciso I). A ordem econômica brasileira deve observar o princípio da soberania nacional (art. 170, I). Os princípios que devem reger as relações exteriores do Brasil estão elencados no artigo 4º: • independência nacional (inciso I), • prevalência dos direitos humanos (II), • autodeterminação dos povos (III), • não intervenção (IV), • igualdade entre os Estados (V), • defesa da paz (VI), • solução pacífica dos conflitos (VII), • repúdio ao terrorismo e ao racismo (VIII), • cooperação entre os povos para o progresso da humanidade (IX), • concessão de asilo político (X). Confirmando o princípio do inciso VIII supra, a lei brasileira considera crimes inafiançáveis e insuscetíveis de graça ou anistia o terrorismo, além da prática da tortura, o tráfico de entorpecentes e drogas afins, e os definidos como crimes hediondos (art. 5º, XLIII). No artigo 4º, parágrafo único, reza a Constituição que o Brasil buscará a integração econômica, política, social e cultural dos povos da América Latina, visando à formação de uma comunidade latino-americana de nações. Os direitos e garantias expressos na Carta Magna não excluem outros decorrentes do regime e dos princípios por ela adotados, ou dos tratados em que o Brasil seja parte (art. 5º, § 2º).

	Os tratados e convenções internacionais sobre direitos humanos que forem aprovados, em cada Casa do Congresso Nacional, em dois turnos, por três quintos dos votos dos respectivos membros, serão equivalentes às emendas constitucionais (art. 5°, § 3°). O Brasil se submete à jurisdição de Tribunal Penal Internacional a cuja criação tenha manifestado adesão (art. 5°, § 4°). Toda atividade nuclear em território nacional somente será admitida para fins pacíficos e mediante aprovação do Congresso Nacional (art. 21, XXIII, *a*).
Competências da União	Compete à União, conforme o artigo 21: • manter relações com Estados estrangeiros e participar de organizações internacionais (I), • declarar a guerra e celebrar a paz (II), • permitir, nos casos previstos em lei complementar, que forças estrangeiras transitem pelo território nacional ou nele permaneçam temporariamente (IV), • autorizar e fiscalizar a produção e o comércio de material bélico (VI), • emitir moeda (VII), • administrar as reservas cambiais do país e fiscalizar as operações de natureza financeira, especialmente as de crédito, câmbio e capitalização (VIII), • explorar, diretamente ou mediante concessão, permissão ou autorização, a navegação aérea, aeroespacial, infra-estrutura aeroportuária (XII, c); serviço de transporte rodoviário internacional de passageiros (e); e portos marítimos e fluviais (f), • executar os serviços de polícia marítima, aeroportuária e de fronteiras (XXII), • explorar os serviços e instalações nucleares de qualquer natureza (XXIII). Segundo o art. 22, compete privativamente à União legislar sobre: • direito marítimo, aeronáutico e espacial (I), • comércio exterior (VIII), • nacionalidade, cidadania e naturalização (XIII), • emigração e imigração, entrada, extradição e expulsão de estrangeiros (XV), • atividades nucleares de qualquer natureza (XXVI), • defesa territorial, defesa aeroespacial e defesa marítima (XXVIII). A União poderá, mediante lei complementar, instituir empréstimos compulsórios para atender despesas extraordinárias decorrentes de guerra externa ou sua iminência (art. 148, I), além de impostos extraordinários, compreendidos ou não em sua competência tributária (art. 154, II). Compete à União instituir impostos sobre importação de produtos estrangeiros (art. 153, I) e exportação de produtos nacionais ou nacionalizados (II). A União poderá intervir nos Estados ou no Distrito Federal para repelir a invasão estrangeira (art. 34, II).
Atribuições do Presidente da República	O art. 84 atribui, privativamente, ao Presidente da República as seguintes funções: • manter relações com Estados estrangeiros e acreditar seus representantes diplomáticos (inciso VII), • celebrar tratados, convenções e atos internacionais, sujeitos a referendo do Congresso Nacional (inciso VIII), • declarar guerra, no caso de agressão estrangeira, autorizado pelo Congresso Nacional ou referendado por ele, quando ocorrida no intervalo das sessões legislativas e, nas mesmas condições, decretar, total ou parcialmente, a mobilização nacional (inciso XIX), • celebrar a paz, autorizado ou com o referendo do Congresso Nacional (inciso XX), • e permitir, nos casos previstos em lei complementar, que forças estrangeiras transitem pelo território nacional ou nele permaneçam temporariamente (inciso XXII). A intervenção federal que, entre outras situações excepcionais, visa a repelir a invasão estrangeira num Estado ou Distrito Federal (art. 34, II), é decretada e executada pelo Presidente da República (art. 84, X). O Presidente da República pode, ouvidos o Conselho da República e o Conselho da Defesa Nacional, solicitar ao Congresso Nacional autorização para decretar o estado de sítio em caso de declaração de guerra ou resposta a agressão armada estrangeira, por até todo o tempo que estas perdurarem (art. 137, II, e art. 138, § 1º). O Presidente e o Vice-Presidente da República prestam o compromisso de sustentar a independência do Brasil (art. 78, *caput*).

Atribuições do Congresso Nacional	Conforme o artigo 48, cabe ao Congresso Nacional, com a sanção do Presidente da República, dispor sobre: • limites do território nacional, espaço aéreo e marítimo e bens do domínio da União (inciso V), • moeda e seus limites de emissão (XIV). Segundo o artigo 49, é de competência exclusiva do Congresso Nacional, não exigida a sanção do Presidente: • resolver definitivamente sobre tratados, acordos ou atos internacionais que acarretem encargos ou compromissos gravosos ao patrimônio nacional (inciso I), • autorizar o Presidente da República a declarar guerra, a celebrar a paz, a permitir que forças estrangeiras transitem pelo território nacional ou nele permaneçam temporariamente, ressalvados os casos previstos em lei complementar (II), • autorizar o Presidente e o Vice-Presidente da República a se ausentarem do país, quando a ausência exceder a quinze dias (III), sob pena de perda do cargo (art. 83), • aprovar iniciativas do Poder Executivo referentes a atividades nucleares (art. 49, inciso XIV). Compete, ainda, privativamente, ao Senado Federal, nos termos do artigo 52: • aprovar previamente, por voto secreto, após arguição em sessão secreta, a escolha dos chefes de missão diplomática de caráter permanente (inciso IV), • autorizar operações externas de natureza financeira, de interesse da União, dos Estados, do Distrito Federal, dos Territórios e dos Municípios (V), • dispor sobre os limites globais e condições para as operações de crédito externo e interno de todas as esferas federativas (VI), • dispor sobre limites e condições para a concessão de garantia da União em operações de crédito externo e interno (VIII). Não serão objeto de delegação, os atos de competência exclusiva do Congresso Nacional e os de competência privativa do Senado Federal, nem a legislação sobre nacionalidade, cidadania, direitos individuais, políticos e eleitorais (art. 68, § 1º e II). Compete ao Congresso Nacional fiscalizar, com o auxílio do Tribunal de Contas da União, as contas nacionais das empresas supranacionais de cujo capital social a União participe, de forma direta ou indireta, nos termos do tratado constitutivo (art. 71, V).
Competência do Supremo Tribunal Federal	Conforme o art. 102 compete ao Supremo Tribunal Federal, precípuamente, a guarda da Constituição, cabendo-lhe processar e julgar, originariamente: • nas infrações penais comuns e nos crimes de responsabilidade, os chefes de missão diplomática de caráter permanente (I, c), • o litígio entre Estado estrangeiro ou organismo internacional e a União, o Estado, o Distrito Federal ou o Território (I, e), • a extradição solicitada por Estado estrangeiro (I, g), • (I, h), Revogado. EC 45/04. • mandado de injunção quando a elaboração da norma regulamentadora for atribuição, entre outros, do Presidente da República, do Congresso Nacional e do Senado Federal (I, q); conceder-se-á mandado de injunção sempre que a falta de norma regulamentadora torne inviável o exercício dos direitos e liberdades constitucionais e das prerrogativas inerentes à nacionalidade, à soberania e à cidadania (art. 5º, LXXI). Compete-lhe, ainda, julgar, mediante recurso extraordinário, as causas decididas em única ou última instância, quando a decisão recorrida declarar a inconstitucionalidade de tratado (102, III, b).
Competência do Superior Tribunal de Justiça	Conforme o art. 105, inciso I, i, compete ao Superior Tribunal de Justiça processar e julgar, originariamente, a homologação das sentenças estrangeiras e a concessão do exequatur às cartas rogatórias. Compete-lhe julgar, em recurso ordinário, a causa em que for parte Estado estrangeiro ou organismo internacional, de um lado, e, do outro, Município ou pessoa residente ou domiciliada no País (artigo 105, inciso II, c). Cabe-lhe, ainda, julgar em recurso especial, as causas decididas em única ou última instância, pelos Tribunais Regionais Federais ou pelos tribunais dos Estados, do Distrito Federal e Territórios, quando a decisão decorrida contrariar tratado ou negar-lhe vigência (art. 105, inciso III, a).

Competência dos juízes federais	Consoante o artigo 109, compete aos juízes federais processar e julgar: • as causas entre Estado estrangeiro ou organismo internacional e Município ou pessoa domiciliada ou residente no País (inciso II), • as causas fundadas em tratado ou contrato da União com o Estado estrangeiro ou organismo internacional (III), • os crimes previstos em tratado ou convenção internacional, quando, iniciada a execução no País, o resultado tenha ou devesse ter ocorrido no estrangeiro, ou reciprocamente (V), • as causas relativas a direitos humanos, a que se refere o § 5° do art. 109 (V-A), • os crimes cometidos à bordo de navios ou aeronaves, ressalvada a competência da Justiça Militar (IX), • os crimes de ingresso ou permanência irregular de estrangeiro, a execução de carta rogatória, após o exequatur, Nas hipóteses de grave violação de direitos humanos, o Procurador-Geral da República, com a finalidade de assegurar o cumprimento de obrigações decorrentes de tratados internacionais de direitos humanos dos quais o Brasil seja parte, poderá suscitar, perante o Superior Tribunal de Justiça, em qualquer fase do inquérito ou processo, incidente de deslocamento de competência para a Justiça Federal (art. 109, § 5°).
Competência da Justiça do Trabalho	Compete à Justiça do Trabalho processar e julgar as ações oriundas da relação de trabalho, abrangidos os entes de direito público externo (art. 114, inciso I).
Competência da Polícia Federal	A Polícia Federal destina-se a apurar infrações cuja prática tenha repercussão internacional e exija repressão uniforme, e deve exercer a polícia marítima, aeroportuária e de fronteiras (art. 144, § 1º, incisos I e III). A faixa de até 150 quilômetros de largura, ao longo das fronteiras terrestres, designada como faixa de fronteira, é considerada fundamental para a defesa do território nacional, e sua ocupação e utilização será regulada em lei (art. 20,§ 2º).
Competência dos Estados federados	Compete aos Estados e ao Distrito Federal instituir impostos relativos à circulação de mercadorias e a prestações de serviços de transporte e de comunicação, ainda que as operações e as prestações se iniciem no exterior (art. 155, II).
Nacionalidade	Conforme o artigo 12, são brasileiros natos: • os nascidos na República Federativa do Brasil, ainda que de pais estrangeiros, desde que estes não estejam a serviço do seu país (inciso I, a), • os nascidos no estrangeiro, de pai brasileiro ou mãe brasileira, desde que qualquer deles esteja a serviço da República Federativa do Brasil (I, b) • os nascidos no estrangeiro, de pai brasileiro ou de mãe brasileira, desde que venham a residir na República Federativa do Brasil e optem, a qualquer tempo, pela nacionalidade brasileira (I, c). São brasileiros naturalizados, ainda consoante o artigo 12: • os que, na forma da lei, adquiram a nacionalidade brasileira, exigidas aos originários de países de língua portuguesa apenas residência por um ano ininterrupto e idoneidade moral (inciso II, a), • os estrangeiros de qualquer nacionalidade residentes na República Federativa do Brasil há mais de quinze anos ininterruptos e sem condenação penal, desde que requeiram a nacionalidade brasileira (II, b). A lei não poderá estabelecer distinção entre brasileiros natos e naturalizados, salvo nos casos previstos nesta Constituição (art. 12, § 2º). São privativos de brasileiros natos os cargos de Presidente e Vice-Presidente da República, de Presidente da Câmara dos Deputados, de Presidente do Senado Federal, de Ministro do Supremo Tribunal Federal, da carreira diplomática e de oficial das Forças Armadas (art. 12, § 3º), além do posto de membro do Conselho da República (art. 89, inciso VII). Será declarada a perda da nacionalidade do brasileiro que: • tiver cancelada sua naturalização, por sentença judicial, em virtude de atividade nociva ao interesse nacional (art. 12, § 4º, I), • adquirir outra nacionalidade, salvo nos casos de reconhecimento de nacionalidade originária pela lei estrangeira, ou de imposição de naturalização, pela norma estrangeira, ao brasileiro residente em Estado estrangeiro, como condição para permanência em seu território ou para o exercício de direitos civis (art. 12, § 4º, II). Não haverá penas de banimento (artigo 5º, inciso XLVII).

	Nenhum brasileiro será extraditado, salvo o naturalizado, em caso de crime comum, praticado antes da naturalização, ou de comprovado envolvimento em tráfico ilícito de entorpecentes e drogas afins, na forma da lei (artigo 5º, inciso LI).
	Os direitos políticos poderão ser excepcionalmente cassados em caso de cancelamento da naturalização por sentença transitada em julgado (art. 15, I).
Condição jurídica do estrangeiro	O artigo 5º estende aos estrangeiros residentes no Brasil a inviolabilidade do direito à vida, à liberdade, à igualdade, à segurança e à propriedade, nos termos de seus 78 incisos.
	É livre a locomoção no território nacional em tempos de paz, podendo qualquer pessoa, nos termos da lei, nele entrar, permanecer ou dele sair com seus bens (art. 5º, inciso XV).
	A sucessão de bens de estrangeiros situados no País será regulada pela lei brasileira em benefício do cônjuge ou dos filhos brasileiros, sempre que não lhes seja mais favorável a lei pessoal do de cujus (art. 5º, inciso XXXI).
	Não será concedida a extradição de estrangeiro por crime político ou de opinião (artigo 5º, inciso LII).
	Aos portugueses com residência permanente no País, se houver reciprocidade em favor de brasileiros, serão atribuídos os direitos inerentes ao brasileiro, salvo os casos previstos nesta Constituição (art. 12, § 1º).
	Os estrangeiros não podem se alistar como eleitores (art. 14, § 2º). A nacionalidade brasileira é condição de elegibilidade (§ 3º, I).
	Os partidos políticos devem ter caráter nacional (art. 17, I).
	Os cargos, empregos e funções públicas são acessíveis aos estrangeiros, na forma da lei (art. 37, I).
	Somente empresa constituída sob as leis brasileiras ou por brasileiros, e que tenha sua sede e administração no País, na forma da lei, poderá receber autorização ou concessão da União para pesquisa e lavra de recursos minerais, e o aproveitamento dos potenciais de energia hidráulica (art. 176, § 1º).
	É vedada a participação direta ou indireta de empresas ou capitais estrangeiros na assistência à saúde no País, salvo nos casos previstos em lei (art. 199, § 3º).
	É facultado às Universidades e às instituições de pesquisa científica e tecnológica, admitir professores, técnicos e cientistas estrangeiros na forma da lei (art. 207, §§ 1º e 2º).
	(art. 222, caput). Revogado. EC 36/02.
	A propriedade de empresa jornalística e de radiodifusão sonora e de sons e imagens é privativa de brasileiros natos ou naturalizados há mais de dez anos, ou de pessoas jurídicas constituídas sob as leis brasileiras e que tenham sede no País (art. 222, caput). Em qualquer caso, pelo menos 70% do capital total e do capital votante das empresas jornalísticas e de radiodifusão sonora e de sons e imagens deverá pertencer, direta ou indiretamente, a brasileiros natos ou naturalizados há mais de dez anos, que exercerão obrigatoriamente a gestão das atividades e estabelecerão o conteúdo da programação (§ 1º). A participação de capital estrangeiro nessas empresas é disciplinada em lei (§ 4º) e as alterações de controle societário dessas empresas serão comunicadas ao Congresso Nacional (§ 5º). A responsabilidade editorial e as atividades de seleção e direção da programação veiculada são privativas de brasileiros natos ou naturalizados há mais de dez anos, em qualquer meio de comunicação social (§ 2°)
	A lei estipula casos e condições de adoção por parte de estrangeiros (art. 227, § 5º)

⇒ **Papel do Poder Legislativo**

Bibliografia recomendada: CACHAPUZ DE MEDEIROS, A. P. *O Poder Legislativo e os Tratados Internacionais*. Porto Alegre: LPM/IARGS, 1983, 203 p.; CERVO, A, L., *O Parlamento brasileiro e as relações exteriores* (1826-1889), Brasília: UnB, 1981.

34. Do texto constitucional sobressai que, embora um poder de iniciativa importante seja destinado ao Presidente da República, natural num regime presidencialista típico como é o brasileiro, o Poder Legislativo federal dispõe de também relevantes prerrogativas, como a competência de aprovação dos tratados internacionais ordinários, *conditio sine qua non* da vigência dos últimos. O exercício de uma

competência legislativa em matéria internacional atribui igualmente a esta instituição, ao menos em tese, uma larga influência sobre as relações jurídicas e políticas de natureza internacional. Mas a necessidade de manter a continuidade da política externa, que não pode oscilar entre maiorias e minorias de votos do Parlamento; a tecnicidade dos temas; a morosidade do Legislativo, cujo ritmo de trabalho não responde à necessidade da ação internacional do Estado; e finalmente o sigilo de certos assuntos, constitui argumentos para que a influência desta instituição seja minorada, em favor do domínio do Poder Executivo. Para Cachapuz de Medeiros, os rumos da política externa e os métodos da ação diplomática devem ser confiados ao Executivo, mas o Parlamento precisa exercer controle sobre a atividade governamental, desempenhando não um papel ativo e positivo, mas passivo e negativo. Uma maior participação do Parlamento é, de todo modo, desejável por uma simples questão de legitimidade, sobretudo porque a discussão em âmbito parlamentar possibilita a participação da sociedade civil em temas de seu grande interesse, contribuindo para uma condução mais transparente dos assuntos externos.

⇒ **Federalismo**

Bibliografia recomendada: DEHOUSSE, R. *Fédéralisme et Relations Internationales*. Bruxelas: Bruylant, 1991, 284p.; MORIN, C. *L'art de l'impossible*: la diplomatie québécoise depuis 1960, Montréal: Boréal, 1987, 478 p.

35. A ordem brasileira restringe à União a quase totalidade do tratamento das questões externas. De natural compreensão no passado, é de se perguntar até que ponto esta atitude se justifica na atualidade. Raras são as Constituições que, ao atribuir a condução das relações exteriores à União, mencionam como e em que medida os componentes da Federação podem participar das escolhas de política externa, que obviamente afetam os seus interesses. A Áustria, a Bélgica e a Alemanha constituem uma exceção, mas somente no que atine à aprovação de tratados internacionais. A Lei Maior do Brasil não consagra sequer esta hipótese. Para Renaud Dehousse, apesar das recomendações de numerosos especialistas e a reivindicação de muitas autoridades regionais, a cooperação dos Estados federados para a formulação da política externa é largamente informal, inconstante e pragmática. Dehousse sugere, então, neste caso, a adoção do *princípio da subsidiariedade*. Ou seja, com a preocupação de garantir que os Estados federados disponham de um controle de fundo de diversos problemas que são prolongamentos internacionais de suas competências, a União deve agir apenas nos domínios em que ela estiver em melhor posição do que as autoridades regionais, ou nos casos em que as últimas não disponham de condições de bem conduzi-los.

2. Fontes do Direito Internacional Público

36. Conhecidas as noções elementares do direito internacional público, é momento de indicar suas fontes, isto é, de conhecer o mecanismo pelo qual se opera a criação deste direito. Trata-se do processo pelo qual um simples enunciado se torna uma norma de caráter internacional, criando direitos e obrigações para seus destinatários. Com efeito, o DIP está erigido sobre uma diversidade de fontes. A doutrina as divide entre fontes *formais* e *materiais*. Para as primeiras, é o atendimento a um conjunto de procedimento que determina a validade de uma regra. Pelo prisma das segundas, são os elementos fáticos, atinentes às ordens social, econômica e política, que num momento histórico conduzem à edição de uma determinada regra.

37. O Estatuto da Corte Internacional de Justiça, CIJ, fornece uma definição, no seu artigo 38, das fontes do direito internacional:

1. A Corte, cuja função é decidir de acordo com o direito internacional as controvérsias que lhe forem submetidas, aplicará:
a) as convenções internacionais, as gerais ou especiais, que estabeleçam regras expressamente reconhecidas pelos Estados litigantes;
b) o costume internacional, como prova de uma prática geral aceita como sendo o direito;
c) os princípios gerais do direito, reconhecidas pelas nações civilizadas; d) sob ressalva da disposição do art. 59 [que dispõe que a decisão da Corte só será obrigatória para as partes litigantes e a respeito do caso em questão], as decisões judiciárias e a doutrina dos juristas mais qualificados das diferentes nações, como meio auxiliar para a determinação das regras de direito.
2. A presente disposição não prejudicará a faculdade da Corte de decidir uma questão *ex aequo et bono*, se as partes com isto concordarem.

Assim, a Corte reconhece um elenco de fontes formais, que devem ser aplicadas de maneira *universal*, pois vinculam os Estados-Membros da Organização das Nações Unidas. Contudo, a definição da Corte não reconhece duas outras importantes nascentes do DIP: os atos unilaterais dos Estados e as *Resoluções* que se originam nas organizações internacionais.

38. A inexistência de uma estrutura de poder centralizada conduz a CIJ a elaborar um simples rol das fontes de direito internacional, concluindo pela ausência de uma hierarquia entre elas. Ou seja, a posição ocupada por cada fonte na listagem da CIJ não deve ser um suporte dedutivo da predominância de seu valor jurídico sobre a fonte seguinte. A situação é distinta quando abordamos as *normas jurídicas*, pois o conteúdo de uma regra pode originar-se de várias fontes. Neste caso, admite-se a existência de uma hierarquia normativa entre as normas de DIP, que poderia ser determinada pelo grau de universalidade da regra ou à sua posição cronológica. Para Nguyen Quoc Dinh, o único caso em que poderíamos aplicar um princípio hierárquico, entre normas de DIP, seria o conflito de uma norma imperativa, *jus cogens*, com outra regra de fonte convencional ou costumeira. Nos demais casos, o autor considera que existe não propriamente uma hierarquia, mas um conjunto de regras de solução de conflitos que ensejam a aplicação de diferentes normas do direito internacional.

39. Uma segunda classificação organiza as nascentes do DIP entre fontes *convencionais* e fontes *não convencionais*. Numa primeira parte (2.1.), cuidar-se-á da criação do direito a partir da conjunção de vontades manifestadas formalmente pelos sujeitos de DIP, através dos *tratados internacionais* em sentido lato. A segunda parte deste Capítulo (2.2.) tratará do *costume*, dos *princípios gerais de direito* e *dos atos unilaterais do Estado*, percorrendo assim as fontes não convencionais do direito internacional.

2.1. Tratados

Bibliografia recomendada: CACHAPUZ de MEDEIROS, A. P. *O poder de celebrar tratados*. Porto Alegre: Sergio Fabris, 1995, 624 p.; ——. "Natureza jurídica e eficácia das Cartas de Intenções ao FMI", in Boletim da Sociedade Brasileira de Direito Internacional Público, nºs 75/76, jul.-dez. 1991, pp. 51-72; MAROTTA RANGEL, V. *Texto da Convenção sobre o Direito dos Tratados*, in Direito e relações internacionais. São Paulo: Revista dos Tribunais, 1993, pp. 242-271; ——. *Os conflitos entre o direito interno e os tratados internacionais*, Boletim da Sociedade Brasileira de Direito Internacional Público, nºs 45-46, 1967, p. 29; NASCIMENTO E SILVA, G. E. *Conferência de Viena sobre o Direito dos Tratados*. Brasília, Ministério das Relações Exteriores, 1971; RODAS, J. G. *A publicidade dos tratados internacionais*. São Paulo: Revista dos Tribunais, 1980, 264 p.; ——. *Tratados internacionais*. São Paulo: Revista dos Tribunais, 1991, 63 p.

⇒ **Definição**

40. Acordos concluídos entre dois ou mais sujeitos de direito internacional, os tratados destinam-se a produzir efeitos jurídicos e são regidos pelo direito internacional. Esta percepção coaduna-se com a definição prevista pelo art. 2º, 1, da Convenção de Viena sobre o Direito dos Tratados, de 1969, exceto em dois pontos. Primeiramente, a Convenção descarta os *acordos verbais* ao indicar que *um tratado significa um acordo internacional celebrado por escrito*. A seguir,

esta Convenção determina que tal acordo é firmado *entre Estados*, deixando de regular o poder de celebrar tratados das organizações internacionais. A nova Convenção de Viena sobre o Direito dos Tratados, de 1986, altera o dispositivo supramencionado para reconhecer plenamente a capacidade de celebrar tratados da organização internacional, seja com Estados, seja com outra organização. Para Cachapuz de Medeiros, a capacidade de celebrar tratados das organizações não tem a mesma amplitude. Com efeito, enquanto os Estados estão aptos a celebrar tratados de toda índole, a organização pode somente celebrar aqueles que se mostram necessários à realização de sua missão.

⇒ **Terminologia**

41. O vocábulo *tratado* identifica todo e qualquer acordo internacional, independentemente de sua formulação. Portanto, o tratado pode designar o *conteúdo* do acordo, bem como o *instrumento* que o formaliza. A terminologia usada para identificar os tratados internacionais é ampla: tratado, convenção, protocolo, declaração, carta, pacto, estatuto, acordo, *modus vivendi*, concordata (utilizada exclusivamente para os tratados firmados pela Santa Sé), códigos de conduta, troca de notas, troca de cartas, compromisso, regulamento, memorando de acordo e notas verbais aprovadas. Pelo prisma do DIP, a denominação escolhida não tem influência sobre o caráter do instrumento e cada termo não significa modalidade determinada. Portanto, sua utilização é livre e não muito lógica.

⇒ **Classificação**

42. Do ponto de vista formal, são utilizados três *elementos* para a classificação dos tratados.

• A *qualidade* das partes: os signatários podem ser Estados e organizações internacionais.

• O *número* de partes: os tratados podem ser *bilaterais* (duas partes) ou *multilaterais* (três ou mais).

• O *procedimento* adotado: os tratados podem ser concluídos por *forma simplificada* (*executive agreements*) ou exigir um procedimento *solene* de conclusão. O rito enseja diferenças no que atine à obtenção do consentimento das partes, ou seja, a forma de *internalização* do tratado na ordem jurídica nacional das partes.

43. O surgimento, no início do século XIX, dos tratados multilaterais, superando os tradicionais tratados bilaterais, fez com que parte da doutrina sugerisse uma distinção entre *tratado-contrato* e *tratado-lei*, ou *tratado-normativo*. O primeiro concilia os interesses entre Partes,

que podem estipular vantagens ou desvantagens desiguais entre os signatários (por exemplo, os tratados de comércio), enquanto o segundo indica que as partes estabelecem regras gerais para suas relações mútuas. Nada impede que um mesmo tratado apresente as duas características, configurando a existência de um *tratado misto*. Já os tratados que criam instituições internacionais devem ser considerados tratados especiais, denominados *constitutivos*.

⇒ **Produção do texto convencional**

44. Trata-se do exercício de *soberania original*, no caso dos Estados, e de *soberania delegada*, no que se refere às organizações internacionais. Para os Estados, o tratado significa, mais do que uma manifestação de soberania, o reconhecimento jurídico da existência de uma fonte de limitação de suas competências. Logo, se, *a montante*, o tratado é a manifestação do atributo da soberania, ele transforma-se, *a jusante*, em instrumento de limitação do poder soberano, o que justifica a cautela com que agem os Estados nesta matéria. Todavia, a primeira interrogação que se lhes apresenta é a definição da capacidade, ou seja, a identificação de quem possui autoridade para concluir tratados, *jus tractuum*, desfrutando do denominado *treaty making power*.

45. A ordem constitucional de cada Estado estipula a repartição de competências entre as autoridades nacionais para a conclusão de tratados. Em certos sistemas federais, como a República Federal Alemã e a Confederação Helvética, as unidades que os compõem são capacitadas para *negociar* certos tratados internacionais, desde que apresentem alcance limitado e de interesse exclusivo. Os negociadores de um tratado são, em geral, acompanhados por especialistas (*experts*) que fornecem substância e forma à negociação. As propostas, emendas e contrapropostas são provisórias, para cada uma e para todas as partes envolvidas, enquanto o texto, em sua íntegra, não for submetido ao processo de aprovação previsto pela respectiva ordem jurídica nacional, condicionado ao *princípio da reciprocidade*.

46. O texto de um tratado compõe-se primeiramente de um *preâmbulo*, que lista as Partes envolvidas e expõe os motivos da consecução do acordo. O preâmbulo não possui força obrigatória, constituindo apenas um dos elementos de interpretação do tratado. O *dispositivo* do tratado é o seu *corpo* e define as obrigações jurídicas do texto. Ele é formado por um número variável de artigos e por *cláusulas finais* que apontam mecanismos inerentes ao próprio ato – procedimentos para emendas, revisão, modalidades de entrada em vigor, duração do tratado e suas eventuais adesões. Certos tratados podem contar com *anexos*, que contêm elementos técnicos complementares ao bom entendimento entre as Partes.

47. A elaboração do tratado encerra-se com a *adoção* do texto, que se manifesta pela declaração de conclusão do texto e pelo reconhecimento de sua autenticação. Assim, o texto adotado presume-se legal e conforme as intenções dos negociadores. Nos tratados bilaterais, a adoção se manifesta simplesmente pela *assinatura* dos detentores dos plenos poderes. É distinta a situação dos tratados multilaterais. Neste caso, uma conferência vota ou adota o texto proposto, através de consenso, para submetê-lo a seguir à assinatura. O artigo 10 da Convenção de Viena prevê duas outras modalidades: a aposição da *rubrica* dos negociadores (*paraphe*) e a assinatura *ad referendum*, condicionada à aprovação das autoridades estatais competentes.

48. Durante o período que transcorre entre a adoção do texto do tratado e a expressão plena do consentimento, o instrumento adotado não vincula os Estados signatários. Ou seja, a assinatura não impõe condições jurídicas distintas das existentes antes de sua negociação. Contudo, o artigo 18 da Convenção de Viena estipula que um Estado *deve abster-se da prática de atos que frustrem o objeto e a finalidade de um tratado*, fazendo com que seja respeitado o princípio da boa-fé. Todavia, em circunstâncias particulares, certos dispositivos finais do tratado podem vigorar a partir da simples assinatura, desde que o acordo contenha a previsão expressa sobre a eficácia imediata de algumas de suas regras. Por outro lado, a adoção do texto por um número importante de Estados pode conduzir as outras partes a acelerar o processo que manifesta seu consentimento.

49. A expressão do consentimento do Estado em vincular-se ao tratado é *conditio sine qua non* para sua eficácia jurídica. O procedimento interno que resulta na expressão do consentimento encontra-se, de regra, previsto pelas Constituições. Podendo estender-se no tempo e sendo, por vezes, solene, este rito implica geralmente a participação de mais de uma instituição estatal. Além do Poder Executivo, é corrente que o Poder Legislativo manifeste sua aprovação. Em certos casos, quando o conteúdo do tratado suscita uma grave polêmica jurídica, pode haver a obrigação de consulta prévia ao Poder Judiciário, que poderá assim exercer um controle de legalidade *a priori*.

50. O artigo 14 da Convenção de Viena não elenca as formas internas que deságuam na expressão do consentimento. Salienta, no entanto, que o consentimento de um Estado, em obrigar-se por um tratado, se manifesta pela *ratificação*. Trata-se do ato através do qual a mais alta autoridade do Estado, detentora da competência constitucional para concluir tratados internacionais, confirma o tratado negociado por seus *plenipotenciários* (ver § 54, *infra*), uma vez aprovado em seara interna, e aceita que ele seja definitivo e obrigatório, comprometendo-se, em nome do Estado, a executá-lo. O *instrumento de*

ratificação é enviado aos Estados-Partes ou a um *Estado depositário*, o qual foi prévia e expressamente designado no texto do tratado, vinculando assim, a partir deste momento e nos termos do acordo, o Estado signatário.

⇒ **Acordos de forma simplificada**

51. Constituindo exceção à regra, existem os *acordos de forma simplificada*, *executive agreements*, referidos anteriormente, aprovados através de um rito de complexidade bastante reduzida. Como traço essencial, tais acordos prescindem da etapa de aprovação legislativa. Vários motivos levam o Executivo a sustentar a adoção de acordos de forma simplificada: o amplo leque de objetos dos acordos internacionais; seu caráter técnico; a rapidez na consecução do acordo; os ajustes complementares de tratado firmado anteriormente; a necessidade de conservar um grau de sigilo; a multiplicação do fenômeno contratual. Para o Executivo, a intervenção do Legislativo neste tipo de tratados é um complicador de sua conclusão, não lhe agregando conteúdo e diminuindo o grau de confiança entre os Estados contratantes. Por vezes, a interferência do Legislativo é percebida como um freio à ação internacional dos Estados.

52. A diferença procedimental entre os dois tipos, por si só, não faz do acordo de forma simplificada um ato jurídico de menor relevância, desfrutando este do mesmo valor jurídico do tratado de rito complexo. A polêmica que decorre da constante utilização do *executive agreements* prende-se à ausência de controle legislativo sobre os atos internacionais do Executivo. Este desequilíbrio torna-se flagrante na medida em que compete ao Executivo decidir, de forma unilateral, quais os acordos que serão submetidos à aprovação do Legislativo e quais serão aplicados a partir de uma forma simplificada de conclusão. A utilização das duas formas é, atualmente, generalizada, tanto em regimes presidencialistas quanto nos parlamentaristas. À guisa de exemplo, o Senado dos Estados Unidos, que detém a competência e uma longa experiência de controle da ação externa do Executivo, tem admitido a adoção dos *executive agreements*. Se a autorização parlamentar está restrita a um leque cada vez menor de tratados, é ainda mais tímido o controle direto de parte da população, que pode manifestar-se por referendo popular em raros casos, exemplificado pela Confederação Helvética.

⇒ **Vigência**

53. A *vigência* do tratado, que não deve ser confundida com sua aplicação efetiva, é definida pelas partes (art. 24 da Convenção de Viena) e pode ser escalonada, vigendo para certos Estados, e não para

outros. Assim, o Tratado de Assunção, que criou o MERCOSUL, entrou em vigor quando foram depositadas, junto ao Paraguai, três das quatro ratificações. Tal eventualidade provoca duas consequências: por um lado, a falta de ratificação de parte de um Estado pode retirar do acordo sua substância quando, na prática, esta depende essencialmente do consentimento daquele.

A ausência de ratificação do Pacto da Liga das Nações por parte dos Estados Unidos significou um rude golpe à manutenção da paz e segurança internacionais no entre-guerras. Por outro lado, a reiterada recusa do Legislativo paraguaio em aprovar o ingresso da Venezuela no MERCOSUL, foi contornada pela suspensão temporária do Paraguai em razão do suposto golpe parlamentar que levou ao impedimento do Presidente Fernando Lugo.

54. O artigo 102 da Carta das Nações Unidas dispõe que todo tratado e todo acordo internacional, concluídos por qualquer Membro das Nações Unidas, depois da entrada em vigor da Carta, deverão, dentro do mais breve prazo possível, ser registrados e publicados pelo Secretariado. Desde 1974, um sistema informatizado reúne os tratados firmados entre os Estados-Membros das Nações Unidas. Atualmente, este banco de dados congrega mais de 40.000 tratados e acordos internacionais, disponibilizados no *site* das Nações Unidas e uma grande parte publicada anualmente em dezenas de volumes.

⇒ **Caso brasileiro**

55. No caso do Brasil, o artigo 84 da Constituição Federal atribui, privativamente, ao Presidente da República o poder de *celebrar tratados, convenções e atos internacionais, sujeitos a referendo do Congresso Nacional* (inciso VIII). No mesmo sentido, conforme o artigo 49 da Constituição Federal, é de competência exclusiva do Congresso Nacional resolver definitivamente sobre tratados, acordos ou atos internacionais que acarretem encargos ou compromissos gravosos ao patrimônio nacional (inciso I). O Presidente da República possui as mais importantes prerrogativas no que atine aos tratados, eis que desfruta do poder de iniciativa *para sua elaboração* e de *execução* de seu conteúdo. Todavia, seu poder é compartilhado com o Congresso Nacional no que se refere à *conclusão* dos tratados internacionais.

56. Ao Presidente da República compete *manter relações com Estados estrangeiros e acreditar seus representantes diplomáticos* (art. 84, inciso VII). A redação da CF é equivocada, pois se trata simplesmente de *aceitar* a acreditação, concedendo o *agrément* ao diplomata que foi indicado, em realidade, pelo Estado estrangeiro. Impossibilitado, por evidentes razões, de desempenhar pessoalmente estas atribuições, o Presidente da República confia as negociações diplomáticas a um *órgão auxiliar*: o Ministério das Relações Exteriores, órgão ao qual

se empresta, em linguagem informal frequente, o nome do Palácio onde está sediado, qual seja *Itamaraty*. As funções deste Ministério são de monta: auxiliar o Presidente da República na formulação da política externa brasileira, assegurar sua execução, além de manter relações com governos estrangeiros e com organismos multilaterais. Além disso, competem-lhe os assuntos de política internacional e atinentes à participação nas negociações comerciais, econômicas, técnicas e culturais com governos e organizações internacionais. O ordenamento brasileiro confere ao Itamaraty a atribuição de negociar e celebrar, com a cooperação de outros órgãos interessados da administração federal, tratados, acordos e demais atos internacionais.

O Decreto nº 2.246, de 6 de junho de 1997, modificado pelo Decreto nº 2.775/98, define a estrutura do Ministério das relações Exteriores. À Divisão de Atos Internacionais da Direção-Geral de Assuntos Consulares, Jurídicos e de Assistência aos Brasileiros no Exterior, compete, entre outros, zelar pelos aspectos formais dos atos internacionais a serem celebrados pelo Brasil; preparar os instrumentos relativos aos atos internacionais a serem celebrados pelo Brasil; opinar sobre o quadro institucional os atos internacionais a serem celebrados pelo Brasil; coordenar com os setores competentes da Secretaria de Estado das Relações Exteriores e das Representações diplomáticas estrangeiras as providências necessárias para a assinatura de atos internacionais; colaborar com a Assessoria de Relações com o Congresso no acompanhamento da tramitação dos atos internacionais; preparar cartas credenciais para as delegações do Brasil em conferências e reuniões internacionais; tomar as providências necessárias para a aprovação congressual, ratificação, adesão, promulgação, denúncia e publicação de atos internacionais, e preparar os respectivos instrumentos.

57. Entre os poderes do Presidente da República está o de *nomear* seus representantes junto a outros Estados ou organizações internacionais. Os Chefes de missão diplomática permanente têm sua designação aprovada previamente pelo Senado Federal, sabatinados em sessão secreta (art. 52, IV, CF). O Presidente da República detém o poder exclusivo de *exoneração* destes representantes. Além do Ministro das Relações Exteriores, os Embaixadores, também designados como *plenipotenciários*, desfrutam dos *plenos poderes*, concedidos pelo Presidente da República, que lhes faculta a indispensável e permanente competência para negociar acordos internacionais em nome do Estado brasileiro. Portanto, todos os tratados internacionais negociados pelo Brasil compreendem a participação e o controle do Ministério das Relações Exteriores.

58. O rito de incorporação de tratado internacional pela ordem brasileira pode ser assim resumido:

• iniciativa, negociação e assinatura do acordo pelo Presidente da República que pode delegar parte destas atribuições ao Ministério das Relações Exteriores que, por sua vez, pode valer-se do auxílio de outras instituições federais;

• envio de Mensagem pelo Presidente da República ao Congresso Nacional, acompanhada de uma exposição de motivos e do texto integral do acordo, que deflagra o procedimento de *aprovação* ou de rejeição do tratado pelo Poder Legislativo;

• apreciação e deliberação da Comissão das Relações Exteriores da Câmara dos Deputados, onde será formulado um projeto de Decreto Legislativo de aprovação ou rejeição, seguida da apreciação e deliberação da Comissão de Justiça e outras Comissões da Casa que, conforme o tema do tratado, devam opinar sobre ele, da apreciação e deliberação em plenário e do envio do projeto de Decreto Legislativo ao Senado Federal;

• apreciação e deliberação do Projeto de Decreto Legislativo pela Comissão de Relações Exteriores e Defesa Nacional do Senado Federal, seguido de, se necessário for, e somente mediante interposição de recurso, apreciação e deliberação em plenário, para finalmente proceder-se à promulgação do Decreto Legislativo pelo Presidente do Senado Federal, com publicação daquele no Diário Oficial da União e no Diário do Congresso Nacional;

• *ratificação* do Presidente da República, seguida da troca ou do depósito do instrumento de ratificação, e da promulgação do tratado pelo Executivo através de Decreto, publicado no Diário Oficial da União, devidamente acompanhado do texto do acordo internacional.

Recente decisão do Supremo Tribunal Federal confirma este *itineris*, cujo completo atendimento é condição indispensável da produção de efeitos jurídicos do tratado internacional no ordenamento brasileiro. Ver § 525, ao final do livro.

⇒ **Conclusão dos tratados multilaterais**

59. Os tratados multilaterais são acordos que associam, aos procedimentos tradicionais interestatais, mecanismos institucionais de caráter permanente vinculados às organizações internacionais. Eles podem ser produzidos de duas maneiras: pela atividade de criação normativa contínua das organizações internacionais, ou através de conferência diplomática *ad hoc*, convocada com o objetivo específico de concluir um dado tratado multilateral. Ambos os casos concernem acordos internacionais concebidos, negociados e concluídos pelos Estados.

A representação tripartite faz da Organização Internacional do Trabalho uma exceção, pois nela os indivíduos, representantes patronais e sindicais, participam da negociação das convenções internacionais do trabalho e manifestam-se individualmente, não no âmbito da delegação nacional, quando de sua adoção. Sobre esta organização ver §§ 230 e seguintes.

60. Segundo a Convenção de Viena de 1986, o tratado constitutivo de cada organização internacional indica a repartição de competências para a conclusão dos tratados (art. 7.3.a). A adoção do texto do tratado se manifesta pelo voto. Segundo a Convenção de Viena, *efetua-se pela maioria de dois terços dos Estados presentes e votantes, salvo se esses Estados, pela mesma maioria, decidem aplicar regras diversas* (art. 9, § 2). A utilização do consenso e da unanimidade, corrente nos tratados de caráter político, se encontra raramente nos acordos técnicos.

61. Os tratados multilaterais podem ser *fechados* ou *abertos*. Os primeiros não contemplam cláusula permitindo a participação de Estados outros além dos signatários. Os abertos, ao contrário, permitem a *adesão*, sob condições, de novas partes contratantes. Uma dificuldade prática provém dos tratados multilaterais *semiabertos*, os quais previamente elaboram critérios de adesão. Estes podem ser políticos (cláusula democrática) ou geográficos (caso da Organização do Tratado do Atlântico Norte). Em qualquer situação, a entrada de terceiros Estados nestes tratados não constitui um *direito* do pretendente, mas um poder das partes contratantes, que devem manifestar sua vontade pela expressão de um voto unânime. Tal situação tende a se modificar nos tratados multilaterais sobre o desarmamento e sobre a proteção dos direitos humanos, com o surgimento de uma espécie de *direito ao tratado* prevendo a plena participação de terceiros Estados.

62. Caso um Estado concorde com a maioria dos dispositivos de um tratado multilateral, mas refute alguns de seus aspectos, a ele é facultada a possibilidade de expressar *reservas*. Instrumento característico dos tratados multilaterais, a reserva objetiva excluir, do comprometimento do Estado, certos dispositivos acordados. Através de uma *declaração de interpretação*, é possível sublinhar o significado especial que o Estado deduz de certo dispositivo. Nos tratados bilaterais, caso a outra parte aceite a reserva, esta se transforma numa nova cláusula; em não sendo aceita, não há tratado. Apesar das críticas que lhe são endereçadas, devidas ao risco de deformar ou subtrair o conteúdo do tratado, pode-se considerar como o fez a CIJ, em 1951, que o princípio majoritário, embora facilite a conclusão das convenções multilaterais, pode tornar necessária, para certos Estados, a formulação de reservas.

63. O direito de impor reservas, contudo, não é absoluto. Para a CIJ, deve ser observada a *compatibilidade da reserva com o objeto e a meta da Convenção*. A Convenção de Viena, além de confirmar o parecer da

Corte, restringe o instituto. Na medida em que um número restrito de Estados tenha participado da negociação, e que a aplicação do tratado, em sua íntegra, entre todas as partes, seja condição essencial do consentimento de cada uma delas, *uma reserva deve ser aceita por todas as partes envolvidas* (art. 20). Resta claro que as reservas devem obedecer ao *princípio da reciprocidade*, não podendo contrariar as regras costumeiras do direito internacional e as cláusulas convencionais que repousam no princípio de *jus cogens*.

64. A complexidade dos procedimentos dos tratados exigiu, no passado, a troca dos instrumentos de ratificação. Isto é, cada Estado-Parte deveria receber as cartas de ratificação dos demais Estados-Partes. O surgimento do *depositário* substituiu aquele longo e pesado processo, servindo o Estado encarregado do depósito como uma espécie de *central administrativa* das ratificações. No caso das convenções firmadas sob os auspícios das organizações internacionais, o depositário é a própria organização. Em outras situações, o depositário é, geralmente, embora não necessariamente, o Estado onde foi realizada assinatura do tratado.

A título de exemplo, o depositário dos instrumentos de ratificação do *Tratado de Assunção*, de 26 de março de 1991, que constitui o MERCOSUL, é o Paraguai.

⇒ **Validade**

65. Como todo ato jurídico, a validade é, de regra, condição irrefutável da produção de efeitos. Todavia, uma diferença fundamental separa a disciplina interna do direito internacional. Naquela, autoridades competentes são capacitadas para declarar a validade dos contratos e leis. Tal autoridade inexiste no direito internacional. Mas para que um tratado internacional seja válido, é necessário que as partes que o ratificaram sejam *capazes*, que o *consentimento* tenha se manifestado de forma regular e que o objeto do tratado seja *lícito*.

66. A capacidade de celebrar tratados vincula-se à existência da qualidade de sujeito do direito internacional. Três são os seus sujeitos. Todo *Estado* tem capacidade para concluir tratados (art. 6º da Convenção de Viena) sem limitação de domínio. No caso dos Estados federados, as unidades da federação podem ser capazes caso a Constituição assim o decida, o que é raro na cena mundial. Em qualquer circunstância, os tratados ratificados pelo poder central lhes são imputáveis. Já as *organizações internacionais* possuem uma capacidade *parcial* (decorrente de seu tratado constitutivo) e *derivada* (resulta da vontade dos Estados-Membros). Os *movimentos de libertação nacional* detêm uma capacidade *limitada*, afeita a tratados de feição extremamente particular, na medida em que eles são

assim identificados em acordo que persegue um objetivo funcional: facilitar-lhes o alcance da soberania.

Por exemplo, a Organização para a Libertação da Palestina, OLP.

67. Quanto aos *vícios* de consentimento, várias são as modalidades pelas quais eles podem exprimir-se. Sob o ângulo formal, uma *ratificação imperfeita*, que resulta da violação de normativa interna, referente à capacidade para concluir tratados, pode ser invocada pelo Estado caso *tal violação seja manifesta e diga respeito a uma regra de seu direito interno de importância fundamental* (Convenção de Viena, art. 46, § 1º). O vício pode igualmente manifestar-se por elementos contidos no próprio tratado ou no procedimento de elaboração. Entre os primeiros, destaca-se o *erro essencial*, verificado quando o signatário supunha existir, no momento da conclusão do tratado, um fato ou uma situação que constituía a razão essencial de seu consentimento.

Todavia, esta interpretação não se aplica quando o Estado, pelo seu comportamento, contribuiu para o surgimento do erro, ou as circunstâncias que envolvem o erro deveriam tê-lo alertado para a possibilidade de sua existência.

68. O procedimento de conclusão dos tratados pode também estar viciado quando o plenipotenciário, que negociou em nome do Estado, foi *corrompido*. O art. 50 da Convenção de Viena define, de forma restritiva, tal corrupção: ela deve influir de *forma decisiva* tendo viciado o consentimento do representante do Estado, além de ser imputável, direta ou indiretamente, a outro Estado negociador. O último vício de consentimento ocorre quando foi utilizada *coação* ou *violência* contra um Estado ou seu representante. O tratado obtido pela coação exercida sobre o representante do Estado, através de atos ou de ameaças dirigidas contra ele, é desprovido de qualquer efeito jurídico (art. 51 da Convenção de Viena). A coação exercida contra o Estado pode manifestar-se pela utilização ou ameaça de utilização da força, ou através de pressões econômicas e políticas.

A ilegalidade da utilização da força nas relações internacionais, salvo em circunstâncias particulares previstas no Capítulo VII da Carta das Nações Unidas, levou a Convenção de Viena a considerar nulo o tratado cuja conclusão foi obtida pela ameaça ou com o emprego da força, em violação dos princípios de direito internacional incorporados na Carta das Nações Unidas (art. 52). As pressões econômicas e políticas colocam questões de difícil solução: como constatar a existência de tais pressões e como definir o momento em que estas, abandonando o caráter natural e legítimo de um processo de negociação, transformam-se em instrumentos ilícitos? De todo modo, as diferentes condições das partes contratantes não podem servir de álibi para declarar nulos os tratados concluídos entre elas, como pretende a *teoria dos tratados desiguais*.

69. Para que seja válido o tratado, ainda é preciso que seu objeto seja *lícito*. Não servindo como parâmetro a definição interna da licitude, a referência deve ser buscada no conceito de *ordem pública interna-*

cional. O tratado será inválido caso seus dispositivos confrontem-se com as normas imperativas, *jus cogens*, do chamado direito comum internacional, aceitas pelo conjunto da comunidade internacional dos Estados. Elas se dividem em liberdades individuais (direito à vida, recusa da escravidão, liberdade de circulação, de comércio e de estabelecimento) e liberdades coletivas (como o princípio da autodeterminação dos povos). A Convenção de Viena de 1969, ao separar as normas imperativas das demais, impõe, na prática, uma *hierarquia de normas*. O ato declarado nulo por ser seu objeto ilícito, caracteriza a *nulidade absoluta* e exige uma reparação integral do prejuízo causado, restabelecendo o *statu quo ante*.

Um tratado pode então ser acometido de uma *nulidade relativa*, quando, por exemplo, uma das partes alega que a expressão de seu consentimento foi viciada. Isto não ocorre com referência ao *jus cogens*. A CIJ aceita até mesmo o princípio de uma *actio popularis* de Estados que não são partes no tratado, em caso de violação de normas imperativas de origem costumeira (Caso *Barcelona Traction*, 1970). Esta percepção aprofunda os compromissos dos Estados, tendendo o direito internacional a afastar-se de seu caráter meramente coordenador das relações internacionais. Quando um tratado é considerado nulo, tal situação vigora *ab initio*, ou seja, de forma retroativa ao momento de sua ratificação, logo são desconstituídos os efeitos que surgiram para as Partes entre o momento da conclusão e a declaração.

⇒ **Aplicação**

70. Os tratados devem ser executados de boa-fé, assegurado o respeito da regra *pacta sunt servanda*.

    Para Renzo Tosi, esta expressão deriva provavelmente de Ulpiano que, no *Digesto*, pergunta-se: *"o que há de mais compatível com a lealdade humana do que respeitar aquilo que foi pactuado?"* No âmbito do direito internacional, uns o consideram um princípio ético, outros o tomam como uma regra consuetudinária.

    Os tratados devem ser aplicados na totalidade do território dos Estados-Partes, a menos que seu texto contenha a menção expressa de áreas físicas imunes à sua aplicação. De outra parte, aplicação do texto convencional não possui efeito retroativo.

71. Com o escopo de limitar as ameaças à segurança jurídica, a Convenção de Viena buscou assegurar a efetividade do direito internacional positivado, pois *uma parte não pode invocar as disposições de seu direito interno para justificar o descumprimento de um tratado* (art. 27). A solução para os casos de não execução do texto convencional deve ser encontrada no próprio tratado, que deve prever instrumentos para resolver eventual controvérsia. Cabe notar uma tendência de que o Estado, supostamente vítima do não cumprimento do tratado, recorra a *represálias* ou *contra medidas* contra o suposto

infrator. Entretanto, é bastante tênue a linha que separa uma resposta justa e proporcional da visível ilicitude internacional.

72. Várias formas de *garantias* podem prevenir a inexecução do tratado. Este pode prever garantias materiais e financeiras, no caso de tratados que coloca ponto final à guerra ou de contratos internacionais de empréstimos. Uma ou várias potências que podem caucionar o bom cumprimento do tratado ou podem ser criadas comissões multinacionais de observadores ou de controle. Enfim, sobretudo em matéria de desarmamento, são correntes as reuniões periódicas para pressionar a execução do tratado pelos renitentes.

73. Tanto a prática dos Estados, quanto a jurisprudência internacional, afirmam que os tratados não podem produzir efeitos para Estados não partes. Com efeito, a Convenção de Viena considera, em seu artigo 34, que um tratado não cria nem *obrigação* nem *direitos* para um terceiro Estado sem o seu consentimento (*pacta tertiis nec nocent prosunt*).

Situação particular surge nos acordos comerciais com a aplicação da *cláusula incondicional da nação mais favorecida*. Tal cláusula prevê que, em razão da existência anterior de um acordo entre dois países, um deles, ao firmar um novo acordo com terceiro Estado, deve estender ao primeiro as vantagens tarifárias concedidas ao parceiro pelo tratado anterior. A multiplicação dos acordos regionais de preferência tarifária que discriminam terceiros Estados tende a dificultar a aplicação incondicional da cláusula da nação mais favorecida, tal como concebida pelo art. 1º do GATT (ver §§ 409 e seguintes, sobre a Organização Mundial do Comércio): todas as vantagens, favores, privilégios ou imunidades concedidos por uma parte contratante a um produto originário ou destinado a outro país, serão imediatamente e sem condições estendidos a todo produto similar originário ou destinado ao território de todas as outras partes contratantes.

⇒ **Interpretação**

74. Em razão da impossibilidade de prever todas as situações fáticas com as quais o tratado pode deparar-se, é imprescindível identificar mecanismos que assegure sua correta aplicação. Este é o objetivo da *interpretação*, que consiste em determinar o significado de um ato jurídico, identificando seu alcance e esclarecendo os pontos obscuros ou ambíguos envolvendo a produção de seus efeitos. A interpretação é *autêntica* quando resulta da percepção das Partes, e *não autêntica* quando decorre de terceiros, juiz ou organização internacional, convocados pelas Partes a se pronunciar. A autenticidade de uma interpretação pode ainda ser *coletiva* quando realizada por todas as Partes e *unilateral* caso resulte da percepção de uma das Partes.

75. A interpretação dos tratados repousa sobre a identificação da vontade dos Estados-Partes, não podendo comprometê-los além do que

haviam declarado, e do respeito ao princípio do *pacta sunt servanda*. Trata-se da lógica ao serviço do direito. Dois métodos de interpretação se apresentam. O *método objetivo* considera o texto do tratado como a *matéria-prima* da interpretação, pois é o instrumento que melhor espelha as intenções das partes. Ao texto adiciona-se a análise do *contexto* e das *circunstâncias* que deram nascimento ao tratado. O *método subjetivo*, de sua parte, leva em consideração os *trabalhos preparatórios*. A melhor interpretação é aquela que, ao utilizar-se do sentido comum das palavras, retira do texto do tratado as intenções dos redatores.

76. A clareza e a lógica não devem conduzir a uma interpretação *incompatível com o espírito, o objeto e o contexto da cláusula ou do ato* (CIJ, 1962). O intérprete deve aplicar a regra do *efeito útil*, segundo a qual ele supõe que os redatores elaboraram o dispositivo para que ele fosse aplicado. Portanto, a regra do efeito útil pretende dotar de eficácia a interpretação. Entretanto, a utilização de duas ou mais línguas oficiais do texto constituem fontes de dificuldades para a interpretação. A Convenção de Viena presume *que os termos de um tratado possuem o mesmo sentido nos diversos textos autênticos* (art. 33, § 3). Quando houver dificuldade de tradução, será adotado o sentido que melhor concilie os diferentes textos.

⇒ **Conflito de normas**

77. No primeiro capítulo, afigurou-se a ocasião de mencionar as teorias que explicam as relações entre o direito internacional e o direito interno (§§ 14 a 17). Em caso de conflito, é necessário que cada Estado adote um critério de solução, apto a pôr fim à querela *in concreto*. Quando o critério nacional consagra a supremacia do direito internacional sobre a ordem interna, não importando se está em tela um mandamento constitucional ou de lei ordinária, clara está sua compatibilidade com o DIP, eis que, conforme a Convenção de Viena, já mencionada, as disposições internas de um Estado não podem ser usadas por ele como justificativa para o inadimplemento de uma obrigação fundada em tratado. A CIJ e a maioria dos laudos arbitrais consagram igualmente a primazia do direito internacional. Neste caso, é que, diante da jurisprudência internacional, a lei interna é simples fato.

78. As dificuldades, em matéria de consonância com o DIP, decorrem da adoção das demais alternativas de solução de conflito. Assim, Estados há que definem a pura e simples primazia da regra interna sobre o direito internacional, o que foi critério das Repúblicas soviéticas num passado recente. Salta aos olhos a incompatibilidade desta solução com a principiologia do DIP. De evidente dissonância

é, ainda, o critério adotado pelos Estados Unidos, segundo o qual a regra internacional equipara-se à lei federal. Embora a norma de fonte externa predomine sobre a legislação dos Estados Federados, aquela não prima sobre a lei federal, tampouco sobre mandamento constitucional. A eficácia do tratado bem pode ser afastada em caso de conflito.

⇒ **Jurisprudência brasileira**

79. A ordem jurídica brasileira silencia quanto à regra geral de solução de conflito entre direitos interno e internacional. Porém, há regra específica para os tratados sobre direitos humanos, no § 3° do art. 5° da Constituição, inserido pela Emenda Constitucional n° 45/04. Segundo este novo dispositivo, *os tratados e convenções internacionais sobre direitos humanos que forem aprovados, em cada uma das Casas do Congresso Nacional, em dois turnos, por três quintos dos votos dos respectivos membros, serão equivalentes às emendas constitucionais.* Note-se que não basta que o tratado se refira a direitos humanos para equivaler a uma emenda à Constituição, pois é necessária a aprovação legislativa qualificada. Na falta de fonte legal acerca de uma regra geral, cabe à jurisprudência a definição de um critério. Para Francisco Rezek, embora sem o emprego de linguagem direta, a Constituição deixa claro que os tratados estão sujeitos ao controle de constitucionalidade, como toda legislação de ordem infraconstitucional. Uma questão interessante desde a assinatura do Estatuto de Roma é a constitucionalidade do compromisso brasileiro diante do Tribunal Penal Internacional. Quanto a isso também inovou a Emenda 45/04, ao inserir no art. 5° o § 4°, pelo qual *o Brasil se submete à jurisdição de Tribunal Penal Internacional a cuja criação tenha manifestado adesão*. No que atine ao conflito entre norma internacional e lei interna, o Supremo Tribunal Federal, STF, teve ocasião de julgar, em 1977, o famoso caso da Lei uniforme de Genebra sobre as letras de câmbio e notas promissórias, que colidia, em seu conteúdo, com o Decreto-Lei n° 427/69 (recurso extraordinário 80.004). Inexistindo critério expresso na Constituição, prevaleceu a última vontade do legislador, exarada através da lei interna. Aplicou-se, então, o princípio do *lex posteriori derogat priori*.

80. A equiparação de tratado a lei interna, com aplicação do princípio *lex posteriori derogat lex priori*, continua sendo o entendimento do STF que, em 1997, discutiu a constitucionalidade da Convenção n° 158 da Organização Internacional do Trabalho (ADIn 1480-DF). Decidiu a Suprema Corte que tratados ou convenções internacionais são hierarquicamente equivalentes a leis ordinárias, sobrepondo-se às normas de fonte interna apenas em caso de aplicação do princí-

pio suprarreferido ou do princípio da especialidade. Além disso, o STF entendeu que matéria dependente de lei complementar não pode ser normatizada por tratado, por se tratar de reserva constitucional. Essa decisão, contudo, não foi unânime. Foi vencido o Ministro Carlos Velloso, ao apontar que o tratado é incorporado como lei, que é gênero do qual são espécies, tanto a lei ordinária como a lei complementar. Desta forma, uma vez incorporado ao ordenamento interno, seria o tratado equiparado ou a lei complementar ou a lei ordinária, conforme a Constituição requeira, ou não, a forma de lei complementar para a matéria. Recentemente, foi retomada a discussão acerca do lugar dos tratados na ordem jurídica brasileira, com relação à norma do Pacto de San José da Costa Rica, que veda a prisão civil, em face da possibilidade de prisão do depositário infiel, decorrente de alienação fiduciária em garantia. Provocado a dizer da constitucionalidade desta prisão, o STF afirmou que a norma do § 2º do art. 5º da CF apenas se aplica aos tratados internalizados antes da CF de 1988, de modo que não revogou o inciso LXVII do mesmo art. 5º, que permite a prisão do depositário infiel. Ademais, reiterou que tratados são admitidos no ordenamento jurídico interno como lei ordinária, de forma que o Pacto de San José, trazendo um preceito geral, não pode revogar as normas especiais, também infraconstitucionais, que regulam a prisão civil nos casos de depositário infiel.

⇒ **Modificação**

81. Um tratado permanece inalterado e em plena vigência até o momento em que uma causa, reconhecida pelo direito internacional, provoque sua modificação ou extinção. O tratado é o reflexo jurídico das condições que as partes aceitaram respeitar em suas relações recíprocas. Em face de condições novas ou diferentes, deve-se admitir que as partes possam, igualmente, introduzir mudanças no texto contratual. A Convenção de Viena reconhece este direito às partes que podem *emendar* o tratado de comum acordo (art. 39). A modificação pode estar regulada em disposições especiais do próprio tratado (denominadas *cláusulas de revisão*) ou serem estabelecidas *a posteriori*. Neste caso, as emendas podem ser estabelecidas através de um *texto substitutivo* ou de uma *prática constante* ulterior quando da aplicação do tratado pelas partes.

82. Modificações nos tratados *bilaterais* mostram-se geralmente simples, pois o respeito ao princípio do consentimento exige que ambas as partes concordem com a emenda. Situação distinta é encontrada nos tratados *multilaterais*, caracterizados pela universalidade. Diante do risco de ver um número restrito de Estados bloquear a atuali-

zação dos tratados, e objetivando resguardar os direitos das partes que não desejam emendar o tratado, a Convenção de Viena, em seu artigo 40, estipulou um procedimento de modificação.

Qualquer proposta de emenda de um tratado multilateral entre todas as partes deverá ser notificada a todos os Estados contratantes, cada um dos quais tem o direito de participar:
a) da decisão sobre essa proposta;
b) da negociação e conclusão de qualquer acordo para a emenda do tratado.
Todo Estado que possa ser parte no tratado pode igualmente ser parte no tratado emendado.
O acordo de emenda não vincula os Estados que já são partes no tratado e que não se tornam partes no acordo emendado.
Qualquer Estado que se torne parte no tratado depois da entrada em vigor do acordo de emenda é considerado, salvo declaração em contrário:
a) parte no tratado emendado; e
b) parte no tratado não emendado em relação às partes do tratado que não se vincularam ao acordo emendado.

⇒ **Extinção**

83. Segundo a Convenção de Viena, um tratado multilateral extinto ou suspenso não prejudica qualquer direito, obrigação ou situação jurídica das partes, criados pela execução do tratado antes de sua extinção (art. 70). São várias as razões que podem conduzir à extinção do tratado:

- a previsão expressa em seu próprio texto;
- o consentimento das partes;
- a redução do número de partes num tratado multilateral, aquém do *quorum* exigido para sua entrada em vigor;
- a conclusão de um tratado posterior;
- a violação de cláusulas substantivas;
- a impossibilidade superveniente de cumpri-lo, devido ao surgimento de uma mudança fundamental de circunstâncias, independente da vontade das partes;
- a ruptura de relações diplomáticas ou consulares, a tornar impossível o cumprimento de parte ou da totalidade do tratado;
- o surgimento de uma regra costumeira posterior à conclusão do tratado (*lex posterior derogat priori*);
- a superveniência de uma norma imperativa de direito internacional geral (*jus cogens*).

84. Ao contemplar a *denúncia* ou a *retirada* das partes, o texto do tratado indica uma manifestação de vontade expressa e inicial de seus signatários. Não permitindo dúvidas, ela constitui a mais correta forma de suspensão ou de extinção do tratado. A *denúncia* extingue, por ato unilateral, um tratado bilateral. A *retirada*, aplicada aos tratados multilaterais, refere-se exclusivamente à parte autora, permanecendo o tratado inalterado para as demais partes.

2.2. Fontes não convencionais

⇒ **Costume**

85. Trata-se de prática de aceitação geral que se converte em direito. Portanto, o costume deve ser considerado como fonte formal do direito. Ele está fundado em duas teses opostas. Para a primeira, *voluntarista*, o costume sustenta-se no *acordo tácito* entre os Estados: somente aqueles que manifestaram o acatamento ao costume a este estão vinculados. A segunda tese é *objetiva*, pois considera que as regras costumeiras são uma *manifestação sociológica*, obrigando a todos os sujeitos de direito. Deste modo, o costume seria uma fonte especial e controvertida do direito internacional.

86. Dois elementos são indispensáveis na formação de um costume. O elemento *material* traduz-se pela *repetição de atos, comportamentos e opiniões,* na administração de suas relações externas ou da organização interna, pelos sujeitos de direito internacional. A afirmação material de um costume provém de sua prática constante e efetivamente cumprida. Trata-se da *uniformidade* e da *concordância* dos atos emanados dos sujeitos de direito internacional. Além disso, é indispensável que o costume não se restrinja a um único sujeito, mas constitua prática generalizada e dispersa. Não se trata de unanimidade: a praxe deve ser ampla e representativa, implicando os sujeitos particularmente interessados em sua observância. A tendência à universalização não exclui a possibilidade da existência de costumes de alcance limitado, construído por número restrito de sujeitos de direito internacional.

87. Um segundo elemento, de caráter *subjetivo*, manifesta-se pela existência, livremente consentida, de uma *convicção* de parte dos sujeitos, no sentido de que sua aplicação é obrigatória, pois se trata do novo direito. Ou seja, está em tela a expressão da *opinio juris sive necessitatis* (a convicção do direito ou da necessidade). Sua obrigatoriedade a distingue das regras de cortesia internacional.

88. Excetuando-se as normas imperativas, uma regra costumeira não é imputável ao sujeito de direito internacional se este manifestou sua objeção, quando da criação de dita regra, ou na hipótese de ter seu advento precedido o surgimento do sujeito, caso dos novos Estados. Todavia, regras que emanam do direito internacional privado podem impor-se aos sujeitos que aceitaram referi-las em convenções internacionais.

89. O *ônus da prova* da imputabilidade de um costume corresponde a quem dele deseja beneficiar-se. As dificuldades de formar as provas convenceram os sujeitos de direito internacional a buscar maior

segurança jurídica através da *codificação* do costume. Trata-se da conversão de regras costumeiras num corpo de regras, escritas e apresentadas de maneira sistemática. Embora a codificação do costume conduza à maior clarificação do sistema jurídico, ela ocasiona, em contrapartida, a sua petrificação. Portanto, surge o inconveniente de prejudicar um dos traços ontológicos do costume, qual seja seu caráter evolutivo. No âmbito das Nações Unidas, a codificação avançou com largos passos e conta, atualmente, com as seguintes convenções.

Principais Convenções de codificação

Nome	Assinatura	Objeto	Número de Partes	Entrada em vigor
Genebra	29/04/1958	Mar territorial	49	10/04/1964
Genebra	29/04/1958	Alto mar	60	30/09/1962
Genebra	29/04/1958	Pesca e conservação dos recursos biológicos do alto mar	36	20/03/1966
Genebra	29/04/1958	Plataforma continental	55	10/06/1964
Viena	18/04/1961	Relações diplomáticas	172	24/04/1964
Viena	24/04/1963	Relações consulares	148	19/03/1967
Viena	23/05/1969	Direito dos tratados	75	27/01/1980
Nova Iorque	16/12/1969	Missões especiais	30	21/06/1985
Montego Bay	10/12/1982	Direito do mar	60	16/11/1994

⇒ **Princípios gerais de direito**

90. No artigo 38, § 1º, do Estatuto da CIJ apontam os princípios gerais de direito, reconhecidos pelas nações civilizadas, como *fonte autônoma* e *primária* do direito internacional. Apesar da oposição de autores voluntaristas, que lhes negam *aplicabilidade direta*, a CIJ deixou evidente que estes princípios devem ser considerados como um elemento subsidiário, além dos tratados e do costume, para inspiração do juiz internacional. Ao alargar o poder deste, os princípios gerais de direito restringem o alcance do poder discricionário dos Estados. No entanto, tais postulados não podem jamais se sobrepor ao costume ou aos tratados. O que deve ser transposto do direito interno para o direito internacional não são os princípios em sua literalidade, mas a *essência* deles.

91. A principal característica da principiologia é sua *estabilidade*, na medida em que se trata de valores já existentes, reconhecidos e respeitados pelos principais sistemas jurídicos mundiais. Somente os valores comuns a estes sistemas podem ser transpostos, por analogia, para o direito internacional. Para Nguyen Quoc Dinh, os *prin-*

cipais princípios gerais de direito referendados pela jurisprudência internacional são os seguintes:

Princípios Gerais de Direito

Princípios atinentes à concepção geral do direito	• é vedado o abuso do direito • os sujeitos devem agir de boa-fé • ninguém pode se beneficiar de seu próprio erro • toda violação de um compromisso implica a obrigação de reparação do prejuízo dela resultante • a segurança jurídica deve ser preservada, com o respeito da confiança legítima • princípio do patrimônio comum da humanidade (meio ambiente, fundos marinhos)
Princípios de caráter contratual aplicados aos tratados	• a interpretação deve buscar o resultado pretendido pela regra (princípio efeito útil) princípios relativos aos vícios de consentimento e à interpretação • força maior
Princípios referentes ao contencioso da responsabilidade internacional	• princípio da reparação integral do prejuízo (danos emergentes e *lucrum cessans*) • juros moratórios • exigência de uma relação de causa e efeito entre o fato gerador da responsabilidade e o prejuízo sofrido
Princípios do procedimento contencioso	• autoridade da coisa julgada • ninguém pode ser juiz e parte • igualdade das partes • respeito dos direitos da defesa
Princípios concernentes ao respeito do indivíduo	• proteção dos direitos fundamentais • proteção específica dos direitos dos agentes públicos

Além destes princípios há, igualmente, os princípios gerais do direito internacional, isto é, a continuidade do Estado, o respeito à independência estatal, a primazia do tratado internacional sobre a lei interna e o esgotamento dos recursos internos. A possibilidade de decidir uma questão *ex aequo et bono*, prevista pelo Estatuto da CIJ (art. 38, § 2º), introduz a noção de *equidade*, que pode corrigir o direito positivo (*infra legem*) ou suprir suas lacunas (*praeter legem*), mas jamais afastar o direito positivo (*contra legem*).

⇒ **Atos unilaterais**

92. Trata-se da *manifestação de vontade* de um sujeito de direito internacional, seja Estado ou organização internacional, expressa por escrito, o que configura a maioria dos casos, oralmente ou pelo silêncio. São manifestações que não possuem vínculo com um tratado ou com o costume. Materialmente, os atos unilaterais dos Estados são assim classificados.

Classificação dos Atos unilaterais

Silêncio	Trata-se de ato unilateral tácito, assimilado à aceitação (qui tacet consentire videtur). Enquanto ausência de protesto, expressa a anuência implícita com a situação criada por outro sujeito de direito.
Notificação	É o ato pelo qual um Estado leva ao conhecimento de outro um fato determinado, que pode produzir efeitos jurídicos. Trata-se de um ato condição na medida em que dele depende a validade de outros atos.
Reconhecimento	É o principal ato unilateral, pois constata a existência de certos fatos ou de atos jurídicos, e admite sua imputabilidade.
Protesto	É o contrário do reconhecimento, pois através dele o Estado pretende resguardar seus próprios direitos, frente a pretensões de outro Estado, ou perante a criação de uma norma jurídica. Não se trata de uma sanção, mas de uma manifestação real de vontade. Seu elemento essencial é a reiteração (permanência da atitude).
Renúncia	Não presumida, a renúncia deve ser expressa e significa o abandono voluntário de um direito, por parte de um sujeito de direito internacional. O não exercício de um direito por um Estado não deve ser assimilado à renúncia deste direito.
Promessa	Faz surgir novos direitos em benefício de terceiros. Ao contrário dos atos unilaterais precedentes, que referiam fatos ou atos já existentes, a promessa vincula-se à atitude futura do Estado. Por esta razão, ela é pouco utilizada. Todavia, quando o é, ela compromete o sujeito de direito, como se ele tivesse se comprometido pelo acordo. Deve ser executada de boa-fé e pode ocasionar sanções em caso de violação.
Denúncia	Contestada por parte da doutrina, a denúncia constitui-se ato unilateral quando é feita por represália, ou quando atua como uma via de fato consumado.

93. Os atos unilaterais produzidos pelas *organizações internacionais* são numerosos e de difícil classificação. A distinção mais adequada foi proposta por Michel Virally. Ele considerou que todos os atos emanados de um órgão coletivo são *resoluções*, que se diferenciam entre si por seu caráter, *impositivo* ou *facultativo*. As resoluções de *caráter obrigatório* são denominadas *decisões* e originam-se nas resoluções do Conselho de Segurança (art. 25 da Carta da ONU). Devem ser consideradas como um ato unilateral, imputado às Nações Unidas, que cria obrigações aos destinatários, na condição de atos jurídicos internacionais e, como tal, fontes do direito internacional.

94. As resoluções de *caráter facultativo* são denominadas *recomendações*. Elas somente *convidam* o destinatário a adotar um comportamento determinado, de ação ou de omissão. Não possuem força jurídica, e seus destinatários não cometem ilícito caso não as observem. Sua obrigatoriedade surge somente quando o destinatário a aceitou de forma expressa ou tácita. Entretanto, o voto favorável não é considerado como aceitação: esta deve ser manifestada posteriormente à adoção da recomendação. Elas podem confirmar o direito existente, mas não são capazes de modificá-lo ou criar novas regras. O valor das recomendações encontra-se no plano moral e político, pois emanam da Assembleia Geral.

95. O estatuto da CIJ determina que as decisões judiciárias e a doutrina dos juristas mais qualificados das diferentes nações constituem

meio auxiliar para a determinação das regras de direito (art. 38, § 1º, *d*). Sua redação sugere que a jurisprudência e a doutrina possam ser fontes de direito. Ora, a própria doutrina, de forma unânime, rechaça esta possibilidade. Atualmente, a doutrina perdeu sua força face à ação dos Estados e das organizações internacionais. A jurisprudência, que determina o direito aplicável ao caso concreto, deve ater-se às partes envolvidas no litígio. Ela desempenha papel fundamental apenas em direitos emergentes, como é o caso do direito comunitário, raras vezes sendo considerada como fonte no direito internacional clássico.

3. Personalidade Jurídica Internacional

96. Os Estados constituem, como já se afirmou diversas vezes neste livro, o sujeito por excelência do direito internacional. Não há dúvidas de que a organização internacional também o é, embora sob a condição de sujeito derivado, relativamente à vontade primeira do Estado. Ocorre que outros atores veem-se igualmente implicados, do ponto de vista jurídico, na cena internacional. Para Frank Attar, os entes, além dos Estados e da organização, que participam da vida internacional, possuem apenas fragmentos das prerrogativas que correspondem habitualmente aos sujeitos tradicionais de DIP. Assim, alguns autores os designam sujeitos fragmentários, eis que estas figuras jurídicas intervêm em diferentes graus da ordem jurídica internacional.

97. Após descrever, nos dois primeiros subtítulos deste capítulo, os dois sujeitos incontestes de direito internacional, Estado e organização, tratar-se-á, numa terceira parte, do papel do indivíduo, discussão moderna e acirrada. Finalmente, um quarto segmento será dedicado a outras entidades que reclamam senão a personalidade jurídica, o reconhecimento de algumas de suas prerrogativas pelo direito internacional.

3.1. Estado

98. Unem-se as vozes da doutrina na definição dos elementos do Estado: povo, território e governo soberano. Num primeiro momento, ao tratar da soberania sob uma perspectiva histórica, é possível visualizar-se a própria definição do Estado. A seguir, a visão do território prepara o tratamento de um aspecto imprescindível da análise do Estado em seara internacional: a jurisdição. Quanto à noção de população, ela abrirá o debate sobre a posição do indivíduo no DIP (3.2.). Duas derradeiras subpartes serão consagradas ao reconhecimento do Estado e do governo e, finalmente, à controvertida teoria da responsabilidade internacional.

3.1.1. Soberania

BARACHO, J. A. O. "Teoria Geral da Soberania", *in RBPE*, n°s 63/64. Belo Horizonte, 1987, pp. 7-137; BOBBIO, N. *Thomas Hobbes*. Rio de Janeiro: Campus, 1991, part. pp. 23-63; DALLARI, D. *Teoria Geral do Estado*. São Paulo: Saraiva, part. pp. 63-72; NOGUEIRA, J. G. A. "Alguns aspectos do conceito atual de soberania", *in Revista de Direito Público e Ciência Política*, FGV, Rio de Janeiro: vol. VII, janeiro 1964, pp. 73-90; VATTEL, E. de, *O Direito das Gentes ou Princípios da lei Natural aplicada à condução e aos assuntos das Nações e dos Soberanos*. Brasília: IPRI e UnB, 2004, Coleção Clássicos do IPRI, 685 p.

⇒ **A soberania e o nascimento do Estado**

99. As relações entre núcleos humanos organizados fossem estas de troca, de disputa ou solidárias, jamais respeitaram fronteiras. Comprova-o o simples reconhecimento do relacionamento político entre as cidades gregas na Antiguidade, ou as tentativas de universalização do poder na Idade Média, de parte do Papado ou do Império. Na verdade, as fronteiras foram criadas como um *limite material* ao exercício do poder.

100. O surgimento do conceito de soberania pode ser datado. Ele nasce em oposição à sociedade medieval pluralista, que compreendia diferentes fontes de direito (direito natural, costume, tradição doutrinária, cortes de justiça, vontade política); diversos ordenamentos autônomos e originários (Império, Igreja, feudos, comunas, corporações); e eficácias distintas, norteadas, sobretudo, pela tentativa de equilíbrio de poder. Foi precisamente o esforço de síntese destas instâncias em direção à formação de ordens nacionais, contra a fragmentação interna e contra o Império, e, por outro lado, a formação de igrejas nacionais, contra a Igreja universal, que conduziu à absorção dos ordenamentos parciais e a tentativa de obter um critério único de aplicação da justiça. Para bem dimensionar a acepção original da soberania, é preciso compreender que o Estado moderno tem como sustentáculo, em seu surgimento, as teorias absolutistas e um cenário concreto de urgência da concentração de poder.

101. Logo, resta clara a localização temporal do conceito, o que leva diversos autores a afirmar que a expressão *soberania* somente deve ser utilizada no contexto do Estado moderno. Neste, a fronteira passará a ser justamente um marco jurídico a delimitar a abrangência de um ordenamento de poderes estático e particular, qual seja o próprio Estado. Aí reside o paradoxo, magistralmente definido por Luis Weckmann: a soberania estatal, no seu aspecto externo, é uma reivindicação de universalidade limitada a certo espaço geográfico.

102. Da mesma forma que as pretensões imperiais sofreram, na Idade Média, vacilações constantes, circunstâncias políticas nas quais cresceram ou diminuíram, e batalhas perdidas e ganhas, também

se pode dizer da soberania que a ideia sempre foi mais forte do que a realidade, havendo um rude contraste entre o brilho da teoria e a materialidade política. As duas frentes de luta, externa e interna, estão refletidas na classificação moderna do conceito.

⇒ **Soberania interna e soberania externa**

103. A soberania interna representa o monopólio da coerção legítima em certo território, que resulta de diversos fatores. Antes de tudo, há o monopólio da criação da ordem jurídica, pois o Estado estabelece as suas próprias competências. Como o definiu Bodin no Século XVI, trata-se do *Estado que legisla*, substituto das ordens medievais que apenas expressavam o direito natural dado.

104. Além disso, há a efetividade do poder ou força para implementar esta ordem criada pelo Estado, e a formação de um quadro de autoridades que exerçam esta efetividade em nome da ordem, ou seja, legitimamente. Ora, o processo de luta interna pelo poder é infinito, mesmo após a constitucionalização dos Estados ou sua transição à democracia. Contudo, a soberania guarda o seu cerne, atemporal e fictício, que será demonstrado (a) pela busca de independência dos povos colonizados, o que já conduziu à elevação do número de Estados para o de quase duas centenas, compondo um quadro genérico de grande fragilidade das estruturas estatais; (b) as lutas em curso pela emancipação de territórios, por vezes com ingredientes étnicos ou religiosos.

105. A soberania será, então, o argumento dos que se insurgem, mas constituirá, de forma idêntica, a justificativa dos que combatem a insurreição. O monopólio buscado não tem alterada sua natureza, apenas discute-se seu titular ou suas fronteiras. No caso dos insurgentes, trata-se da necessidade de ver institucionalizado, estabilizado e reconhecido o exercício de poder de certo grupo sobre dado território. Assim, tanto para um teórico do absolutismo, como Thomas Hobbes, como para um filósofo da democracia, como Jean-Jacques Rousseau, a soberania é a *alma* em relação ao *corpo* político estatal.

106. As opções por modelos opostos não evitam que Hobbes e Rousseau compreendam igualmente o poder soberano como (a) uma unidade que contém a pluralidade anterior; (b) uma totalidade que resulta da alienação completa dos direitos naturais; (c) entidade detentora de caráter absoluto, inalienável, irrevogável, indivisível. A similaridade desta percepção compõe um paradoxo exemplar no embate entre os partidários da soberania do povo e os partidários da soberania do Príncipe. O conceito de soberania nacional resultou então

do processo de afirmação do Estado moderno, enquanto o conceito de soberania popular resultou da afirmação do sistema representativo. O conceito foi a um só tempo instrumento e resultado deste movimento histórico.

107. De sua parte, a soberania externa, que atribuiu, em sua origem, ao Soberano o poder formal de decidir sobre a guerra e a paz, de forma independente do Papa, do Imperador ou dos Senhores Feudais, sempre procurou guardar o equilíbrio entre todos eles, de forma a fazer da paz ou da guerra uma equação de múltiplos fatores. Na atualidade, o conceito aproxima-se, diante da pluralidade estatal, do reconhecimento de um *status* abstrato de interlocutor institucional.

108. A doutrina coincide em atribuir à soberania duas características. Há a seara das competências, ou seja, o poder de ordenar todos os poderes do Estado, ou seja, o dom de estabelecer a quem compete e o que lhe compete. E existe o aspecto da supremacia, isto é, a inexistência de qualquer instância de poder acima do Estado no território nacional, tanto para legislar como para lançar mão da força legítima, o que faz da soberania um atributo uno e indivisível. O princípio, entretanto, jamais encontrou repouso. *A soberania é uma ficção jurídica, contínua face jurídica de um Estado político, dotada de principiologia própria, que justifica e sintetiza o exercício do monopólio do poder legítimo de um grupo em determinadas fronteiras, podendo ser este grupo mais ou menos maleável quanto a exercer/sofrer ingerência sobre/de outros grupos estabilizados, a depender de seus interesses particulares ou da força e do poder econômico particular que detém.*

109. Admitir que a soberania abriga um caráter absoluto seria equivalente a negar a existência do próprio direito internacional. Como consequência, o conceito é geralmente referido do ponto de vista externo, ou seja, percebendo o Estado nas relações que ele estabelece no cenário internacional. Logo, *o Estado soberano é aquele que não se encontra numa situação de dependência, jurídica ou geral, em relação a outro Estado*. Conforme o direito internacional público, há uma presunção de competência de parte do Estado soberano sobre seu território, quanto à sua população e à organização de seu governo.

⇒ **Microestados**

110. Caso um Estado decida, por vontade própria, limitar muitas de suas competências, ou delegar atribuições das mais relevantes, em favor de outro(s) Estado(s) soberano(s), o conteúdo de sua soberania poderia ser diminuído? Para Jean Touscouz, não existe um *núcleo irredutível* de soberania e não é possível definir com precisão o limite

além do qual um Estado deixa de ser soberano ou torna-se semis-soberano.

111. Embora a própria Corte Internacional de Justiça tenha reconhecido, em 1949, que *a qualidade de sujeito de direito internacional não depende da quantidade de direitos e obrigações do qual um Estado é titular*, é bem verdade que certos Estados exercem suas competências de forma muito limitada. Há um conjunto de entidades, denominadas microestados, cuja debilidade – seja a pequena dimensão territorial ou a dependência econômica – obriga sejam mantidos estreitos vínculos com Estados vizinhos mais fortes. Seus estatutos jurídicos são variáveis. Seguidamente, são países vizinhos que respondem por sua segurança, oferecem apoio administrativo e, não raro, com ele constituem uma união monetária. Andorra, Cabo Verde, Liechtenstein, Mônaco, Nauru, entre muitos outros, configuram exemplos de microestados.

⇒ **Vaticano e Santa Sé**

112. A *Santa Sé* é o órgão central da Igreja Católica, uma organização internacional não governamental. Porém, ela apoia-se sobre um sujeito de direito internacional *sui generis*: a *Cidade do Vaticano*. Apesar de situada em Roma, a Itália reconheceu à Cidade do Vaticano, através dos acordos de Latrão, de 1929, sua independência absoluta. A Santa Sé é então titular de um poder exclusivo e de uma jurisdição soberana sobre seu território, qual seja a *Basílica de São Pedro* e os 44 hectares que a cercam. O Vaticano abriga uma população de cerca de 1.500 habitantes e dispõe de instituições próprias e serviços públicos. Embora o Vaticano não possua força material, não se pode duvidar do importante papel que a Santa Sé exerce no cenário internacional. Mais do que as viagens do Papa, a Cidade do Vaticano mantém a participação de diversos delegados e observadores junto a diversas organizações internacionais. Recebe também representações diplomáticas de diversos Estados. Além disso, várias encíclicas papais foram consagradas, total ou parcialmente, às questões internacionais.

⇒ **Princípio da igualdade jurídica entre os Estados**

113. O exemplo do Vaticano vem reforçar a tese de que os Estados possuem competências variáveis. No entanto, esta constatação não prejudica o *princípio da igualdade jurídica* entre os Estados. Posto que, tanto de fato como de direito, os Estados não são iguais, dito princípio consagra a *igualdade formal* entre as Nações. Isto significa que todos os Estados têm acesso, em idênticas condições, aos procedimentos jurídicos internacionais. Quando da conclusão de um tra-

tado, por exemplo, a vontade manifestada por cada parte merece igual estatuto jurídico. Muitas vezes, nas organizações internacionais, adota-se o princípio *um Estado, um voto*. Neste caso, o desequilíbrio do poder político e econômico entre os membros pode provocar a ineficácia da organização, pois as maiores potências dificilmente permaneceriam num organismo onde fossem obrigadas a acatar decisões tomadas majoritariamente por Estados que não possuem condições de implementá-las. Por outro lado, o princípio da igualdade formal não raro serve a proteger Estados em posição de fraqueza, que podem recorrer aos procedimentos internacionais mesmo em oposição às Nações mais poderosas.

⇒ **Soberania e supranacionalidade**

114. A União europeia, experiência plena de ricas diversidades, fez com que muitos autores percebessem uma oposição entre soberania e supranacionalidade. Na Europa, não somente as normas constitucionais, mas os órgãos jurisdicionais, estatais e comunitários, além da doutrina, utilizam conceitos como *cessão, transferência, delegação* e *limitação* de soberania. Síntese desta imprecisão conceitual foi elaborada por Pablo Pérez Tremps. De uma parte, mesclam-se duas perspectivas: a ativa (cessão, transferência, atribuição) e seu resultado (limitação de soberania). De outra parte, a análise que se faz desses conceitos manifesta posições metodológicas e disciplinares muito distintas, que podem polemizar artificialmente as diferenças interpretativas.

A expressão *supranacionalidade* foi incorporada ao léxico jurídico após a *Declaração de Schuman*, de 9 de maio de 1950, que lançou as bases da integração europeia, particularmente da Comunidade Europeia do Carvão e do Aço (CECA), formada por Alemanha, Bélgica, França, Itália, Luxemburgo e Holanda. Preconizada pelos franceses Jean Monnet e Robert Schuman, consolidava-se na Europa a percepção de que a integração econômica e setorial seria o caminho para que se pudesse, no futuro, alcançar a integração política e global. O setor escolhido para deflagrar o processo foi justamente o do carvão e do aço, compondo um lúdico paradoxo: os recursos que sustentaram as sucessivas guerras seriam os primeiros meios de consolidação da paz. As peculiaridades da CECA definiram um perfil que passou a ser, em todo o mundo, associado como o de uma entidade supranacional: a constituição de uma esfera de jurisdição, gestão e principiologia diferenciadas das ordens nacionais. Embora estando a CECA vinculada às regras estatais sobre os temas atinentes as suas bem delimitadas competências, assim como à vontade política dos Estados membros, a estrutura supranacional garantiu-lhe uma atuação autônoma. A definição de um *interesse coletivo* certamente a levou, em diversos momentos, a impor-se sobre desígnios nacionais que o contrariavam. Este aspecto foi definitivo para que lograsse extraordinário êxito e influenciasse todo o subsequente percurso da integração europeia. Os Tratados de Roma, assinados em 1957, que instituem a Comunidade Europeia da Energia Atômica (CEEA ou Euratom) e a Comunidade Econômica Europeia (CEE), adotam estruturas semelhantes, porém com diferentes graus de supranacionalidade.

115. A princípio, a diferença básica a ser estabelecida entre organismos intergovernamentais e supranacionais é precisamente a detecção do *interesse predominante*. Nos primeiros, trata-se de foruns destinados a cotejar interesses individuais e, se for o caso, harmonizá-los. São marcadamente espaços de negociação, cujas decisões, em existindo, serão aplicadas por *iniciativa* dos Estados-Membros.

116. Entidades supranacionais pressupõem a negociação em outro nível, para definir o interesse coletivo, através de processo decisório próprio, a serviço do qual elas colocarão em funcionamento uma estrutura independente. Mas antes de atribuir feições definitivas a estes conceitos, cabe a advertência de que a observação empírica da experiência de integração europeia pode levar a uma compreensão oblíqua da supranacionalidade como instituto jurídico, ao estimar, por vezes, como ontológico, aquilo que é apenas uma característica contingente. Encontra-se bem afirmada na doutrina a imprecisão do significado deste neologismo, assim como as razões políticas que inspiram o seu eventual emprego. Tal constatação não obstaculiza, entretanto, um conjunto de reflexões que procurem fazer frente à inexatidão terminológica.

117. É lugar comum na doutrina europeia a identificação de uma ordem jurídica supranacional como o atributo original da ordem jurídica comunitária, qualidade que faz dela um fenômeno absolutamente novo diante do direito internacional (típico direito de coordenação). Como organizações supranacionais, leia-se dotadas de uma ordem jurídica supranacional, teriam como características:

a) a *autonomia* de um conjunto de regras, diferenciado dos ordenamentos nacionais, situados acima deles em certos domínios (graças ao princípio da primazia da regra comunitária), para proteger o interesse coletivo das suscetibilidades políticas ou dos interesses nacionais contrários;

b) a *origem* de tais regras, contratual via fonte primária, mas de natureza peculiar através fontes secundárias;

c) e sua *incorporação direta* às ordens jurídicas nacionais, tema seguramente polêmico, também apresentado como aplicabilidade imediata das regras de direito comunitário.

118. A partir destas características do todo, deve-se buscar, como propõe Pierre Pescatore, a diferenciação entre a ordem, expressão institucional das comunidades, de caráter substantivo, e a supranacionalidade, que de fato a qualifica, mas não é apenas um mero adjetivo. Parece possível fazê-lo através da delimitação do que é principal e do que é acessório numa entidade supranacional.

a) O *reconhecimento de um conjunto de valores ou interesses comuns* entre um certo número de Estados é elemento cerne da noção de supranacionalidade. Mas a matéria da qual ele é feito poderia estar relacionada tanto à simples utilização coletiva de um gasoduto até a formação de um mercado comum. Ter-se-á, assim, nos extremos de extensão e consistência das aspirações comuns, motivações desiguais, com alguns empreendimentos de grande envergadura e outros precários. Daí decorre uma maior ou menor necessidade de institucionalização destes inegavelmente comuns valores ou interesses. Portanto, um quadro institucionalizado parece essencial para a ordem jurídica comunitária, não para o gênero organismo supranacional, em que pese possa nele existir e até mesmo reforçá-lo sobremaneira.

b) A supranacionalidade tem como segundo requisito de existência a *efetividade do poder*, com vistas a realizar os referidos interesses ou valores comuns, preceito que confronta a habitual impotência dos organismos intergovernamentais diante de situações-limite. Os organismos supranacionais devem tomar decisões e estabelecer regras que efetivamente ocasionem o engajamento dos Estados. Todavia, a aplicabilidade direta de medidas legislativas, administrativas ou judiciárias, inclusive aos cidadãos, é típica do ordenamento das comunidades europeias, com a ressalva de que assim se operam em certos domínios específicos, definidos pelos Tratados constitutivos. Isto não é comum, mas é possível encontrar um poder efetivo, ainda que as suas decisões se materializem através dos Estados-Membros de um dado organismo. Quanto à ordem comunitária, esta não pode prescindir do caráter imediato do exercício de seu poder.

c) Além de um ideário comum e de poderes que possam realizá-lo, é indispensável a *autonomia* deste organismo, no sentido de que ele se diferencie do poder dos Estados que o integram e sirva exclusivamente àqueles valores ou interesses comuns definidos. Não se deve confundir a existência de um poder autônomo com a possibilidade de *sanção* por parte deste ente em relação aos seus Estados-Membros. Este é, sem dúvida, um elemento nuclear da ordem jurídica comunitária, malgrado ela possa utilizar-se de outros meios, não coercitivos, o que ocorre, aliás, ordinariamente. Seria inaceitável, contudo, que se fizesse da coerção *conditio sine qua non* da supranacionalidade. Neste caso, os processos integracionistas em fase inicial jamais alcançariam a adesão de um número significativo de países. Como exigir num primeiro momento a cessão, ainda que parcial, do monopólio da violência legítima?

119. Deriva deste raciocínio o conceito elaborado por Pierre Pescatore, para quem *a supranacionalidade é um poder, real e autônomo, colocado a serviço de objetivos comuns a diversos Estados* – entendendo por objetivos os valores e interesses partilhados. Admite-se que a ordem jurídica comunitária seria a mais perfeita expressão, até então vista, de uma organização supranacional, pelo que se dá a condição *sui generis* da União Europeia enquanto órgão internacional. Entretanto, existem sintomas de supranacionalidade em outros organismos, elemento que não é suficiente para convertê-los em ordens jurídicas acima das ordens nacionais.

3.1.2. Território

Bibliografia: DALLARI, D. *Teoria Geral do Estado*. São Paulo: Saraiva, part. pp. 73-80; SANTOS, M. (org.). *Território, Globalização e Fragmentação*. São Paulo: Hucitec/ANPUR, 1994.

120. Elemento do Estado, a delimitação do território fixa, a princípio, os limites de uma jurisdição. Deste modo, as fronteiras possuem uma

conotação jurídica muito importante. Se o Estado constitui indubitavelmente uma abstração, um de seus elementos necessários, o território, é de inegável concretude. Porém, os limites do território estatal, denominados fronteiras, não são mais do que linhas políticas. Na base geográfica juridicamente delimitada é que o Estado exercerá suas competências territoriais. Para Jean Touscouz, a noção de *território-limite* é aquela que melhor corresponde à definição do Estado segundo o direito internacional. Hodiernamente, ela é fixada por tratados internacionais de delimitação de fronteiras, firmados entre os Estados contíguos, ou deriva de decisões arbitrais e judiciárias.

⇒ **Limites naturais e artificiais**

121. O território de um Estado compreende o território terrestre, o espaço aéreo sobrejacente e o mar territorial. No que atine ao território terrestre, as linhas limítrofes podem ter como referência acidentes geográficos ou valer-se dos recursos da abstração.

A fronteira entre o Brasil e o Uruguai bem demonstra a delimitação abstrata do território, possuindo trechos em que núcleos urbanos de cidades dos dois Estados apresentam uma contiguidade direta. À guisa de exemplo, as cidades de Santana do Livramento, no Brasil, e Rivera no Uruguai, são separadas por uma avenida. Neste caso, a livre circulação de pessoas opera-se diuturnamente.
De outra parte, os paralelos e meridianos são frequentemente utilizados como limites artificiais dos territórios estatais.

Os limites naturais de maior emprego são os rios, seguindo o traço de equidistância entre as suas margens ou o traço da maior profundidade de seu leito – *talvegue* –, e as cordilheiras, adotando, em geral, o traçado de seus cumes.

Para as cadeias montanhosas utiliza-se, ainda, o sistema do *divortium aquarum*, pelo qual é eleito o traçado de separação das águas da chuva, a referência à base das montanhas, havendo neste caso o inconveniente de atribuir todo o acidente a um só Estado limítrofe.

⇒ **Aquisição**

122. Na medida em que conflitos atuais sobre a delimitação de territórios referem, seguidamente, antigas regras, não raro como justificativa da própria contenda, torna-se indispensável tratar dos meios de aquisição da base territorial do Estado. Para este efeito, classificamos o objeto da aquisição como uma terra sem dono (da expressão francesa *territoires sans maître* ou do latim *terra nullius*), ou como um território que outrora pertencia a outro Estado soberano.

123. Por vezes referida como *terra de ninguém*, a *terra nullius* foi conceituada, a princípio, como a região onde inexiste a ocupação humana. Interesses das potências coloniais fizeram com que territórios

ocupados por povos nômades, ou sedentários cuja organização social não se revestisse sob a forma estatal, fossem igualmente considerados *terra nullius*. A extensão do conceito serviu, naturalmente, à ocupação, pela força, de territórios habitados. A terra *derelicta*, abandonada pelo seu descobridor, merecia idêntico estatuto jurídico. O *princípio da contiguidade*, pelo qual o controle de um território ensejava igual soberania sobre as zonas que lhe fossem contíguas, favoreceu ainda mais aos impérios coloniais. Ele justificou-se, sobretudo, pela necessidade de segurança de parte do colonizador.

124. Com a imposição progressiva do *princípio da efetividade*, a partir do século XVII, a soberania sobre um território apenas pôde ser reivindicada após a investidura de uma autoridade local e do exercício de competências estatais, assegurado o respeito ao direito internacional público e aos direitos adquiridos neste território pelos cidadãos de terceiros Estados.

A consolidação deste princípio é relevante porque existem ainda, na atualidade, territórios considerados como *terra nullius*. Embora seu estatuto seja definido por acordos internacionais, a Antártida, por exemplo, têm diversas áreas reclamadas por Estados vizinhos ou que nela promovem ocupações.

125. A aquisição de território pode também acontecer relativamente a territórios que já pertenceram a outros Estados soberanos. Malgrado a guerra de conquista seja atualmente proibida, é frequente que, após um conflito armado, um *tratado de paz* modifique as fronteiras originais entre os contendores. Há, igualmente, *tratados de cessão de território*, pelos quais dois Estados acordam que um deles cederá a outro uma parte de sua base geográfica. Neste caso, a população do trecho em questão, em geral pequenas parcelas do território, deve ser necessariamente consultada, por força do *princípio de autodeterminação dos povos*.

Esta hipótese concerne especialmente pequenos núcleos cuja cultura e identidade nacional do país vizinho são preponderantes, mas por variadas razões não lhe pertencem, entre elas a herança de antigas guerras ou atuais interesses econômicos. Ocorreu, no passado, a cessão onerosa de território. Como exemplo, o Brasil pagou à Bolívia dois milhões de libras esterlinas, pela aquisição do Acre, em 1903.

⇒ **Princípio da territorialidade**

126. O território é, a princípio, o lugar de aplicação de uma ordem jurídica estatal. Pelo *princípio da territorialidade*, todo sujeito de direito, uma vez encontrando-se num dado território, deve respeitar as leis que ali estão em vigor e, caso não o faça, poderá ser objeto de sanção. Para Philippe Manin, isto quer dizer que as competências estatais operam-se sobre o território, mas também em razão do ter-

ritório, eis que a simples presença de coisas e pessoas nesta base geográfica enseja a competência estatal em relação às primeiras.

127. O princípio da territorialidade admite, entretanto, exceções. Quando se trata, por exemplo, da seara criminal, é frequente que legislações nacionais utilizem o vínculo de nacionalidade, seja do autor ou da vítima, como fundamento para o exercício de suas competências. De outra parte, em matéria fiscal, não raro os diplomas legais tributam a renda obtida em território estrangeiro, estipulando um conjunto de elementos não territoriais que ensejam a competência estatal. De todo modo, para que se efetive um direito sobre bens, a competência territorial é uma condição necessária.

128. Se o princípio da territorialidade não possui, de fato, um caráter absoluto em algumas searas específicas, isto não quer dizer que a *extraterritorialidade* seja admitida pelo direito internacional público. Ao contrário, os princípios gerais da não intervenção e da igualdade jurídica entre os Estados eivam de ilegalidade toda a ação de um Estado que vise a produzir seus efeitos jurídicos sobre outra soberania, sem o consentimento desta.

A extraterritorialidade mereceu recente e acirrada discussão. Editado pelos Estados Unidos, em 12 de março de 1996, o *Cuban Liberty and Democratic Solidarity Act*, conhecido como *Lei Helms-Burton*, elenca expressamente, entre seus objetivos, o fim do regime de governo cubano, liderado por Fidel Castro. A Lei Helms-Burton permite que todo cidadão norte-americano solicite ao juiz pátrio a indenização por prejuízos decorrentes da nacionalização de bens, promovida em Cuba desde 1959. Toda participação ou atividade comercial envolvendo um bem confiscado pelo regime cubano é considerada *tráfico ilícito*, e seu autor pode ser alvo, além da indenização, da interdição de concessão de visto de entrada nos Estados Unidos, extensiva aos seus familiares e representantes.

Alguns meses depois, em 5 de agosto, os Estados Unidos promulgaram o *Iran and Libya Sanctions Act of 1996*, comumente designado *Lei d'AmatoKennedy*. O objetivo desta lei é privar o Irã e a Líbia dos meios de financiar o terrorismo internacional e impedi-los de adquirir armas de destruição massiva. O Presidente norte-americano pode, contra *toda pessoa* que fez investimentos no Irã e na Líbia, em determinadas condições, denegar ajudas financeiras estatais, recusar licenças de exportação de tecnologia, impedir a concessão de empréstimos ou créditos, determinar o *congelamento* de bens, e restringir importações, entre outras providências.

Segundo Michel Cosnard, tais medidas correspondem ao que a doutrina considera como lei abertamente extraterritorial, sendo medidas legislativas de circunstância, cuja aplicação fora do território é inspirada por motivos de política externa. Ocorre que estas leis são aplicadas dentro do território dos Estados Unidos, por seus tribunais e sua administração. Portanto os efeitos que produzem sobre os demais territórios não são jurídicos, embora sejam concretos: diversas empresas retiraram-se dos países visados pelas leis americanas. Assim, Cosnard considera que o suporte fático destas regras encontra-se notoriamente fora dos Estados Unidos, sendo visadas precipuamente as pessoas jurídicas estrangeiras. Tentando impor uma conduta coletiva aos operadores do comércio internacional e forçar os demais Estados a agir conforme sua política externa, os Estados Unidos violam o princípio da igualdade entre os Estados soberanos.

Para Brigitte Stern, as leis americanas constituem sanções unilaterais de caráter extraterritorial, que configuram um *boicote secundário*. Trata-se de atingir agentes econômicos que comerciam com ou investem num Estado que é alvo de um boicote primário. Os Estados Unidos argumentam que as atividades visadas pelas leis em causa produzem efeitos sobre o seu prevalecesse sobre o atual estágio do direito internacional, a regulamentação norte-americana não encontraria dificuldades em formular justificativas para estender-se por todo o mundo. Acrescente-se que, pela repercussão que estas medidas unilaterais provocam nas relações econômicas internacionais, atentando contra o livre comércio, à previsibilidade e à segurança das relações econômicas, a licitude destes instrumentos pode ser questionada também à luz dos acordos internacionais de comércio. Na opinião de Geneviève Burdeau, as leis em tela contrariam diversas disposições e o próprio espírito dos acordos subscritos no âmbito do GATT, hoje OMC. Por todas estas razões, as medidas norte-americanas mereceram violento repúdio de parte de diversos Estados, especialmente da Europa Ocidental.

⇒ **O território brasileiro**

129. A Constituição brasileira outorga ao Congresso Nacional a competência para, com a sanção do Presidente da República, dispor sobre os limites do território nacional, espaço aéreo e marítimo e bens do domínio da União (art. 48, V). De outra parte, cabe exclusivamente ao Congresso autorizar ao Presidente da República a permitir que forças estrangeiras transitem pelo território nacional ou nele permaneçam temporariamente, ressalvados os casos previstos em lei complementar (art. 49). Existindo lei complementar que assim o permita, o Presidente poder fazê-lo sem a anuência do Congresso (art. 84, XXII).

3.1.3. Jurisdição

Bibliografia: CARNEIRO, Athos Gusmão. *Jurisdição e competência*. São Paulo: Saraiva, 1996; HUCK, Hermes Marcelo. *Sentença estrangeira e lex mercatoria*. São Paulo: Saraiva, 1994.

130. Numa visão mais ampla, o conceito de jurisdição compreenderia o exercício dos Poderes Legislativo, Executivo e Judiciário num dado território. Deste modo, esta percepção mais larga da jurisdição coincide com a noção de soberania em sua acepção interna. Em outras palavras, trata-se do exercício *geral* das competências atribuídas pela Constituição às instituições nacionais, que compreendem as funções de legislação, gestão e administração da justiça.

Embora as atividades típicas dos Poderes da República sejam: do Executivo, administrar o Estado; do Legislativo, legislar; e do Judiciário, dirimir conflitos através da aplicação da lei, é certo que ditas atribuições não são exclusivas. O Executivo responde pela esfera do contencioso administrativo (por exemplo, o processo administrativo de demissão do servidor público, art. 41, § 1º, II) e, na atualidade, legisla intensamente, valendo-se da distorção do instituto constitucional da Medida Provisória (art. 62, CF). Dispõe de poderes exclusivos de gestão de seus órgãos o Poder Judiciário (arts. 96, I e II) e o Poder Legislativo (por derivação dos arts. 51, IV, e 52, XIII). O Legislativo desfruta de poderes típicos do Judiciário, por exemplo, através das Comissões Parlamentares de Inquérito (art. 58, § 3º). Já o Poder Judiciário pode suprir a omissão do Legislativo através do Mandado de Injunção (art. 5º, LXXI).

Assim, a jurisdição *lato sensu* é também *exclusiva*, pois o monopólio do uso da força legítima garante que a soberania interna seja única, opondo-se, a um só tempo, à fragmentação e à universalização do poder.

131. Não é raro, entretanto, encontrar-se a noção de jurisdição como *um dos elementos* integrantes, e não a totalidade, do exercício da soberania estatal. Esta visão, de senso estrito, reduz o conceito à administração da justiça. Na acepção de Athos Gusmão Carneiro, *a jurisdição constitui o poder-dever de declarar a lei que incidiu sobre o caso concreto, e aplicá-la coativa e contenciosamente*. Com efeito, o direito positivado pelos atos legislativos é anterior ao ato de administração da justiça, que deve dizer de sua aplicação *in concreto*. Os atos administrativos, por sua vez, não derivam, na maior parte dos casos, de um litígio e são passíveis de revisão por parte do Poder Judiciário.

⇒ **Competência internacional**

132. A visão ampla do conceito de jurisdição significa que, em situação de paz, as instituições estatais exercem seu poder de forma autônoma, seja ele legítimo ou não, sobre o território nacional.

Devido a peculiares circunstâncias e por vontade própria, alguns Estados delegam atribuições que lhe incumbem a outros Estados soberanos. É o caso dos Microestados, dos quais já se tratou, e de países que, por razões específicas, entre elas a herança colonial, deixam de exercer uma competência típica estatal. Os países que compõem a *zona franco* por exemplo, constituem uma organização monetária pelo qual se vinculam ao franco francês, renunciando à autonomia para a emissão e o controle da moeda nacional. Dela fazem parte quatorze países africanos, além da coletividade territorial de Mayotte e do Principado de Mônaco.

Entretanto, quando se trata da jurisdição *stricto sensu*, os casos concretos que envolvem elementos estrangeiros provocam a discussão da competência internacional para solução de litígios. Nestes casos, o território não constitui elemento determinante, e sim relativo, na solução do conflito, devendo ser associado a outros elementos para que se verifique a competência da Justiça brasileira.

⇒ **Competência concorrente**

133. Casos há em que a competência internacional é concorrente entre o Brasil e outros Estados soberanos. Assim, malgrado a Justiça brasileira considere-se competente para julgar um litígio, é admissível

que dita contenda seja dirimida por uma Justiça estrangeira. Contudo, a sentença por esta proferida somente poderá ser executada em território nacional depois de homologada pelo Supremo Tribunal Federal (art. 102, I, *h*, CF). Há que se diferenciar aqui dois institutos. A *homologação da sentença estrangeira* visa ao cumprimento de sentenças e de medidas executórias em território brasileiro. Ela deve ser provocada pela parte interessada através de via processual própria. Diferentemente, a *carta rogatória* é o instrumento pelo qual uma autoridade estrangeira requer, *roga*, à autoridade brasileira que esta cumpra uma diligência no território nacional. Trata-se de citação, intimação, perícia, ouvida de testemunhas, entre muitas outras. A ordem expedida pela autoridade brasileira para que a diligência rogada se cumpra no Brasil denomina-se *exequatur*. De regra, nenhum ato executório pode ser requerido por intermédio de carta rogatória. Esta se processa entre magistrados, Autoridades Centrais ou via diplomática, consoante o tratado internacional que a fundamenta.

Recente decisão do Supremo Tribunal Federal confirma o itinerário procedimental da homologação, inclusive no âmbito do MERCOSUL. Conforme entendimento da Corte Suprema, o Protocolo de Cooperação e Assistência Jurisdicional em Matéria Civil, Comercial, Trabalhista e Administrativa, conhecido como *Protocolo de Las Leñas*, de 27 de junho de 1992, não afetou a exigência de que qualquer sentença estrangeira, para tornar-se exequível no Brasil, *há de ser previamente submetida à homologação do Supremo Tribunal Federal, o que obsta a admissão de seu reconhecimento incidente, no foro brasileiro, pelo juízo a que se requeira a execução* (Rel. Ministro Sepúlveda Pertence, Carta Rogatória nº 7.618, República Argentina).

O STF reconhece, porém, uma especificidade ao instrumento: inovou, entretanto, a convenção internacional referida, ao prescrever, no art. 19, que a homologação (dita reconhecimento) de sentença provinda dos Estados Partes se faça mediante rogatória, o que importa admitir a iniciativa da autoridade competente do foro de origem e que o *exequatur* se defira independentemente da citação do requerido, sem prejuízo da posterior manifestação do requerido, por meio de agravo à decisão concessiva ou de embargos ao seu cumprimento (idem).

134. O Código de Processo Civil (art. 88) arrola as hipóteses de competência concorrente entre a autoridade jurisdicional brasileira e a estrangeira. Deste modo, *toda a obrigação que deva ser cumprida no Brasil* sendo irrelevante a nacionalidade e o domicílio dos litigantes enseja a competência da justiça pátria. Tratando-se de um réu residente no exterior, o juiz brasileiro expedirá uma carta rogatória citatória. Além disso, *quando o réu for domiciliado no Brasil, embora estrangeiro,* chamada está a julgar a autoridade brasileira. Enfim, *se a lide tem origem num fato produzido ou num ato praticado em território nacional,* é competente a Justiça brasileira.

135. Tratando-se de competência internacional concorrente, natural é que se imagine uma situação de *litispendência*. Isto é, a proposição no Brasil de uma ação cujo objeto é idêntico ao de outra demanda, a tramitar em tribunal estrangeiro. Neste caso, não se aplica o princípio geral de que a litispendência constitui uma exceção processual. Contudo, se a sentença estrangeira já foi objeto de um pedido de homologação formulado ao Supremo Tribunal Federal pátrio, ação de idêntico teor não pode ser proposta perante a Justiça brasileira.

⇒ **Competência exclusiva**

136. Ressalte-se que situações fáticas, previstas pelo artigo 89 do Código de Processo Civil, ocasionam a competência exclusiva da Justiça brasileira para solução de litígios. Assim são as ações relativas a imóveis situados no Brasil, assim como o inventário e a partilha de bens, móveis ou imóveis, aqui localizados. Nesta seara, mesmo que propostas ações em foros alienígenas, as sentenças estrangeiras não podem ser homologadas, e as cartas rogatórias não merecem o *exequatur* em território nacional.

⇒ **Imunidade de jurisdição dos Estados estrangeiros**

137. Até a década de 1990, o Poder Judiciário brasileiro guardou inquebrantável fidelidade à regra *par in parem non habet imperium*. Isto é, um Estado estrangeiro não poderia, *contra a sua vontade,* ser parte perante o Judiciário local. Para dimensionar este princípio, basta constatar que a Justiça pátria não dispõe dos meios necessários à execução de uma eventual sentença condenatória, contrariando assim o princípio processual da efetividade da sentença. Por esta razão, existe a possibilidade de *renúncia* expressa à imunidade de parte do Estado a quem corresponde a legitimidade passiva da demanda em tela. No entanto, as Convenções de Viena sobre relações diplomáticas e consulares (de 1961 e 1963) não se aplicam aos Estados, mas sim aos seus agentes como pessoas físicas. Logo, a pessoa jurídica de direito público externo, a Nação estrangeira, resta protegida apenas por consolidada regra costumeira do direito internacional público.

138. Ocorre que a evolução do direito internacional relativizou o postulado da imunidade jurisdicional absoluta dos Estados estrangeiros, movida especialmente pela Convenção Europeia sobre a Imunidade do Estado (1972), conhecida como *Convenção de Basileia*, e por diplomas legais americanos (*Foreign Sovereign Immunities Act*, de 1976) e inglês (*State Immunity Act*, de 1978). Assim, a jurisprudência brasileira incorporou recentemente a tendência distintiva entre os atos estatais de império (*jure imperii*, onde há manifestação da soberania)

e os atos de gestão (*jure gestionis*, atos de rotina da administração). Nestes as causas relacionadas ao direito do trabalho e o direito civil indenizatório configura atos de gestão. Neste último caso, o Estado estrangeiro não desfruta de imunidade, e a renúncia formal, mesmo a chamada *segunda renúncia* atinente não ao processo, mas à execução da sentença, torna-se desnecessária. Todavia, a inviolabilidade dos imóveis e meios de transporte diplomáticos do Estado alienígena, assegurada pelas Convenções de Viena, pode constituir um obstáculo à força executória da decisão judicial. Para Júlio Marino de Carvalho, aplica-se neste caso o princípio da efetividade, podendo recair a cobrança sobre créditos comerciais, navios mercantes e imóveis destinados a atividades comerciais do condenado.

3.1.4. Reconhecimento

139. O reconhecimento é um *ato unilateral* através do qual um sujeito de direito internacional, sobretudo o Estado, constatando a existência de um fato novo (Estado, Governo, situação ou tratado), cujo evento de criação não teve sua participação, declara, ou admite implicitamente, que o considera como sendo um elemento com quem manterá relações no plano jurídico. Trata-se, portanto, de um ato afirmativo que introduz o fato novo nas relações jurídicas entre os sujeitos de direito internacional.

140. A ausência, nas relações internacionais, de um instituto superior que chame a si a responsabilidade de centralizar certas atividades, é amplamente ressentida no caso do reconhecimento. Por um lado, este interfere no nascimento ou na capacidade jurídica dos sujeitos de direito internacional e, por outro, apresenta condições para ser analisado objetivamente. Logo, o reconhecimento deveria fundar-se exclusivamente nos princípios do direito, especialmente o *princípio da efetividade* da nova situação e o respeito ao *jus cogens*. Todavia, em realidade, os Estados procedem ao reconhecimento de forma *discricionária*, conservando ampla latitude para apreciação da oportunidade política. O reconhecimento é *tardio* quando, apesar da efetividade da nova situação, a concedente, por motivações políticas não expressa seu reconhecimento. O reconhecimento é *prematuro* quando, apesar da ausência de efetividade, a concedente expressa seu reconhecimento, também por razões políticas.

⇒ **Teorias**

141. O reconhecimento não é um dever da concedente e tampouco um direito de quem o recebe. Parte minoritária da doutrina (Escola aus-

tríaca) defende a ideia de que o reconhecimento é *constitutivo* (ou atributivo), sem o qual a criação do fato novo não se completa, na medida em que não possui validade jurídica. Tal doutrina deve ser descartada, pois sugere que a interferência de um terceiro venha a ser decisiva no surgimento de um fato com o qual aquele não possui qualquer vínculo. Assim, consoante a doutrina *declarativa*, o reconhecimento indica que o fato novo independe das intenções ou da apreciação de terceiros. O fato existe *per se*, e o reconhecimento significa a transposição desta efetiva realidade para o terreno das relações jurídicas. O quadro a seguir confronta as características do reconhecimento conforme as duas teorias.

Teorias do reconhecimento

Teoria constitutiva	Teoria declarativa
Ato individual	Ato coletivo
Ato discricionário	Ato obrigatório
Ato condicionado a modalidades	Ato puro e simples
Ato político	Ato jurídico

⇒ **Modalidades**

142. A total autonomia do sujeito concedente fez com que a prática internacional apresentasse diversas modalidades de reconhecimento, acolhendo amplamente as considerações de natureza política. Abaixo, esboçam-se as formas mais frequentes de reconhecimento.

Formas de reconhecimento

De jure	A mais utilizada. Trata-se de reconhecimento definitivo, irrevogável e pleno, produzindo imediatamente seus efeitos jurídicos.
De facto	Aplicada quando novos Estados ainda não estão consolidados. De alcance limitado, sua utilização evita um reconhecimento prematuro.
Individual	Geralmente utilizada, o Estado manifesta o reconhecimento comprometendo exclusivamente a si próprio.
Coletiva	Um grupo de Estados decide, por razões de oportunidade política, conceder o reconhecimento de forma coletiva. O princípio desta colegialidade não se aplica às organizações internacionais, estas não dispondo do atributo para a concessão coletiva do reconhecimento.
Explícita	Maneira formal e por escrito e, por vezes, solene, de expressar o reconhecimento.
Tácita	Ambígua, de difícil prova, ela tende a cristalizar o caráter discricionário do reconhecimento. Pode ser provado pela manutenção ou troca de agentes diplomáticos e consulares, ou ainda pela assinatura de um tratado.
Discricionária	Autonomia absoluta da concedente. Ela julga o conteúdo de sua declaração de reconhecimento bem como a forma de divulgá-la e o momento considerado mais propício.
Vinculada	A concedente condiciona o reconhecimento do fato novo (sobretudo surgimento de novos Estados) à oferta de compensações pelo concessionário. Trata-se de prática condenável, porém corrente.

⇒ **Reconhecimento de Estado**

143. Segundo a teoria declarativa, um Estado, para ser reconhecido, deve dispor de três elementos fundamentais: território delimitado, população estável e poder de polícia. Mesmo quando ele constitui somente a formalização jurídica de um fato real, o principal desafio externo que enfrenta um novo Estado é precisamente a busca deste reconhecimento. Através dele, o novo Estado adquire o mesmo *status* desfrutado pelo Estado concedente.

⇒ **Reconhecimento de governo**

144. A oposição doutrinária constatada no reconhecimento de Estado aviva-se mais ainda quando se trata de reconhecimento de governo. O direito internacional deve posicionar-se quanto ao reconhecimento do Estado, pois este implica o surgimento de um novo sujeito. A situação do reconhecimento de governo sugere situação radicalmente distinta, pois, observando os princípios de soberania e independência, os Estados podem dotar-se livremente de variadas formas governamentais. Novos governos podem conquistar o poder através de quaisquer meios, inclusive os inconstitucionais, sem que tal fato venha ser pertinente para o direito internacional. Este exige tão somente o respeito ao princípio de continuidade dos Estados e o atendimento dos compromissos internacionais.

145. Tal indiferença é contrariada pela percepção *constitutiva*. Esta defende o princípio de que um governo resultante de processo inconstitucional (golpe de Estado ou revolução) não pode ser reconhecido como representante do Estado, a não ser que tenha sido legitimado por uma assembleia livremente eleita (*Doutrina Tobar*, Equador, 1907). De difícil aplicação, a *Doutrina Tobar* recolheu escasso sucesso. Na América Latina, ela foi colocada em prática pelo Presidente venezuelano Rómulo Betancourt (1959-64), que se recusava a reconhecer governos que conquistavam ou se mantinham no poder pela força. Como contraponto à *Doutrina Tobar*, surgiu, em 1930, a *Doutrina Estrada* (Ministro das Relações Exteriores do México). Estrada considera a prática do reconhecimento de governo como *ofensiva* à soberania dos Estados, além de *perigosa* à medida que politiza as relações internacionais, que deveriam manter-se no campo estritamente jurídico.

146. Um número cada vez maior de países, inclusive o Brasil, segue a *Doutrina Estrada* ao reconhecer *somente Estados* e *jamais governos*. Após vários séculos de prática de reconhecimento de governos, a Inglaterra aderiu, em 1980, à *Doutrina Estrada*. Nesta ocasião. Lon-

dres divulgou uma nota justificativa, na qual resume os inconvenientes do reconhecimento de governo:

> Decidimos deixar de conceder o reconhecimento a governos. O governo britânico reconhece Estados em conformidade com a doutrina internacional comum. Quando ocorre uma mudança inconstitucional de regime num Estado reconhecido, os governos dos outros Estados devem necessariamente considerar que relações manterão com o novo regime e se este se qualifica para ser considerado como o governo do Estado em questão. Muitos dos nossos parceiros e aliados adotam a posição de não reconhecer governos e, portanto, não surge qualquer questão de reconhecimento em tais casos. Pelo contrário, a política seguida por sucessivos governos britânicos foi a de que se deve tomar e anunciar uma decisão "reconhecendo" formalmente o novo governo. Esta prática foi, por vezes, mal interpretada e, não obstante explicações em sentido contrário, o nosso "reconhecimento" foi interpretado como uma aprovação. Por exemplo, em circunstância em que possa haver uma preocupação pública legítima sobre a violação dos Direitos Humanos pelo novo regime, ou sobre a maneira pela qual este chegou ao poder, não tem bastado dizer que o anúncio do "reconhecimento" é simplesmente uma formalidade neutra. Concluímos então que existem vantagens práticas em seguir a política de muitos outros países de não conceder reconhecimentos a governos. Como eles, continuaremos a decidir, à luz da nossa apreciação, a natureza das nossas relações com regimes que chegam ao poder de forma inconstitucional.

Esta posição, ao constatar a inutilidade deste tipo de reconhecimento, considera a *origem* do novo governo como um assunto interno. Trata-se, portanto, de um fato objetivo que não interroga os terceiros Estados.

147. A recente prática dos Estados e das organizações internacionais, como a União Europeia (*cláusulas búlgara e báltica*) e o MERCOSUL (*Protocolo de Ushuaia*), preocupa-se em atacar a ilegalidade de regimes inconstitucionais a montante, antes que eles se transformem em fatos. Assim, estas organizações possuem em seus estatutos *cláusulas democráticas* que preveem a suspensão de um país-membro em caso de ruptura do Estado de direito e da ordem constitucional. Estes dispositivos prévios e coletivos afastam a possibilidade de conceder reconhecimento a um governo inconstitucional.

⇒ **Doutrina do não reconhecimento**

148. Do ponto de vista jurídico, o não reconhecimento pode ser definido como a *recusa* expressa ou tácita, de um Estado ou uma organização internacional, de admitir como base jurídica de suas relações internacionais uma nova situação (novo Estado, governo ou anexação de um território), pois ele contesta sua *legitimidade* ou sua *efetividade*. Manifestação de hostilidade à nova situação, o seu caráter político é evidente e repousa sobre uma série de mal-entendidos. Reconhecer uma situação não implica, necessariamente, aprová-la. O reconhecimento é uma constatação, e não um julgamento de valor. Não é

através da negação da existência de um fato desagradável, e que consideramos ilícito, que o fato será suprimido. O não reconhecimento acaba servindo como sanção e, diga-se de passagem, uma represália ineficaz.

149. No que tange ao reconhecimento de conquistas territoriais, na Conferência de Haia (1907), Rui Barbosa propôs, sem sucesso, o abandono do princípio do direito de conquista. A alienação de território imposta pelas armas não teria valor jurídico e, portanto, não seria reconhecida. Em 1932, o Secretário de Estado norte-americano Henry Stimson declara que os Estados Unidos não reconheceriam uma situação, um tratado ou um acordo que fosse obtido por meios contrários aos compromissos internacionais e as obrigações do Pacto *Briand-Kellog*. Este, firmado em 1928, previa o abandono da guerra como instrumento de política internacional, tal como havia sugerido Rui Barbosa. Todavia, os acontecimentos internacionais dos anos 1930 demonstraram o fracasso da doutrina do não reconhecimento de mudanças territoriais obtidas pela força. Com o surgimento das Nações Unidas, a guerra de conquista é proibida (art. 2º, § 4º), e a Carta da OEA estipula que *não se reconhecerão as aquisições territoriais ou as vantagens especiais obtidas pela força ou por qualquer outro meio de coação* (art. 20).

⇒ **Outros objetos de reconhecimento**

150. Existe a possibilidade de reconhecimento de beligerância, de insurgentes, de movimento de libertação nacional e de nação. Trata-se de situações *transitórias*, nas quais o reconhecimento é *constitutivo*, pois o reconhecido recolhe direitos unicamente através do reconhecimento. Sua concessão é absolutamente *discricionária*, preservando, em tese, o *respeito do direito humanitário* (proteção da população civil). Ele pode vir a transformar-se numa *etapa de intervenção* armada da concedente ao lado do reconhecido.

3.1.5. Responsabilidade internacional

151. Para que se compreenda o modo pelo qual se opera a responsabilidade estatal, deve-se perceber que todo o Estado possui a *obrigação primária* de respeito ao direito internacional, seja ele costumeiro ou convencional. Uma vez desatendida dita obrigação primária, desta violação poderá decorrer uma *obrigação secundária de reparação*. Assim, segundo Jean Combacau, a responsabilidade, *lato sensu* constitui o vínculo jurídico que se estabelece entre um Estado que infringiu a legalidade internacional e o Estado interessado no

seu respeito. A responsabilidade do Estado se origina no momento da violação e implica, para o Estado infrator, a obrigação de reparar as consequências do ilícito (responsabilidade *stricto sensu*) e de submeter-se às reações que o direito internacional eventualmente preconize para o caso concreto. Para os Estados interessados, o instituto da responsabilidade propicia o poder de provocar estas reações.

152. Tanto o Estado como a organização internacional podem ser polos ativos e passivos da obrigação de reparar. Portanto, o Estado e a organização são passíveis de indiciamento como responsáveis por um ilícito ou podem, no extremo oposto, exigir a reparação por parte de outro Estado ou organização. No que atine ao indivíduo, este somente poderá beneficiar-se do instituto da responsabilidade se o Estado do qual é nacional assumir sua reclamação pessoal como se dele fosse, através da proteção diplomática internacional (vide *infra*).

⇒ **Condições**

153. Para que a obrigação de reparação possa ser exigida, é indispensável o preenchimento de três condições cumulativas. Primeiramente, somente a existência de um *ilícito* ensejará a responsabilidade internacional. Com efeito, os substantivos ato ou conduta nem sempre são adequados para anteceder tal adjetivo. Para a Comissão de Direito Internacional, *todo o fato internacionalmente ilícito de um Estado ocasiona a sua responsabilidade*. Em outras palavras, a vontade do Estado é ignorada: nem a culpa nem o dolo serão tomados em consideração para aferição da responsabilidade. Basta que a ilicitude, leia-se a violação do direito internacional, se tenha produzido sob qualquer vestimenta fática. A legalidade de um ato diante do direito interno não afastará, em nenhuma hipótese, a responsabilidade estatal.

Há que se mencionar a responsabilidade do Estado por ato que, à luz do direito internacional, é considerado *lícito*, mas que ocasionou danos a terceiros. Raramente admitida em seara internacional, ela se verifica pela via de alguns tratados internacionais que instituem uma espécie de responsabilidade objetiva entre os signatários e para certas matérias. Para Combacau, apesar dos estudos promovidos pela CDI, uma jurisprudência pobre e pouco conclusiva impede que se afirme a existência de uma responsabilidade por fatos lícitos no âmbito do direito internacional público.

154. Em segundo lugar, para que a obrigação de reparar seja exigível, é preciso que se verifique também a *imputabilidade* do ilícito. Dito de outra forma, o fato ou ato em questão deve estar caracterizado de forma a ser atribuído a um sujeito de direito internacional, ainda que este esteja vinculado ao fato gerador apenas de maneira indire-

ta. Assim, o Estado e a organização internacional responderão pela conduta praticada por seus agentes em seu nome. O Estado responderá ainda por ilícitos praticados por indivíduos, em seu território, quando lhe cabia nitidamente uma ação de prevenção ou repressão capaz de evitá-lo. O Estado responderá ainda por medidas legislativas e judiciais que contrariam o direito internacional público, pelo desrespeito aos tratados internacionais dos quais é signatário e, no caso das Federações, pelos ilícitos internacionais praticados pelos Estados federados.

155. Finalmente, mostra-se imprescindível que do fato ilícito em tela tenha resultado um *dano*, seja ele material ou moral, direto ou indireto. O interesse a agir depende da constatação do prejuízo que terá atingido física ou moralmente o reclamante, e da existência de uma relação de causa e efeito, portanto um nexo de causalidade, entre este prejuízo e o fato gerador. Disso resulta que a responsabilidade internacional é de natureza civil e, por esta razão, evita-se a utilização dos vocábulos *crime* ou *delito internacional*. Não se trata de conduta punível *per se* através da reparação, mas da simples compensação ao dano advindo da ilicitude.

⇒ **Proteção diplomática internacional**

156. O indivíduo vitimado por um fato ilícito, imputável a um Estado ou organização, não poderá reclamar diretamente a responsabilidade internacional. Contudo, através da proteção diplomática de parte do seu Estado de origem, é possível que um indivíduo venha a obter uma reparação para o dano que lhe aflige. O ato pelo qual o Estado toma para si a demanda de seu nacional chama-se *endosso*. O endosso tem por efeito transformar o Estado em *dominus litis*, passando a exercer a partir dele o pleno controle do litígio. Trata-se de ato, em geral, discricionário, eis que a maior parte das legislações confere aos governos a liberdade para decidir da conveniência e oportunidade do exercício da proteção diplomática em relação a um de seus nacionais.

Porém, o Estado pode tomar a iniciativa de defender um de seus nacionais sem que um prévio pedido tenha sido formulado. Entre outras razões que justificam esta ação *de ofício*, lembre-se que um indivíduo pode ser submetido a tal arbitrariedade, em território estrangeiro ausente a possibilidade de formalizar uma reclamação.

157. Duas condições devem ser atendidas para que um Estado possa exercer a proteção diplomática internacional em benefício de um indivíduo. Primeiramente, é preciso que este seja *nacional* do Estado protetor quando do advento do fato ilícito, e que dita nacionalidade corresponda a um vínculo efetivo entre o indivíduo e a soberania que endossa sua reclamação. Além disso, o indivíduo já deve ter es-

gotado, no plano interno, todas as vias suscetíveis de garantir-lhe a reparação do dano. Resta evidente que, ao considerar este requisito, deve também ser apreciado o caráter dos recursos disponíveis ao lesado em seara interna. O princípio é excetuado quando a ordem interna do responsabilizado não oferece possibilidade de reclamação ou quando os recursos disponíveis não são acessíveis ao indivíduo, ou são parciais, ou ainda ineficazes.

158. A proteção diplomática foi merecedora de inúmeras críticas no que tange à utilização do instituto de parte de certos governos, que tendem a beneficiar aliados políticos e econômicos em detrimento do verdadeiro escopo da figura jurídica. Em essência, ela visa à reparação ao dano advindo de ilícito internacional nos casos em que o indivíduo está impossibilitado de obtê-la no âmbito da jurisdição do ente reclamado. Porém, sua distorção ocasionou o surgimento de um dispositivo contratual, conhecido como *cláusula Calvo*, utilizado, sobretudo, em contratos internacionais firmados nos países da América Latina. Tendo origem na doutrina formulada pelo argentino Carlos Calvo, esta cláusula consiste na renúncia contratual e prévia, de parte do signatário estrangeiro, ao benefício da proteção diplomática. Ocorre que o direito a exercer esta proteção não pertence ao indivíduo, mas ao Estado, tanto que o ato de endosso não é obrigatório. Logo, o indivíduo não pode renunciar àquilo que não lhe diz respeito. Segundo Celso Albuquerque de Mello, a cláusula encontra-se em desuso e foi raramente admitida pela jurisprudência internacional.

⇒ **Modos de reparação**

159. Diferentes modos de reparação poderão ser utilizados, a depender do fato ilícito e da natureza do dano que ele ocasionou. A restauração da situação anterior (*restitutio in integrum*), raramente factível, corresponde ao desaparecimento de todos os efeitos da ilicitude. Neste caso, o fato gerador deve ser plenamente reversível. No caso de dano moral, a *satisfação* é a modalidade mais utilizada. Ela pode ser representada por desculpas oficiais, por sanções internas contra eventuais responsáveis pessoais, pela tomada de providências internas para que o fato não se repita, ou ainda pelo simples reconhecimento da ilicitude. Entretanto, a forma mais pleiteada de reparação é a *indenização*, calculada a partir do estudo do nexo de causalidade entre o fato gerador e o prejuízo, seja ele moral ou físico. Poderão ser reivindicados ainda juros moratórios e, no caso de impedimento do exercício de uma atividade econômica, os lucros cessantes.

3.2. Organizações Internacionais

Bibliografia recomendada: ARRIGHI, J. M. *OEA: Organização dos Estados Americanos*. São Paulo: Manole, 2004, 182p.; BERTRAND, M. *A ONU*. Petrópolis: Vozes, 1995, 162p.; CANÇADO TRINDADE, A. *Direito das Organizações Internacionais*. Belo Horizonte: Del Rey, 2002, 2ª edd. COT, J. P.; PELLET, A. *La Charte des Nations Unies*: commentaire article par article. Paris: Economica, 1991, 2ª ed. 1571p.; MENEZES DE CARVALHO, E. *Organização Mundial do Comércio*: cultura jurídica, tradução e interpretação. Curitiba: Juruá, 2006, 319p.; SEITENFUS, R. *Manual das Organizações Internacionais*. 6ª ed. Porto Alegre: Livraria do Advogado, 2016, 424p.; SEITENFUS, R. *Legislação Internacional*. 2ª ed. São Paulo: Manole, 2009, 1408 p.; VENTURA, D. *As assimetrias entre o MERCOSUL e a união Europeia*: os desafios de uma associação inter-regional. São Paulo: Manole, 2003, 694p.; VIRALLY, M. *L'organisation mondiale*. Paris: Armand Colin, 1972, 587p.

3.2.1. Noções gerais

⇒ **Definição**

160. *As organizações internacionais são associações voluntárias de Estados, constituídas através de um tratado, com a finalidade de buscar interesses comuns por intermédio de uma permanente cooperação entre seus membros.* O artigo 2º, § 6º, da Carta das Nações Unidas ressalta o voluntarismo desta participação, por exemplo, a ONU não pode impor sua autoridade a um Estado que não a compõe. Contudo, as regras e os princípios contidos no Tratado constitutivo de uma organização internacional com vocação universal podem adquirir, através do costume, valor para os Estados não membros.

161. O tratado constitutivo objetiva estabelecer os direitos e obrigações dos Estados-Membros com as organizações internacionais e, muitas vezes, *entre* os Estados-Membros. Logo, a criação e o funcionamento de uma organização internacional dependem do tratado constitutivo, como dele também depende o respeito aos direitos e deveres dos Estados-Membros em suas relações recíprocas. Alguns autores, como Paul Reuter, somente consideram a existência de uma organização internacional quando ela pode expressar, através de órgãos próprios e independentes, uma vontade distinta dos Estados-Membros. Desta percepção decorreria outra definição da organização internacional: *uma associação voluntária entre Estados, constituída através de um tratado que prevê um aparelhamento institucional permanente e uma personalidade jurídica distinta dos Estados que a compõem, com o objetivo de buscar interesses comuns, através da cooperação entre seus membros.* Já a Conferência de Viena sobre o Direito dos Tratados as define de forma sucinta: *entende-se por Organização Internacional uma organização inter-governamental* (art. 2º).

162. O Direito Internacional, ao codificar o costume e estabelecer princípios e regras básicas para a convivência entre os Estados, lançou as primeiras e rudimentares bases de organização da sociedade internacional. Estes alicerces são bilaterais e respondem a interesses específicos dos países contratantes. Decorrem os acordos com o objetivo de regularizar a situação das pessoas que detêm dupla nacionalidade, avenças sobre a concessão de imunidade diplomática, sobre a extradição e a cooperação judiciária, ou sobre a delimitação de territórios contíguos. A condição destes acordos é a reciprocidade.

163. Um patamar superior de cooperação internacional foi alcançado quando três ou mais Estados decidiram trabalhar para atingir fins comuns. Passa-se então do *bilateralismo* ao *multilateralismo*, traço fundamental da organização internacional contemporânea. As primeiras grandes conferências internacionais tinham um objeto definido e periodicidade incerta. Posteriormente, tornaram-se frequentes, dando sinais de uma futura institucionalização. Finalmente, foi necessário que estas conferências resolvessem duas questões práticas: a preparação da agenda e da infraestrutura indispensáveis à realização do encontro, e a necessidade de manter uma memória do que foi decidido. Surgiram então os *secretariados* das conferências, fazendo com que surgisse, efetivamente, a organização internacional.

⇒ **Principais características**

164. São três as principais características das organizações internacionais: a *multilateralidade*, a *permanência* e a *institucionalização*. A *multilateralidade* pode manifestar-se pelo *regionalismo* ou pelo *universalismo*. Mais do que nos objetivos e princípios, a diferença entre estas duas formas é encontrada nos sujeitos. As organizações regionais pertencem ao espaço físico delimitado, onde a contiguidade geográfica é uma das principais, embora não decisiva característica. Diversamente, as organizações internacionais de cunho universalista não fazem discriminação de origem, de organização política ou de localização entre seus sócios.

165. As relações entre as organizações regionais e as universais são estabelecidas nos tratados constitutivos. Os compromissos assumidos pelos Estados em âmbito regional não podem ser incompatíveis com os firmados na organização universal. O artigo 52 da Carta das Nações Unidas, mesmo reconhecendo que *nada na presente Carta impede a existência de acordos ou entidades regionais, destinadas a tratar dos assuntos relativos à manutenção da paz e da segurança internacionais que forem suscetíveis de uma ação regional*, enfatiza que tal liberalidade

pressupõe que *tais acordos ou entidades regionais e suas atividades sejam compatíveis com os Propósitos e Princípios das Nações Unidas*.

166. O artigo 136 da Carta da Organização dos Estados Americanos (OEA), por exemplo, reconhece a primazia da organização universal ao definir que "nenhuma das estipulações desta Carta se interpretará no sentido de prejudicar os direitos e obrigações dos Estados-Membros, de acordo com a Carta das Nações Unidas". Assim, esta condiciona os acordos regionais passados e futuros, à estrita observância dos termos do tratado de âmbito universal.

167. Sobre a *permanência* das organizações internacionais, a entidade é criada, a princípio, com o objetivo de durar indefinidamente. A duração por tempo indeterminado deve-se à ausência de limite temporal estabelecido no ato constitutivo. Além disso, os textos preveem que os Estados-Membros somente podem desobrigar-se, e retirar-se da estrutura, após cumprir o rito previsto no tratado constitutivo. Entretanto, muitas organizações internacionais já desapareceram. Na verdade, o caráter permanente das organizações internacionais se manifesta pela criação de um Secretariado, com sede fixa. Dotada de personalidade jurídica internacional, que permite a assinatura de *acordos-sede*, com a aplicação do princípio da inviolabilidade e com os direitos e obrigações inerentes às atividades de representação diplomática no exterior. Para o cumprimento de suas funções, a organização internacional possui capacidade para emitir passaportes ou *laissez-passer* para seus funcionários. Estes não perdem a nacionalidade original, embora, no exercício de suas obrigações funcionais, dispõem de documentos fornecidos pela organização internacional.

168. A questão da *institucionalização* das organizações internacionais é bastante complexa, pois a realidade internacional presume uma intrincada rede de relações bilaterais. A *institucionalização* pressupõe três elementos. O primeiro deles é a *previsibilidade* de situações que, outrora, eram tratadas coletivamente apenas quando os interessados buscavam auxílio ou atuavam em defesa própria. A organização, em seus tratados, prevê fatos e condutas que virão a materializar-se e lhes atribui consequências, entre elas as sanções internacionais. Cria-se, assim, um espaço institucional de solução de conflitos e de relacionamento interestatal. Neste sentido, o advento das organizações internacionais é um importante fator de juridicização das relações internacionais. Daí deveria decorrer a maior previsibilidade das próprias relações internacionais, leia-se estabilidade do sistema, bem como um maior grau de justiça das decisões coletivas. Naturalmente, estas vantagens dependem da equação de poder compreendida pelas organizações internacionais, tanto quanto da eficácia de sua atuação.

169. O segundo elemento a ser considerado é a *soberania*. A participação de um Estado numa organização internacional pode vir a significar a necessidade de dimensionar coletivamente certas competências que antes pertenciam ao absoluto domínio nacional, no caso de algumas culturas sob a forma de um dogma. Como último elemento, é necessário frisar que somente a *vontade*, manifestada por um Estado, de aderir a organizações internacionais, é que condiciona sua posterior aceitação do processo decisório em curso, desde que o mesmo respeite os tratados acordados. Portanto, a posterior denúncia não exime o Estado de submissão ao decidido, no que concerne ao período em que integrava o corpo coletivo. A vontade do Estado deve ser formalizada através de um *tratado*. Do ponto de vista jurídico, a natureza deste instrumento é complexa. Pelo prisma formal, ele possui as características próprias de um acordo. Materialmente, ele representa ao mesmo tempo um tratado e uma espécie de Constituição, eis que determina a estrutura e o funcionamento de um novo ente autônomo

170. A mais simplista e primária forma de institucionalização consiste em compor secretariado administrativo sob a responsabilidade, por vezes rotativa, de um dos sócios. A mais complexa e avançada se reflete na delegação de competência e poderes dos Estados-Membros a um órgão *supranacional*, capacitado a impor as decisões e controlar sua forma de aplicação.

⇒ **Elementos constitutivos**

171. Etimologicamente, considerando seus membros, a organização internacional é uma *organização interestatal*. Resulta de um *tratado*, que equivale também à sua *constituição*. A existência da organização implica no estabelecimento de *órgãos permanentes*. Presume-se a existência de objetivos de *interesse comum* entre os membros. A ela os Estados associam-se livremente, e os fundadores são definidos como membros *originários* e os demais, membros *ordinários* ou *associados*.

172. Os Estados são os criador das organizações internacionais, cujo nascimento expressa uma vontade estatal coletiva, portanto de caráter internacional. As organizações internacionais não constituem um somatório aritmético das vontades de seus membros. Elas são tanto do ponto de vista jurídico quanto prático, algo *externo* e *distinto* em relação aos Estados. Além disso, a delineação de uma personalidade jurídica internacional transforma as organizações

internacionais em sujeitos mediatos de direito internacional, possuidores de direitos e deveres, condição exclusiva, até então, dos Estados soberanos.

173. Historicamente, os tratados constitutivos das organizações internacionais não manifestavam preocupação sobre sua eventual personalidade jurídica. Assim, a Carta das Nações Unidas, por exemplo, não fornece indicação sobre o tema, e os especialistas dividiram-se em múltiplos debates. A questão foi elucidada apenas no final da década de 1940.

A Organização das Nações Unidas enviou à Palestina o Conde Folke Bernadotte, diplomata sueco, para mediar o conflito no Oriente Médio, em 1948. Ele foi assassinado em Jerusalém, em 17 de setembro daquele ano, e por estar a serviço das Nações Unidas, esta exigiu do Estado responsável pelo crime as devidas reparações e indenizações. Todavia, a indefinição da personalidade jurídica da ONU tornava impossível a formalização da demanda. Para contornar o problema, a Assembleia Geral da ONU fez um consulta à Corte Internacional de Justiça (CIJ) sobre sua capacidade de demandar junto aos Estados e, portanto, sobre o caráter de sua personalidade jurídica no direito internacional.

A Corte Internacional de Justiça, em marcante parecer datado de 11 de abril de 1949, elucida que a ONU constitui o tipo mais elevado de Organização internacional, e não poderia corresponder às intenções de seus fundadores caso ela fosse desprovida da personalidade jurídica. A Corte considera que cinquenta e um Estados, representando à época uma larga maioria dos membros da comunidade internacional, teriam o poder, conforme o Direito Internacional em criar uma entidade titular de uma personalidade internacional objetiva, e não simplesmente uma personalidade reconhecida apenas pelos Estados-Membros.

174. Por um lado, a CIJ aceita uma interpretação implícita da Carta vinculando-a as *intenções* de seus redatores. A consecução dos objetivos fundamentais de uma organização internacional exige a utilização dos meios imprescindíveis, embora ainda que não explicitados em seu ato constitutivo. Por outro lado, o caráter universal das Nações Unidas outorga-lhe a capacidade jurídica internacional, tanto por parte dos Estados-Membros quanto dos não membros. Todavia, a Corte detalha diferenças entre a personalidade jurídica dos Estados e da ONU: *enquanto um Estado possui, na sua totalidade, os direitos e deveres internacionais reconhecidos pelo direito internacional, os direitos e deveres de uma entidade tal qual a Organização das Nações Unidas, devem depender de seus objetivos e funções, enunciados ou implícitos pelo seu ato constitutivo e desenvolvidos na prática.*

175. Mesmo possuindo personalidade distinta da dos Estados, a Corte chega à conclusão de que a organização é uma pessoa internacional. Afirmá-lo, contudo, não equivale a dizer que a Organização

seja um Estado, ou que sua personalidade jurídica, seus direitos e deveres sejam os mesmos de um Estado. Porém, assim como os Estados, seus direitos e deveres dimensionam-se nos âmbitos interno e externo. Logo, a organização é um sujeito de direito internacional, pode ser titular de direitos e deveres internacionais, e detém a capacidade de fazer valer os seus direitos através de reclamações internacionais.

⇒ **Reconhecimento**

176. Já se tratou do reconhecimento relativamente aos Estados. A situação das organizações internacionais é radicalmente distinta. As organizações internacionais não dispõem de território, tampouco de população. A União Europeia dá início ao questionamento desta máxima, uma vez que seus tratados consideram os cidadãos dos Estados-Partes do bloco como sujeitos a uma jurisdição supranacional, no que se refere à parte das competências estatais que são transferidas à ordem jurídica comunitária. Esta peculiaridade leva à construção de uma estrutura que propicia, em alguns casos, a demanda direta de um particular junto a organismos europeus. Entretanto, não é pacífico que a União Europeia constitua uma organização internacional, embora desta apresente algumas características.

177. Desprovidas de território próprio, as organizações internacionais deverão estabelecer-se no território dos Estados-Membros. Para tanto, firmam os chamados *acordos de sede* com o Estado anfitrião. Podem centralizar suas atividades num único local como, por exemplo, o Banco Mundial, em Washington. Ou ainda pulverizar suas instituições no território de dois ou mais Estados-Membros, como é o caso da ONU, que possui sua sede principal em Nova Iorque e uma sede europeia em Genebra, além de instituições em outros Estados.

⇒ **Imunidades**

178. O acordo de sede firmado entre a organização internacional e o Estado que a hospeda em seu território define as normas que ambas as partes comprometem-se a cumprir. Estes tratados preveem a imunidade de jurisdição da organização internacional para ambos os processos: de conhecimento e de execução. Por conseguinte, não há cogitação de norma consuetudinária como no caso dos Estados, mas uma norma escrita formalizada através de um tratado internacional. O estatuto das organizações internacionais é, no que diz respeito às imunidades e privilégios, salvo algumas peculiaridades, similar ao dos Estados. Contudo, há marcante diferença no que tan-

ge a proteção funcional, pois ela é restritiva na medida em que, ao contrário das imunidades diplomáticas, se restringe exclusivamente aos atos praticados no desempenho de suas funções. Segundo o artigo V da Convenção de Privilégios e Imunidades, as prerrogativas e imunidades dos funcionários das Nações Unidas "são outorgadas aos funcionários segundo o interesse das Nações Unidas, e não em proveito dos próprios indivíduos". Por esta razão, ao contrário da proteção diplomática, o "Secretário geral [da ONU] terá o direito e o dever de suspender a imunidade de qualquer funcionário, em qualquer caso em que, segundo seu próprio critério, a imunidade impeça o curso da justiça, sem que sejam prejudicados os interesses das Nações Unidas".

⇒ **Dissolução**

179. A dissolução somente pode ocorrer com a concretização de um novo acordo entre os Estados-Membros, o mesmo aplicando-se à *sucessão*, ou seja, o advento de um novo organismo em substituição ao original. Assim, o desaparecimento da Associação Latino Americana de Livre Comércio (ALALC), em 1980, fez surgir, pela vontade dos mesmos sócios, a Associação Latino Americana de Integração (ALADI). Outro exemplo de sucessão ocorre com a Liga das Nações. Em 1946, ela foi sucedida pela ONU, recebendo seus bens móveis e imóveis, assim como a responsabilidade por suas dívidas. Mais do que de patrimônio, o que importa é a herança de funções e competências.

180. A dissolução de uma organização internacional é fenômeno bastante singular, do qual pouco numerosos são os exemplos. Criada com o objetivo da permanência, a morte de um organismo consiste em seu fracasso definitivo. O fenecimento das circunstâncias que motivaram um esforço coletivo com a criação das organizações internacionais obriga os Estados-Membros a optarem pelo seu desaparecimento. Assim ocorreu com a Comunidade da África Oriental, com o Pacto de Varsóvia e o Conselho de Ajuda Econômica Mútua (COMECOM).

3.2.2. Competências

181. Reitera-se que o tratado constitutivo de uma entidade dá origem a uma espécie de direito constitucional daquela organização internacional. Suas funções, instrumentos de ação, bem como seus poderes ou faculdades, são definidos pelo tratado constitutivo. Sua interpretação literal enumera as chamadas *competências explícitas*, ou seja, aquelas que podem ser depreendidas da simples leitura do

texto. Contudo, admite-se a possibilidade de uma interpretação extensiva e não literal do texto. A função primeira das organizações internacionais é de natureza *deliberativa*, decorrente do encontro de informações e ideias que caracterizam o esforço coletivo internacional. De certo modo, próximas das competências jurídicas exercidas pelos Estados, as atribuições das organizações internacionais apresentam-se como *competências normativas, operacionais, de controle e impositivas*.

⇒ **Competência normativa**

182. As competências normativas das organizações internacionais podem ser *externas*, através de regras que visam aos Estados e outras organizações internacionais, ou *internas* à organização, objetivando a melhoria de seu funcionamento. Com relação às competências externas, há três tipos de instrumentos normativos. Em primeiro lugar, existem as convenções enquanto tratados, firmados entre os Estados, membros ou não, ou entre Estados e outras organizações internacionais. Há a competência de convocação para que se realize uma conferência diplomática que se desenrolará sob os auspícios de uma organização. Um organismo pode ainda elaborar convenções a serem aplicadas pelos Estados-Membros, como no caso da OIT, da OEA ou do Conselho da Europa, e servir como guarda material e gestora dos tratados.

183. Nas organizações internacionais que possuem claro papel de coordenação, em questões essencialmente técnicas do convívio internacional, há uma segunda forma de exercício da competência normativa. Trata-se da capacidade de editar *regulamentos*. Estes se destinam aos Estados-Membros e objetivam uniformizar condutas perante situações comuns.

A Organização Mundial da Saúde, com seus regulamentos sanitários, e a Organização da Aviação Civil Internacional (OACI), utilizam frequentemente esse dispositivo.

Em terceiro lugar, as organizações internacionais podem editar *recomendações*, cuja condição normativa é discutível. Apresentadas como simples resoluções, seu valor jurídico pode ser definido no tratado constitutivo (exemplo da OIT). Comumente, dirigem-se aos Estados-Membros sob a forma de simples proposta ou sugestão. Neste caso, do ponto de vista jurídico, uma recomendação não cria uma norma. Seus efeitos são de difícil avaliação, pois dependem do teor da recomendação e da atitude do Estado que a recebe.

184. As recomendações emanadas da Assembleia Geral da ONU têm suscitado vivos debates quanto ao seu valor jurídico. Elas podem ser identificadas da seguinte forma:

> a) recomendações stricto sensu, emitidas com a intenção de não obrigar seus destinatários;
> b) resoluções referentes à manutenção da paz e da segurança internacionais;
> c) resoluções que determinam fatos ou situações jurídicas concretas;
> d) resoluções objetivando expressar e registrar um acordo entre os Estados-Membros;
> e) resoluções contendo declarações ou outros pronunciamentos de caráter geral.

Contudo, o valor a ser identificado nas recomendações da AG encontra-se no campo político e moral. Assim, a Carta da ONU, em seus artigos 10 a 14, não permite que a AG possa vir a impor suas decisões aos Estados-Membros. Por conseguinte, é permitida ao Estado uma interpretação subjetiva sobre o cumprimento ou não da recomendação.

⇒ **Competência operacional**

185. Trata-se de atividades externas, de caráter permanente ou pontual, junto a setores específicos e problemas concretos experimentados pelos Estados-Membros. As operações pontuais auxiliam todo e qualquer país que necessite fazer frente a problemas circunstanciais, tais como catástrofes naturais, epidemias não controladas ou conflitos militares que venham a afetar de forma dramática a população civil. As operações de longo prazo se desenrolam, basicamente, nos países em desenvolvimento.

186. Com menor visibilidade, há uma atividade permanente, pouco divulgada, mas de grande relevância para a administração pública de certos Estados-Membros, sobretudo os mais débeis. Trata-se do auxílio à gestão técnica, econômica e social. A ajuda ao desenvolvimento em programas específicos no campo da saúde pública, da infraestrutura e o auxílio com vistas a melhorar a produção agrícola, constitui atividades fundamentais das ações operacionais das organizações.

187. As atividades operacionais de natureza econômica e financeira vinculam-se a objetivos preferenciais de certas organizações internacionais, tais como o BID, o BIRD (também conhecido por Banco Mundial), a Sociedade Financeira Internacional (SFI) ou a Associação Internacional para o Desenvolvimento (AID). A falta de coordenação entre as agências, o desvio dos recursos para outros fins, inclusive para a manutenção da burocracia dos Estados-Membros, e a imposição de matrizes de desenvolvimento inaptas às características dos Estados anfitriões tendem a tornar estas ações poucos eficientes.

⇒ **Competência impositiva**

188. A faculdade de impor suas decisões externamente depende do tratado constitutivo e da natureza de cada organização. A competência

impositiva é natural quando se trata de organizações internacionais comunitárias ou de subordinação. Contudo, nas organizações internacionais de concertação, ou seja, a grande maioria delas, a imposição é uma exceção. A depender de circunstâncias específicas e de interpretações, muitas vezes políticas, do direito das organizações internacionais e dos compromissos assumidos pelos Estados-Membros, a competência impositiva poderá ser exercida unicamente contra os Estados mais débeis. Inclusive no caso das Nações Unidas, ela não poderá se aplicar aos membros permanentes do Conselho de Segurança.

189. A Carta das Nações Unidas dispõe, em seu art. 2º, § 7º, que nenhum dispositivo da presente Carta autorizará as Nações Unidas a intervir em assuntos que dependem essencialmente da jurisdição de qualquer Estado ou obrigará os Membros a submeterem tais assuntos a uma solução, nos termos da presente Carta; este princípio, porém, não prejudicará a aplicação das medidas coercitivas constantes do Capítulo VII. O artigo 39 do Capítulo VII autoriza ao Conselho de Segurança (CS) a determinar a existência de qualquer ameaça à paz, ruptura da paz ou ato de agressão. A adoção das medidas coercitivas do Capítulo VII não configura, segundo o texto da Carta, a intervenção nos assuntos internos. O infrator, a depender da interpretação do texto pelo Conselho, poderá sofrer uma sanção do coletivo onusiano. Esta ressalva do art. 2º, item 7, é que possibilita a ação coletiva dentro da jurisdição de domínio reservado de um Estado.

190. No Capítulo VIII, relativo aos acordos regionais, a Carta da ONU declara que o CS "utilizará, quando for o caso, tais acordos e entidades regionais para uma ação coercitiva sob a sua própria autoridade. Nenhuma ação coercitiva será, no entanto, levada a efeito de conformidade com acordos ou entidades regionais sem autorização do Conselho de Segurança". Portanto, a Carta indica duas funções essenciais dos acordos regionais no que se refere à coerção. Por um lado, eles podem servir de executores das medidas e, por outro, não podem chamar a si a responsabilidade pela decisão.

191. Ao contrário da Carta da ONU, a Carta constitutiva da Organização dos Estados Americanos, OEA, delega expressamente aos denominados *Tratados especiais*, em particular ao Tratado Interamericano de Assistência Recíproca (TIAR), as medidas coercitivas que devem ser tomadas para resguardar a paz continental. Ora, estes Tratados especiais são documentos que formalizam alianças militares defensivas e não podem ser assimilados a tratados constitutivos de uma organização internacional de caráter regional. Em consequência, do ponto de vista jurídico, não se configura na OEA o traço coercitivo

ou de ingerência que se tenta identificar nas organizações internacionais.

⇒ **Competência de controle**

192. As organizações internacionais possuem competência de controle, com base tanto no tratado constitutivo, quanto em convenções paralelas. A iniciativa do processo de controle, por parte de uma organização, contra um Estado que não cumpre suas obrigações, pode ser feita de três formas:

a) *acusação de um Estado ao suposto infrator*, maneira usual, sobretudo nas questões envolvendo os direitos humanos, trabalhistas e questões comerciais;
b) *direito de iniciativa da organização*, baseando-se em relatórios dos Estados, ou em informações oriundas de órgãos privados ou ainda através de inspeções regulares realizadas por funcionários internacionais ou agentes mandatados pela organização;
c) *iniciativa de pessoas ou de grupos*, essencialmente nas questões envolvendo os direitos humanos, o direito da guerra e o desrespeito à Convenção de Genebra.

193. O controle pode ser exercido de maneira total num território delimitado, ou pode restringir-se à aplicação de certas normas, sejam originárias ou derivadas. O órgão de controle indica a forma pela qual este será exercido. O CS da ONU fará um controle político, enquanto o técnico será realizado pelos organismos funcionais, e o jurisdicional, pela CIJ. Na maior parte dos casos, contudo, o controle das organizações é simbólico e depende da publicidade que ele alcança como forma de pressão da opinião pública frente ao Estado supostamente infrator.

Uma notável exceção encontra-se no episódio do controle que exerce o Conselho de Segurança sobre o programa bélico iraquiano. Sem dúvida, trata-se do exercício mais completo e profundo de poder das organizações internacionais. Exemplo disso são as Resoluções 661, de 6 de agosto de 1990; 687, de 3 de abril de 1991; 986, de 14 de abril de 1995; 1143, de 4 de dezembro de 1997; e 1175, de 19 de junho de 1998.

194. Como contrapartida ao controle exercido, as organizações internacionais também são objeto de controle. Seu objetivo é garantir aos Estados-Membros que a organização não ultrapassará as prerrogativas delimitadas no ato constitutivo, e definir o campo de atuação de cada organismo internacional com vista à eliminação de sobreposições de programas e tarefas. Este controle geral é de responsabilidade da CIJ. A fórmula mais comum, embora pouco utilizada, é a *consulta*. Marcada por um longo trâmite, a CIJ forneceu poucos pareceres consultivos: um para o Conselho de Segurança, outro para o Conselho Econômico e Social, dois para a Organização Mundial da Saúde e treze para a Assembleia Geral. Acessível tanto às Nações Unidas quanto às instituições especializadas, devidamente credenciadas pela AG, a CIJ fornece seu parecer somente quando

solicitada. Portanto, a Corte não dispõe de um poder de iniciativa, e o parecer que emite não é obrigatório.

3.2.3. Instrumentos materiais de ação

195. Somando-se aos meios jurídicos de atuação, as organizações internacionais devem contar também com instrumentos materiais, de duas espécies: os *recursos humanos*, que são os agentes, funcionários e delegados internacionais que operam em nome da organização; e os *recursos financeiros* necessários para arcar com os gastos oriundos de suas atividades.

⇒ **Recursos humanos**

196. A extensão da disponibilidade de recursos humanos, administrativos, técnicos ou de representação, vincula-se ao perfil da cada entidade. Segundo parecer da CIJ, o *agente internacional é qualquer funcionário, remunerado ou não, que foi encarregado por um Órgão da Organização* [das Nações Unidas] *do exercício ou de ajudar o exercício de uma das funções da mesma. Portanto, trata-se de qualquer pessoa através da qual a Organização atua.* Calcula-se que existam atualmente setenta e cinco mil funcionários internacionais, exercendo de forma contínua suas atividades profissionais. O amplo leque funcional definido pela Corte nos obriga a classificar os agentes internacionais, *grosso modo*, em três categorias.

• *Colaboradores eventuais ou temporários.* Com funções específicas vinculadas ao contrato que os une às organizações internacionais, são especialistas que fornecem um auxílio técnico eventual e limitado no tempo, portanto como colaboradores ocasionais ou externos. Não desfrutam de qualquer privilégio diplomático a não ser as facilidades necessárias para a execução da tarefa contratada. São independentes e podem exercer outras atividades profissionais, desde que compatíveis.
• Atividades de representação com capacitação técnica. Trata-se dos funcionários de alto escalão da organização internacional, indicados pelos Estados-Membros segundo uma cota nacional.
• *Funcionários internacionais plenos.* Recrutados por concurso público, interno ou externo, segundo critérios objetivos e transparentes, sua escolha tenta obedecer a uma repartição geográfica e nacional equitativa entre os Estados-Membros. São os mais numerosos e constituem o corpo funcional permanente das organizações internacionais.
• Funcionários administrativos para os serviços gerais. Desprovidos de qualquer tipo de proteção especial, a organização os contrata nos Estados onde está sediada. Sua seleção não obedece a preocupações de repartição geográfica ou nacional, mas sim a sua competência profissional.

197. A remuneração dos funcionários internacionais é superior à melhor remuneração concedida por um Estado-Membro aos seus funcioná-

rios públicos. Têm ainda o direito de sindicalização e as vantagens sociais, tais como o seguro-saúde. Entre as obrigações funcionais, deve ser destacada a lealdade com o empregador, o dever de reserva, a imparcialidade e o segredo profissional. A independência funcional supõe a não aceitação, a qualquer título, de vantagens, mesmo honoríficas, oferecidas pelos Estados-Membros.

⇒ **Financiamento**

198. As organizações internacionais não produzem riquezas materiais, tampouco dispõem de autonomia financeira. Poucas, como as Nações Unidas, beneficiam-se de fontes próprias de recursos através da venda de selos e de suas publicações. Mas a grande maioria das organizações não possui qualquer receita própria. Ao contrário das receitas, as despesas são, na maioria dos casos, crescentes. Todas as organizações internacionais preveem em seu tratado constitutivo ou em acordos complementares, a forma de financiamento. Embora a contribuição financeira de um Estado situe-se em patamar mínimo – muitas vezes simbólica – todos os Estados-Membros são obrigados a participar do seu financiamento.

199. O orçamento divide-se em despesas fixas e flexíveis. As primeiras referem-se aos gastos administrativos ordinários, que permitem o funcionamento normal da organização. As segundas vinculam-se a programas e operações específicos (manutenção da paz, desenvolvimento econômico e social). No caso das Nações Unidas, as despesas flexíveis aumentaram consideravelmente nos anos 1990, sobretudo com as operações de paz, representando atualmente dois terços do total dos gastos. O orçamento anual da ONU é superior a cinco bilhões de dólares.

3.2.4. Representação dos Estados-Membros

200. Cada Estado-Membro mantém uma *representação* ou uma *Missão permanente* junto às organizações internacionais. Seu chefe possui o *status* de embaixador, beneficiando-se, como o conjunto de diplomatas que servem à Missão, das facilidades, privilégios e imunidades diplomáticas. A grande maioria dos Estados-Membros vale-se do mesmo Embaixador que o representa junto ao Estado-Membro onde se localiza a sede da organização. Todavia, o caso da ONU em Nova Iorque e a concentração de quase uma dezena de organizações internacionais em Genebra faz com que os Estados-Membros a mantenham uma representação específica nas duas cidades.

201. Diversamente, as organizações internacionais de concertação dispensam representação diplomática junto aos Estados-Membros. Eventualmente, criam escritórios regionais especializados – como a *Comissão Econômica para a América Latina e Caribe* (CEPAL – Santiago do Chile) ou a representação *do Programa das Nações Unidas para o Desenvolvimento* (PNUD – Brasília) – mas seus responsáveis são profissionais técnicos, sem atribuições de representação política e diplomática.

202. Os Estados não membros, bem como os movimentos de libertação nacional, caso da *Organização para a Libertação da Palestina* (OLP) podem ser admitidos nas organizações internacionais como *observadores*. Além destes, organizações de direito privado, embora com atividades internacionais ou interessadas nos trabalhos de uma organização internacional especializada, possam igualmente ser admitidas como observadores como demonstra o estatuto do Comitê Internacional da Cruz Vermelha junto às Nações Unidas.

203. Paralelamente à representação governamental, outras podem vir a ser aceitas, segundo critérios próprios das organizações internacionais. Assim, a OIT acolhe, além de dois representantes do governo do Estado-Membro, a representação sindical e patronal, fazendo surgir uma *sui generis* organização tripartite. Algumas organizações internacionais, como o Conselho da Europa, aceitam representantes dos Parlamentos nacionais. Finalmente, a representação direta dos cidadãos é a exceção, a não ser no caso do Parlamento Europeu, onde os cidadãos dos Estados-Membros elegem seus representantes através do sufrágio universal.

3.2.5. A ONU: o Direito do Poder

204. Quando dos preparativos para a elaboração da Carta da ONU em São Francisco, dois modelos de organização internacional se afrontaram. O primeiro, inspirado por Hans Kelsen, defendia que a nova instituição deveria ser democrática e sustentar-se no Poder do Direito, sobrepondo o interesse coletivo aos interesses nacionais. O segundo, tese dos vencedores da Segunda guerra mundial (essencialmente os Aliados), sustentavam o Direito do Poder. Ou seja, que a nova institucionalização das relações internacionais deveria ser o reflexo da efetiva distribuição do poder, mormente reconhecendo direitos especiais e superiores aos vencedores. Este será o modelo adotado.

A ONU deveria reconhecer que o conflito teve vencidos e vencedores. Isso transparece na própria denominação da nova organização, pois ele se chamará "Organização das Nações Unidas".

Nações "unidas" em torno de quê? Unidas pela guerra. Aliadas contra quem? Contra os países do Eixo. Inclusive a análise da Carta das Nações Unidas indica evidentes restrições aos países derrotados. Não há outra explicação para as ausências da Alemanha e Japão do Conselho de Segurança.

Nada poderá ser decidido ausente a anuência dos vencedores da guerra. Nasce assim, o que vulgarmente se chama de direito (ou poder) de veto, dos cinco membros permanentes do Conselho de Segurança.

205. O papel fundamental dos Estados Unidos nas relações internacionais, mormente a partir da segunda metade do século passado, se manifesta também no seio das organizações internacionais, especialmente na ONU.

Susan Rice – Conselheira para a Segurança Nacional do Presidente Obama desde julho de 2013 – quando Representante permanente dos Estados Unidos na ONU – explicita com surpreendente transparência o lugar ocupado pela Organização das Nações Unidas na política externa de Washington. Para ela, "caso as Nações Unidas não existissem, seria necessário criá-la".[1] Assim, sem o aval de Washington, o Conselho de Segurança "sequer pode emitir um Comunicado de Imprensa".

206. Contudo, os cinco redatores principais da Carta de São Francisco foram extremamente hábeis na forma de apresentar esta realidade, pois em nenhum lugar da Carta menciona-se a possibilidade que algum país tenha direito de veto. O explicitado consiste no respeito à chamada "regra da unanimidade" para que se tomem decisões em temas relevantes. Regra da unanimidade, bem entendido, entre os cinco membros permanentes do Conselho. Portanto a *regra da unanimidade* será quebrada a partir do momento que um dos cinco se opor. Portanto, ele dispõe do poder de veto embora não esteja expressamente identificado nos artigos que se referem as atribuições do Conselho de Segurança.

Quais seriam os temas relevantes? A identificação destes é prerrogativa do próprio Conselho de Segurança. Assim, fecha-se o círculo em torno do pentágono imperial que disporá, muito além do poder da força, *do Poder do Direito.*

---

[1] Susan Rice, *Facing 21st-Century Threats: Why America Needs the UN*, Palestra proferida no World Affairs Council of Oregon, Portland, 11 de fevereiro de 2011.

207. A ONU será a primeira e a principal vítima, numa perspectiva da civilização das relações internacionais, do conflito Leste/Oeste. Quais são as consequências sobre a organização das relações internacionais? Uma primeira manifestação consiste na percepção que os Estados mais importantes têm da própria organização. Esta não é mais a responsável pela manutenção da paz. O sistema de prevenção e solução de conflitos prevista pela ONU se transforma tão somente num simples e suplementar palco no qual desembocarão parte dos litígios, e não no mecanismo incontornável de sua solução.

As questões fundamentais das relações internacionais são deixadas de lado e as Nações Unidas não terão o que dizer, como por exemplo, sobre a limitação à corrida armamentista nuclear. Quando se faz um balanço do que foi feito através do sistema de prevenção e solução de litígios sob os auspícios das Nações Unidas nestes setenta anos de vida da organização, o sentimento não deixa de ser frustrante. Evitou-se uma Terceira Guerra Mundial. Todavia o foi essencialmente em razão do "equilíbrio pelo terror" que marcou o sistema bipolar. Como o bem definiu Raymond Aron, este período foi marcado por ser o "da paz impossível e da guerra improvável".

208. Apesar de aparentar ser menos violento, o mundo atual encontra-se no estado de selvageria descrito por Hobbes e dissecado por Aron. Desde sua criação em 1945 ocorreram mais de 250 conflitos que provocaram 25 milhões de vitimas e 30 milhões de refugiados. A paz era, de fato, a "guerra em outro lugar", como mencionou Jacques Prévert ao analisar a situação internacional no alvorecer do século passado.

Portanto, a ONU não consegue fazer com que a terra deixe de ser repouso do sangue dos guerreiros e tampouco encontra caminho para fazer dela depositária do suor dos homens.

209. A ONU, que nasce com 50 Estados quando foi assinada a Carta de São Francisco, hoje conta com cento e noventa e seis. Em três gerações, seu número é multiplicado por quatro. Os novos Estados percebiam que o fato de integrar as Nações Unidas lhes concedia legitimidade, legalidade e reconhecimento internacional. Estavam convencidos de que um Estado não é um Estado independente se não for membro das Nações Unidas. A conjunção desses dois elementos faz surgir o chamado funcionalismo, que leva as Nações Unidas a enfrentar outro desafio para o qual ela não estava preparada e para o qual ela não foi pensada: a luta pelo desenvolvimento.

A partir de então, pode-se resumir a essência da ONU em uma medalha de duas faces: por um lado, a manutenção da paz e segurança internacionais e, por outro, a luta pelo desenvolvimento.

210. Nos campos do desenvolvimento econômico, social, humanitário e cultural – *leitmotiv* da organização atualmente, caracterizada pela multiplicação e, infelizmente, duplicidade de instituições especializadas – o fosso a separar os que possuem quase tudo dos que possuem quase nada não cessa de aumentar. Certamente ilhas de prosperidade surgiram na Ásia. Todavia, tal fenômeno não se deve a ações oriundas junto ao sistema das Nações Unidas. Muito pelo contrário. O desenvolvimento econômico e social destes países é fruto, antes de tudo, de uma oposição frontal as regras do sistema econômico preconizado pelas Nações Unidas, em particular as emitidas pelo Fundo Monetário Internacional.

Sem sombras de dúvida, a organização modernizou-se, do ponto de vista institucional, desde a experiência tragicômica da Liga das Nações. Mas muito distantes estamos ainda daquele "centro onde se harmonizam os esforços das Nações" conforme reza o artigo primeiro de sua Carta fundamental.

211. O nacionalismo, mãe pródiga das Nações Unidas, pois de seu ventre nascem 2/3 dos atuais membros é, ao mesmo tempo, o coveiro da organização. No caso dos jovens Estados – formidável maioria no seio da ONU – o dilema aparece flagrantemente entre uma posição apaixonadamente nacionalista – berço indispensável e simplista – de afirmação de identidade e a necessidade em buscar formas parlamentares das relações internacionais.

Ao longo de sua breve vida, a ONU oscilou entre um papel marginal nos temas e dilemas centrais das relações internacionais e uma obsessão em transformar-se em uma verdadeira fábrica de letras. Toneladas de papel oriundas de consultorias, relatórios, reuniões, conferências, simpósios, assembleias, conselhos e declarações. A grande maioria já nasce letra morta. Aos grandes esforços gastos para elaboração, sucede ausência de vontade e competência para torná-los realidade.

Ausente uma reforma em profundidade, a ONU não poderá suprimir os entraves que a impediram que estivesse a altura dos anseios daqueles que esperavam que ela viesse a ser um ator preponderante na construção de um mundo mais solidário, justo e equilibrado.

3.3. Indivíduo

Bibliografia recomendada: COLIN, J. P. "La place de l'individu dans le jus in bello ou d'une transparence inédite de l'État", in GIRARD, M. *Les individus dans la politique internationale*. Paris: Economica, 1994, pp. 269-290; MARTINS ALONSO, A. *Estrangeiros no Brasil*. Rio de Janeiro: MRE, 1949, 405 p.

212. Questão controversa, a personalidade jurídica internacional do indivíduo mereceu diferentes abordagens. Para Georges Scelle, a sociedade internacional é uma comunidade de indivíduos, a quem o direito aplica-se diretamente. A realidade, entretanto, é bem diferenciada. Embora as obrigações internacionais do indivíduo tenham crescido, especialmente desde 1945, isto não é suficiente para fazer dele um sujeito propriamente dito de direito internacional, sobretudo porque a capacidade de agir é que determina a personalidade jurídica. Porém, o indivíduo beneficia-se ainda de uma proteção internacional crescente, a diversos títulos. Em alguns casos, ele pode dar início a um procedimento, diretamente, junto a um órgão internacional. Pondere-se que estas hipóteses são ainda bastante restritas.

213. Para Frank Attar, ainda que os indivíduos fossem chamados de sujeitos do DIP, eles seriam certamente sujeitos *menores*: o indivíduo permanece em essência como um objeto, não um sujeito do direito internacional, e se define, essencialmente, por sua nacionalidade.

3.3.1. Nacionalidade

214. Sob o ângulo de diversos ramos das ciências humanas, a nacionalidade está vinculada a um conjunto de tradições e costumes, em geral sintetizados numa só língua, formando uma comunidade cujos laços derivam de uma origem comum: a Nação. Para o Direito, contudo, a nacionalidade refere-se ao Estado. Segundo Pontes de Miranda, trata-se *do vínculo jurídico-político de Direito Público interno que faz da pessoa um dos componentes da dimensão pessoal do Estado.*

215. Assim, configura um princípio costumeiro inconteste do Direito internacional que cada Estado tenha plena e exclusiva competência para dispor sobre aquisição e perda de sua nacionalidade. A CIJ já teve ocasião de afirmar que a qualidade de nacional de um Estado funda-se unicamente na lei deste Estado, reconhecendo a competência estatal não somente para legislar sobre a matéria, mas para aplicar dita legislação através de seus órgãos. Entretanto, as Convenções internacionais desempenham um papel importante no sentido de adequar esta competência para que se evitem situações jurídicas complexas decorrentes da aplicação diferenciada de critérios de aquisição e perda de nacionalidade.

⇒ **Aquisição**

216. Com efeito, a *nacionalidade primária* resulta de um fato natural, qual seja o nascimento e é, portanto, involuntária. Dois são os critérios

utilizados para sua aquisição. A origem sanguínea estende a nacionalidade dos ascendentes aos descendentes, através do critério do *jus sanguinis*. Diferentemente, pelo critério do *jus solis*, atribui-se a nacionalidade àquele que nasce no território correspondente ao Estado. Já a *nacionalidade secundária* depende da declaração de vontade do sujeito, que decide, após o nascimento, adquirir determinada nacionalidade. Chama-se *naturalização* o procedimento pelo qual este indivíduo obtém a outorga da nova nacionalidade pelo Estado.

217. Do exercício da competência exclusiva de definição e aplicação de critérios pelos Estados, podem resultar duas situações de conflito de nacionalidade. O *polipátrida* é aquele que possui mais de uma nacionalidade, como resultado da aplicação, por Estados diversos, de ambos os critérios ao mesmo fato jurídico: o seu nascimento. Trata-se, portanto, de *um conflito positivo* de nacionalidade, admitido por diversos ordenamentos jurídicos. Ao contrário, quando da aplicação diferenciada dos critérios não resulta a aquisição de nenhuma nacionalidade, surgindo a figura do *apátrida* ou *heimatlos*, tem-se um *conflito negativo* que contraria a Declaração Universal dos Direitos do Homem. Conforme o artigo 15 da Carta, *toda pessoa tem direito a uma nacionalidade e ninguém será arbitrariamente privado de sua nacionalidade, nem do direito de mudar de nacionalidade*. Neste caso, as Convenções internacionais preocupam-se em evitar tanto a dupla nacionalidade quanto a sua ausência absoluta.

218. Em iniciativa surpreendente, em 29 de agosto de 2014, o Ministro da Justiça do Brasil, assinou um *aviso ministerial* encaminhando à Casa Civil um projeto de lei que "reconhecerá como brasileiras pessoas sem nacionalidade reconhecida por algum Estado", os chamados *apátridas*. Em sentido contrário, o Governo da França decidiu, logo após os atentados terroristas de novembro de 2015 em Paris, anular a concessão da nacionalidade francesa a indivíduos naturalizados franceses envolvidos com o terrorismo.

⇒ **Perda**

219. O direito convencional é relevante igualmente para que se evitem medidas excepcionais de *desnacionalização* ou *banimento*, pelas quais os indivíduos seriam privados de sua nacionalidade por razões políticas, religiosas ou raciais. Nada impede, entretanto, que, no exercício de sua competência, o Estado fixe regras de perda da nacionalidade no que se refere à aquisição *secundária* da sua ou de outra nacionalidade. Não são raros os ordenamentos que preveem a perda de sua nacionalidade mediante a aquisição pelo indivíduo, *sponte propria*, de uma nova nacionalidade, evitando assim a figura do *polipátrida*. Por outro lado, alguns Estados possibilitam o can-

celamento da aquisição *secundária* de sua nacionalidade através de sentença judicial. Trata-se dos casos em que o sujeito, à época da solicitação, preenchia os requisitos previstos pela lei em vigor para aquisição da nacionalidade, mas posteriormente atentou contra a ordem jurídica pátria, infração esta comprovada através de processo onde se oportunize a ampla defesa.

⇒ **Não reconhecimento**

220. Uma nacionalidade atribuída pelo direito interno e, portanto válida no próprio território, poderá não ser reconhecida pelo direito internacional. Embora o Estado seja totalmente livre para conferir a um indivíduo sua nacionalidade, a CIJ considera que, para que seja oposta aos demais Estados, dita nacionalidade deverá ser *efetiva* e *não fictícia*. Logo, deve existir um vínculo real entre o indivíduo e o Estado do qual ele se tornou nacional. Nas palavras da Corte, este vínculo consiste na expressão jurídica exata de um fato social, ou preexistente, ou que, através da aquisição da nacionalidade, será produzido logo a seguir.

Vale ressaltar que a CIJ jamais questionou a eficácia da outorga de nacionalidade na esfera interna. O caso *Nottebohm*, de 1955, que originou a decisão supra-citada, limitou-se a discutir se a nacionalidade acordada a um indivíduo, pelo Estado de Liechtenstein, poderia ser oposta à Guatemala, produzindo assim efeitos no plano internacional. Ao cabo, foi recusado ao Liechtenstein o direito de exercer sua proteção diplomática em benefício de Nottebohm, cuja nacionalidade secundária foi considerada fictícia.

⇒ **Pessoas jurídicas**

221. À nacionalidade das pessoas jurídicas, aplica-se o mesmo princípio referente às pessoas físicas, isto é, o da competência estatal exclusiva. Três são os métodos de outorga da nacionalidade às pessoas jurídicas. Pelo método do *controle* de uma sociedade, verifica-se a nacionalidade dos sócios que detêm a maioria acionária e, via de consequência, controlam a empresa. A maior parte dos países, entretanto, adota o critério da *sede social*, consagrando o Estado onde a empresa possui sua sede como determinante da nacionalidade; ou o método do *local de registro* da empresa, prevalecendo a nacionalidade do Estado onde a sociedade foi incorporada.

222. Esta matéria se torna ainda mais ampla porque a CIJ não reconheceu a necessidade de vínculo efetivo no caso das pessoas jurídicas, considerando que os critérios de aferição da nacionalidade, especialmente às sociedades comerciais, poderiam ter um caráter relativo, à exceção do local de registro da empresa. As possíveis consequências nocivas deste entendimento da CIJ são compensadas, em parte, pela prática internacional. Segundo Dominique Carreau, há mais

de mil tratados bilaterais, em vigor, relativos à proteção dos investimentos privados estrangeiros que consagram o critério do controle efetivo da empresa para identificação da nacionalidade. Deste modo, o Estado tem assegurado o exercício de sua competência de proteção relativamente às pessoas jurídicas nacionais.

⇒ **Navios, aviões e objetos espaciais**

223. Em nenhuma hipótese, o direito internacional admitirá a existência de uma *nave fantasma*, ou seja, desprovida de uma nacionalidade. Para os navios e aeronaves, ao contrário do que ocorre com os indivíduos, não será admitida a dupla nacionalidade. Em se tratando de *navios*, confirma-se a regra geral de competência exclusiva do Estado para dispor sobre as regras que permitirão a uma embarcação portar sua bandeira, possuindo então sua nacionalidade para fins marítimos. Porém, esta competência é limitada pelo Direito internacional.

224. A *Convenção das Nações Unidas sobre o Direito do Mar*, de 1982, prevê a necessidade de um *vínculo substancial* entre o Estado e o navio, como exigência para o reconhecimento da nacionalidade. Dita Convenção não conceitua, entretanto, o que é um vínculo substancial, mas *a Convenção de Genebra sobre o Alto-Mar*, de 1958, precisa que o Estado que confere a nacionalidade ao barco deve sobre ele exercer *efetivamente* sua jurisdição e seu controle, nos domínios técnico, administrativo e social. No entanto, a CIJ consagra um critério puramente formal para a identificação da nacionalidade, qual seja o país onde o navio está matriculado. A Convenção de 1982 visa justamente a opor-se a este entendimento, a fim de combater as chamadas *bandeiras de conveniência*, outorgadas por países como a Libéria ou o Panamá, que notoriamente não exercem um controle real sobre as embarcações que ostentam sua nacionalidade.

225. As *aeronaves* possuem a nacionalidade do Estado no qual elas são matriculadas, nos termos da Convenção da *Organização da Aviação Civil Internacional*, de 1944. Mais uma vez, é o Estado que definirá as regras de outorga de nacionalidade. O grande controle internacional que é inerente à atividade de transporte aéreo minimiza as consequências nocivas deste critério formal de aferição de nacionalidade. Podem ocorrer, todavia, situações complexas porque um Estado pode aceitar o registro de um avião que pertence a uma companhia aérea estrangeira. Neste caso, uma mesma companhia poderá ter seus veículos sujeitos a regras bastante diferentes.

226. No que concerne aos *objetos espaciais* e *satélites*, a *Convenção sobre o registro de objetos lançados no espaço extra-atmosférico*, de 1975, deter-

mina que aqueles possuam a nacionalidade do Estado que fez o seu lançamento. É possível ainda realizar o registro do objeto junto uma organização internacional, como a INTELSAT ou uma Agência Espacial. Os riscos de ausência de um vínculo efetivo são tímidos, uma vez que somente os Estados detentores da tecnologia que permite a fabricação e o lançamento de artefatos do gênero é que poderão matriculá-los.

⇒ **Efeitos**

227. A princípio, a ordem jurídica de um Estado aplica-se a todos os indivíduos, às pessoas jurídicas e aos objetos que se encontram sobre o seu território. Caso estes sejam nacionais, o fundamento da competência estatal é tanto a localização territorial como a nacionalidade, o que leva diversos autores a perceberem uma *soberania* de caráter *pessoal* e uma *soberania* de caráter *territorial* de parte do Estado. Compõe-se assim a plena jurisdição estatal, que compreende a formulação e a aplicação das normas jurídicas.

228. A jurisdição estatal pode estender-se aos espaços internacionais quando um Estado possui um *interesse a agir* vinculado à sua *competência pessoal*, ou seja, a implicação de seu nacional numa dada situação fática. Neste caso, a competência estatal evita um *vazio jurídico* – isto é, a ausência de legislação aplicável –, mas é limitada pelo direito internacional. Entretanto, caso o espaço internacional em tela possua um regime jurídico impreciso, ou mesmo inexistente, podem surgir conflitos de jurisdição entre diversos Estados com interesse a agir.

229. Pelo vínculo da nacionalidade, a jurisdição estatal pode estender-se ainda ao território de um Estado estrangeiro onde se encontrem seus nacionais. Deste modo, os nacionais sujeitam-se à ordem jurídica do seu Estado de origem, em decorrência do vínculo de nacionalidade. Contudo, esta jurisdição é incompleta, uma vez que lhe falta o poder de execução, ou seja, a força executória para realizar o conteúdo de suas normas. Isto se agrava pelo fato de que seus nacionais subordinam-se igualmente à ordem jurídica do Estado no qual se encontra fisicamente e que, por força de sua jurisdição territorial, dispõe dos poderes de edição e execução de suas regras. Portanto, há uma jurisdição territorial plena relativamente aos nacionais e aos estrangeiros que se encontram sobre o seu território. Evidentemente, esta situação pode dar origem a incontáveis conflitos de jurisdição (ver § 123, supra).

230. Outra consequência importante da nacionalidade é a responsabilidade do Estado. No que tange aos *indivíduos*, quando um nacio-

nal pratica atos na qualidade de agente do Estado, este poderá ser responsabilizado pela conduta daquele. Tratando-se de *objetos*, o Estado pode ser responsável por eventuais danos, uma vez que ele é responsável pela regulamentação e controle da respectiva atividade.

⇒ **Proteção Diplomática**

231. Finalmente, o vínculo de nacionalidade ensejará a *proteção diplomática* de um Estado aos seus nacionais que se encontram em território estrangeiro, vítimas de um ato arbitrário que não pôde ser atacado pelas vias ordinárias internas. Consoante o enunciado clássico da CIJ, quando um Estado assume uma causa de um de seus nacionais e em benefício deste promove uma ação diplomática ou judicial, ele faz prevalecer o respeito ao direito internacional na pessoa de seu nacional. Desta forma, o Estado exerce os seus próprios direitos, especialmente o respeito, pelos demais Estados, da legalidade internacional.

3.3.2. Nacionalidade brasileira

Bibliografia: SILVA, José Afonso da. *Curso de Direito Constitucional Positivo*. 13ª ed. São Paulo: Malheiros, 1997, part. pp. 306-328.

232. A Constituição Federal é base do direito da nacionalidade brasileira. O artigo 12 da Carta Magna diferencia os nacionais brasileiros ao defini-los como *natos* ou *naturalizados*. A legislação infraconstitucional de maior importância na matéria é o Estatuto dos Estrangeiros (Lei 6.815, de 19 de agosto de 1980, modificada pela Lei 6.964, de 9 de dezembro de 1981). Note-se que haverá mudanças estruturais e filosóficas a partir da adoção da Lei de Migrações que está sendo apreciada atualmente pelo Congresso Nacional.

⇒ **Aquisição**

233. A aquisição da nacionalidade primária brasileira, ou seja, aquela que decorre do fato do nascimento, prima pela aplicação do critério do *jus solis*, compreendendo também o critério do *jus sanguinis*, desde que associado a outros elementos. Assim, são brasileiros *natos*:

• aqueles que nasceram na República Federativa do Brasil, ainda que seus pais sejam estrangeiros, desde que estes não estejam a serviço de seu país (art. 12, I, a CF);

• os que nasceram no estrangeiro, de pai ou mãe brasileira, desde que qualquer deles esteja a serviço do país (I, *b*);

Estar a serviço do país significa, bem além das funções do serviço diplomático, arcar com todo encargo atinente aos Poderes Executivo, Legislativo, Judiciário e suas autarquias, nas três esferas federativas, assim como uma função afeita às organizações internacionais das quais o Estado brasileiro faça parte.

- os nascidos no estrangeiro, de pai ou mãe brasileira, desde que venham a residir no Brasil e optem, a qualquer tempo, pela nacionalidade brasileira (I, c).

234. As duas últimas hipóteses legais podem suscitar o problema da filiação por adoção ou adulterina. Para José Afonso da Silva, o artigo 12 da Lei Maior, embora empregue a expressão *nascidos*, deve ser interpretado à luz do artigo 227, § 6º, da Carta Magna, segundo o qual os filhos, havidos ou não da relação do casamento, ou por adoção, terão os mesmos direitos e qualificações. Assim, para que o filho adotivo adquira a nacionalidade como se brasileiro nato fora é suficiente a existência da adoção válida. No caso do filho adulterino, é preciso que o reconhecimento da filiação se opere com eficácia *ex tunc*, ou seja, desde o nascimento.

235. Ressalte-se que, para esta aplicação condicionada do critério do *jus sanguinis*, é indiferente que o pai ou a mãe, cujo liame de nacionalidade será estendido, seja brasileiro nato ou naturalizado, bastando que seja *nacional* a época do nascimento. Na hipótese legal consagrada aos filhos de brasileiros que não estão a serviço do país (art. 12, I, c, supra), a aquisição da nacionalidade é de natureza primária, eis que seu fato gerador é o nascimento, mas também secundária, pois depende de duas condições supervenientes cumulativas: a *residência* e a vontade do interessado – a *opção*. Uma vez residente no Brasil, o indivíduo possuirá então a *nacionalidade potestativa*, que somente será efetivada no momento da opção por ele declarada.

Em passado recente, a Constituição Federal comportava mais uma possibilidade de aquisição da condição de brasileiro nato. Tratava-se do simples registro dos nascidos no exterior em repartição brasileira competente. A emenda constitucional nº 3, de 7 de junho de 1994, suprimiu esta hipótese. Tal supressão justifica-se pela preocupação em evitar a existência de nacionais desprovidos de qualquer vínculo efetivo com o país. Entretanto, caso o indivíduo tenha nascido num país que preconiza exclusivamente o critério do *jus sanguinis*, pode se produzir a figura do *heimatlos*.

236. A aquisição da nacionalidade pela via da *naturalização* poderá ser *ordinária* ou *extraordinária* e está prevista no artigo 12, II, da Constituição Federal. A *naturalização ordinária* ou *comum* exige o atendimento, pelo estrangeiro, das condições estipuladas pela lei em vigor, atualmente o Estatuto do Estrangeiro, que são as seguintes:

- a *capacidade civil*, nos termos da lei brasileira;
- o *registro como permanente* no Brasil;

- a leitura e a escrita da *língua portuguesa*, consideradas as condições do solicitante;
- a *boa conduta*;
- o exercício de profissão ou a posse de bens suficientes à *manutenção própria e da família*;
- a inexistência de denúncia, pronúncia ou de condenação no Brasil ou exterior por *crime doloso* a que seja cominada *pena mínima de prisão*, considerada abstratamente, superior a um ano;
- a *residência contínua* em território nacional pelo *prazo mínimo de quatro anos*, imediatamente anterior ao pedido de naturalização.

A residência deve, de regra, ser *contínua*. Mas o Ministro da Justiça poderá computar o prazo interrupto, caso as ausências do requerente justifiquem-se e desde que a soma dos períodos de afastamento do país não ultrapassem dezoito meses.
O *prazo* de residência exigido poderá ser *reduzido* a *um ano*, se o requerente possui um filho ou cônjuge brasileiro, se é filho de brasileiro, ou ainda se prestou ou pode prestar serviços relevantes ao Brasil conforme avaliação do Ministro da Justiça; a *dois anos*, se o naturalizando recomenda-se por sua capacidade profissional, científica ou artística; e a *três anos*, se é proprietário, no Brasil, de bem imóvel cujo valor seja igual a pelo menos mil vezes o maior valor de referência, ou se é industrial que disponha de fundos de igual valor, ou ainda se possui cotas ou ações de montante idêntico em sociedade voltada à exploração industrial e agrícola.
O requisito da residência poderá ainda ser *dispensado* quando o requerente é casado há mais de cinco anos com diplomata brasileiro em atividade ou sendo o naturalizando empregado em Missão Diplomática ou Repartição consular do Brasil com mais de dez anos ininterruptos de serviço. Nestes casos, exige-se apenas uma estada de trinta dias em território nacional.

Todavia, a naturalização persiste como um ato discricionário do Estado que, uma vez não vinculado, pode denegá-la, malgrado estes requisitos legais sejam atendidos pelo solicitante.

237. A Carta Magna trata especialmente do caso dos estrangeiros originários de países de língua portuguesa, dos quais se exige apenas a residência por um ano ininterrupto e a idoneidade moral (art. 12, II, *a*).

São países de língua portuguesa: Açores, Angola, Cabo Verde, Dio, Gamão, Goa, Guiné Bissau, Macau, Moçambique, Portugal, Príncipe e Timor.

238. A *naturalização extraordinária* é conferida, mediante requerimento, aos estrangeiros residentes no Brasil há mais de quinze anos ininterruptos e que não foram condenados penalmente (art. 12, II, *b*).

O prazo de residência previsto nesta hipótese legal foi reduzido de 30 para 15 anos, pela Emenda Constitucional nº 3 de 1994.

Há ainda a naturalização fundada na *radicação precoce* (art. 115, § 2º, I, da Lei 6.964/81) e na *conclusão de curso superior* (art. 115, § 2º, II, *idem*).

⇒ **Limitações decorrentes da naturalização**

239. Os brasileiros naturalizados não podem exercer os cargos de Presidente e Vice-Presidente da República (art. 12, § 3º, I), de Presidente da Câmara dos Deputados (II), de Presidente do Senado Federal (III), de Ministro do Supremo Tribunal Federal (IV), da carreira diplomática (V) e de oficial das Forças Armadas (VI). A função de membro privativo do Conselho da República é igualmente reservada aos brasileiros natos (art. 89, VII). O brasileiro naturalizado há menos de dez anos não poderá, ainda, adquirir empresa jornalística ou de radiodifusão (art. 222). De outra parte, diferentemente do brasileiro nato, aquele poderá ser extraditado pela prática de crime comum, cometido anteriormente à naturalização, assim como pela participação em tráfico ilícito de entorpecentes (art. 5º, LI). Nenhuma outra distinção entre brasileiros natos e naturalizados, além das que foram estipuladas pelo texto constitucional, poderá ser acrescida no âmbito da legislação infraconstitucional (art. 12, § 2º).

⇒ **Perda**

240. Neste aspecto, o brasileiro naturalizado ainda uma vez diferencia-se do brasileiro nato, eis que a naturalização é passível de cancelamento, por sentença judicial. Dita sentença pode ser resultado de *uma ação de cancelamento da naturalização*, cujo rito está previsto na Lei 818/49, ou pode constituir uma pena acessória em caso de condenação por crime contra o interesse nacional. Segundo o artigo 12, § 4º, I, da Constituição, é precisamente a *atitude nociva ao interesse nacional* a causa do cancelamento da naturalização. Não se trata de anulação, pois, à época, o procedimento foi regular, dele resultando a naturalização válida ou eficaz. Trata-se de fato posterior à aquisição da nacionalidade e, portanto, a sentença que prevê o cancelamento, seja este proferido como pena principal ou acessória, produzirá efeitos *ex nunc*.

241. A segunda hipótese de perda da nacionalidade prevista pela Constituição é a *aquisição de outra nacionalidade* e atinge a todos os brasileiros, natos ou naturalizados (art. 12, § 4º, II). Entretanto, a Carta Magna estabelece duas exceções a esta regra. Primeiramente, o brasileiro poderá preservar sua nacionalidade desde que a lei estrangeira, correspondente ao Estado do qual se tornou nacional por aquisição secundária, reconheça sua nacionalidade originária e admita, portanto, a dupla nacionalidade (§ 4º, II, *a*). Uma segunda ressalva compreende os casos em que a lei estrangeira impõe a aquisição de outra nacionalidade ao brasileiro residente no exterior, para que ele possa permanecer naquele território ou para que possa exercer direitos civis (§ 4º, II, *b*).

⇒ **Reaquisição**

242. A Lei 818/49 compreende um procedimento para reaquisição da nacionalidade brasileira nos casos em que esta foi perdida pela aquisição voluntária de outra nacionalidade.

É possível ainda que a perda de nacionalidade se deva à aplicação de um dispositivo constante das Constituições anteriores, não mais vigente, que continha outro suporte fático: a aceitação de comissão, emprego ou pensão de governo estrangeiro, sem a licença do Presidente da República. Nesta hipótese, a reaquisição poderá operar-se consoante igual procedimento.

Quanto ao brasileiro atingido pela sentença de cancelamento da naturalização, a reaquisição da nacionalidade somente poderá operar-se através de uma ação rescisória.

3.3.3. Condição jurídica do estrangeiro no Brasil

243. São estrangeiros aqueles que não adquiriram a nacionalidade brasileira. O estrangeiro não residente no país goza, como qualquer brasileiro, da liberdade de locomoção dentro do território nacional, desde que tenha ingressado no país de forma regular. A entrada e permanência de estrangeiro no Brasil é regida pelo *Estatuto do Estrangeiro*.

244. Considerado obsoleto e reacionário já que foi adotado durante a ditadura militar (1980), o *Estatuto do Estrangeiro* deve ser substituído por uma *Lei de Migrações* que se encontra em fase final de tramitação no Congresso Nacional. O texto proposto pelo Governo, incorporado no Projeto de Lei do Senado Federal 288/2013, foi aprovado nas Comissões e caso não necessite votação em plenário, será enviado diretamente à Câmara de Deputados. O texto prevê condições de igualdade entre brasileiros e estrangeiros residentes no país, tais como direito de circulação, acesso aos serviços públicos, programas e benefícios sociais, trabalho, moradia, seguridade social, entre outros.

245. A permissão ao estrangeiro se manifesta pela concessão de um *visto* de entrada, aposto em seu passaporte, que deve ser apresentado às autoridades pátrias quando de seu ingresso em território nacional.

Através de tratados bilaterais ou por praxe recíproca, o Brasil dispensa a aposição de visto de entrada relativamente a diversos Estados. Aqui se presume a transitoriedade da presença do estrangeiro no país.

Ato discricionário e documento emitido pelo Estado o visto não constitui um direito subjetivo à entrada e ainda menos à permanência no território, mas sim uma *expectativa de direito*. Ou seja, ele pode ser desconsiderado pela Autoridade competente no momento do ingresso do estrangeiro ou em qualquer tempo de sua estada. Não há necessidade de justificação de seu cancelamento.

246. O visto de entrada no Brasil poderá ser de turista, de trânsito, de cortesia, oficial ou diplomático. Ele poderá ainda ser temporário ou permanente, individual ou extensivo aos dependentes de seu titular. O estrangeiro menor de dezoito anos receberá visto tão somente se viajar acompanhado de um responsável. Também não poderá obter o visto o estrangeiro processado ou condenado em outro país por crime doloso, passível de extradição consoante a lei brasileira; o estrangeiro que já foi expulso do Brasil, desde que dita expulsão não tenha sido revogada; o estrangeiro considerado nocivo aos interesses nacionais ou à ordem pública; e finalmente o estrangeiro que não satisfaça as devidas condições de saúde.

247. O estrangeiro que demonstra o escopo de permanecer definitivamente no país, e, portanto, se pretende um *imigrante*, poderá receber um *visto permanente*, desde que atenda às condições previstas pelo Estatuto dos Estrangeiros. Neste caso, o visto não estipula limitação temporal. O estrangeiro poderá então obter, junto ao Ministério da Justiça, a *cédula de identidade para estrangeiro permanente*. Os estrangeiros residentes no país fazem parte da população brasileira e, conforme o *caput* do artigo 5º da Constituição Federal goza, a princípio, de direitos civis iguais relativamente aos brasileiros. Diversas exceções, entretanto, são previstas pela Carta Magna, limitando esta igualdade principiológica.

As limitações advêm da competência conferida à União para legislar sobre emigração, imigração, entrada, extradição e expulsão de estrangeiros (art. 22, XV, CF). A lei ordinária deverá regular ainda a aquisição ou o arrendamento de propriedade rural por estrangeiros (art. 190), os investimentos de capital estrangeiro e as remessas de lucro para o exterior (art. 172). Os estrangeiros merecerão também legislação específica no que atine à adoção de crianças brasileiras (art. 227, § 5º).

Consoante a Carta Magna, o estrangeiro não poderá, mesmo residente no Brasil, ser proprietário de empresa jornalística ou de radiodifusão, nem responsável por sua orientação intelectual (art. 222).

Recentes modificações operadas na Lei Maior suprimem ou atenuam certas limitações ao *status* jurídico do estrangeiro. A Emenda Constitucional nº 19, de 4 de junho de 1998, tornou-lhe acessíveis os cargos, empregos e funções públicas, modificando portanto a redação do artigo 37, I, da Carta Magna que determinava esta impossibilidade. A Emenda Constitucional nº 6, de 15 de agosto de 1995, permite a outrora vedada autorização ou concessão da pesquisa e lavra de recursos minerais e do aproveitamento de potenciais hidráulicos, desde que a sociedade estrangeira seja constituída sob as leis brasileiras e tenha sua sede e administração no país (art. 176, § 1º).

248. De outra parte, se os estrangeiros desfrutam dos direitos dos trabalhadores, o que se deduz do texto irrestrito do artigo 7º da Lei

Maior, estes não adquirem, contudo, direitos políticos, sendo-lhes vedada a legitimidade eleitoral ativa e passiva (art. 14, § 2º).

⇒ **Estatuto especial dos portugueses no Brasil**

249. A Carta Magna garante aos portugueses os direitos inerentes aos brasileiros, salvo os casos previstos na Constituição, desde que aqueles possuam residência permanente no Brasil e sob reserva de reciprocidade (art. 12, § 1º, alterado pela Emenda Constitucional 03/94). Conclui-se, então, que os *portugueses são equiparados, a princípio, aos brasileiros naturalizados,* uma vez atendidas as duas condições estipuladas.

⇒ **Extradição**

Bibliografia recomendada: GRINOVER, Ada Pellegrini. "As garantias processuais na cooperação internacional em matéria penal", *in* Baptista e Fonseca (orgs.). *O Direito Internacional no Terceiro Milênio*. São Paulo: LTr, 1998, pp. 834-857; RUSSOMANO, Gilda Corrêa Meyer. *Extradição no Direito Internacional e no Direito Brasileiro*. 3ª ed. São Paulo: Revista dos Tribunais, 1993.

250. A extradição é a entrega, por um Estado a outro, e a pedido deste, de indivíduo que em seu território deva responder a processo penal ou cumprir pena. A existência de um processo penal, concluso ou em andamento, é *conditio sine qua non* do pedido de extradição, que deverá ser fundado num tratado bilateral ou, o que é mais raro, numa promessa de reciprocidade, cuja aceitação é uma liberalidade do governo solicitado.

251. No Brasil, assim como na maior parte dos países do mundo, o procedimento da extradição envolve tanto os Poderes Executivos como o Poder Judiciário, uma vez que, para além da exigência de processo penal alienígena, compete ao Supremo Tribunal Federal processar e julgar originariamente a extradição solicitada por Estado estrangeiro (art. 102, I, *g*). A *fase judiciária* do procedimento está situada entre duas *fases governamentais*. Assim, o governo estrangeiro, com base em ação penal promovida em seu território, solicitará ao governo brasileiro a extradição. Este, se entender cabível, receberá e encaminhará o pedido ao Judiciário para que o processe. Sendo obrigatório o *encarceramento* do extraditando durante o processo, compete ainda ao Executivo brasileiro, ao final do procedimento, libertá-lo em caso de indeferimento do pedido ou entregá-lo ao Estado estrangeiro, desde que atendidas certas condições.

Entre elas encontra-se a *detração*, ou seja, o cômputo do tempo de prisão cumprido no Brasil para a contagem da pena a ser aplicada; e a *conversão*, se for o caso, da pena de morte em pena privativa de liberdade. O Estado solicitante deve ainda submeter o extraditando as autoridades judiciárias, não a um tribunal ou juízo de exceção, com o que a punição poderia adquirir um caráter político, e a ampla defesa poderia ser comprometida.

252. É relativo o caráter contencioso da fase judiciária do procedimento de extradição, pois o Estado requerente nele não é parte. Apesar disso, por liberalidade do STF, pode fazer-se representar por advogado e, ao final do processo, deve sucumbir à decisão, eis que o pedido não é passível de renovação. Cabe ao STF verificar se a solicitação atende aos requisitos previstos pela lei interna e pelo tratado bilateral em causa. Entre outras exigências, o ato imputado ao extraditando deverá ser tipificado como crime tanto pela legislação do Estado solicitante como pela legislação brasileira. O crime deve ser comum, e não político.

> O Brasil não concederá a extradição por crime político ou de opinião (art. 5, LI, CF). Por força deste dispositivo constitucional, José Afonso da Silva considera que o Estatuto dos Estrangeiros é, neste aspecto, inconstitucional. Conforme esta lei, o fato político não impede a extradição quando constituir também uma infração comum ou quando for conexo e acessório ao crime comum. Ocorre que o crime político deveria sempre, ser o fato principal sob o prisma da tutela constitucional, pois constitui o elemento que imuniza o indivíduo da extradição.

253. Além disso, o Brasil, a princípio, extradita apenas os estrangeiros.

Brasileiros naturalizados poderão ser extraditados apenas em duas hipóteses. (1) pratica de crime comum, desde que perpetrado *antes da naturalização* e (2) prática de tráfico ilícito de entorpecentes ou drogas, *em qualquer momento*. A literatura jurídica pondera que a primeira regra se trata de norma constitucional de eficácia plena e imediata, não carecendo de qualquer legislação complementar para melhor definir seu alcance. Por outro lado, no caso de prática de ilícitos envolvendo entorpecentes, reputa-se adequado o entendimento de que se cuida de norma constitucional de eficácia limitada, conforme reconhecido pelo STF:

> A essas exigências de caráter excepcional, não basta a concorrência dos requisitos formais de toda a extradição, quais sejam, a dúplice incriminação do fato imputado e o juízo estrangeiro sobre a seriedade da suspeita (...); para a extradição do brasileiro naturalizado antes do fato, porém, que só a autoriza no caso de seu comprovado envolvimento com tráfico de drogas, a Constituição *impõe à lei ordinária a criação de um procedimento específico, que comporte a cognição mais ampla da acusação, na medida necessária à aferição da concorrência do pressuposto de mérito, a que excepcionalmente subordinou a procedência do pedido extraditório: por isso, a norma final do art. 5º, LI, da CF, não é regra de eficácia plena, nem de aplicabilidade imediata* (Ext. 541, Rel. para acórdão Min. Sepúlveda Pertence, j. 07.11.1991, Plenário, DJ de 18.12.1992 e Ext. 934-QO, Rel. Min. Eros Grau, j. 09.09.2004, DJ de 12.11.2004).
> Quanto aos brasileiros em geral, a Constituição Federal veda o seu banimento (art. 5º, XLVII, *d*).

254. Além do Acordo celebrado no âmbito do MERCOSUL (assinado em 10 de dezembro de 1998 e promulgado pelo Decreto nº 4.975, de 30

de janeiro de 2004), o Brasil possui Tratados de Extradição em vigor celebrados com os seguintes Estados:

Argentina – assinado em 15 de novembro de 1961 e promulgado pelo Decreto nº 62.979, de 11 de julho de 1968;
Austrália – assinado em 22 de agosto de 1994 e promulgado pelo Decreto nº 2.010, de 25 de setembro de 1996;
Bélgica – assinado em 6 de maio de 1953 e promulgado pelo Decreto nº 41.909, de 29 de julho de 1957;
Bolívia – assinado em 25 de fevereiro de 1938 e promulgado pelo Decreto nº 9.920, de 8 de julho de 1942;
Chile – assinado em 8 de novembro de 1935 e promulgado pelo Decreto nº 1.888, de 17 de agosto de 1937;
Colômbia – assinado em 28 de dezembro de 1938 e promulgado pelo Decreto nº 6.330, de 25 de setembro de 1940;
Coreia do Sul – assinado em 1º de setembro de 1995 e promulgado pelo Decreto nº 4.152 de 7 de março de 2002;
Equador – assinado em 4 de março de 1937 e promulgado pelo Decreto nº 2.950, de 8 de agosto de 1938;
Espanha – assinado em 2 de fevereiro de 1988 e promulgado pelo Decreto nº 99.340, de 22 de junho de 1990;
Estados Unidos – assinado em 13 de janeiro de 1961 e promulgado pelo Decreto nº 55.750, de 11 de fevereiro de 1965;
França – assinado em 28 de maio de 1996 e promulgado pelo Decreto nº 5.258, de 27 de outubro de 2004;
Itália – assinado em 17 de outubro de 1989 e promulgado pelo Decreto nº 863, de 9 de julho de 1993;
Lituânia – assinado em 28 de setembro de 1937 e promulgado pelo Decreto nº 4528, de 16 de agosto de 1939;
México – assinado em 28 de dezembro de 1933 e promulgado pelo Decreto nº 2.535, de 22 de março de 1938;
Paraguai – assinado em 24 de fevereiro de 1922 e promulgado pelo Decreto nº 16.925, de 27 de maio de 1925;
Peru – assinado em 13 de fevereiro de 1919 e promulgado pelo Decreto nº 15.506, de 31 de maio de 1922;
Portugal – assinado em 7 de maio de 1991 e promulgado pelo Decreto nº 1.325, de 2 de dezembro de 1994;
Reino Unido – assinado em 18 de julho de 1995 e promulgado pelo Decreto nº 2.347, de 10 de outubro de 1997;
Suíça – assinado em 23 de julho de 1932 e promulgado pelo Decreto nº 23.997, de 13 de março de 1934;
Uruguai – assinado em 27 de dezembro de 1916 e promulgado pelo Decreto nº 13.414, de 15 de janeiro de 1919;
Venezuela – assinado em 7 de dezembro de 1938 e promulgado pelo Decreto nº 5.362, de 12 de março de 1940.

255. A extradição não contempla exclusivamente os Estados com os quais o Brasil possui tratado. Quando este inexistir, ela pode ser requerida por e para qualquer Estado, sendo instruído com os do-

cumentos previstos na Lei 6.815 (Estatuto do Estrangeiro) e deverá ser solicitada com base na promessa de reciprocidade para casos análogos.

⇒ **O caso Cesare Battisti**

256. Em 18.11.2009, o Supremo Tribunal Federal iniciou o exame do pedido de extradição veiculado pelo Governo italiano, perante o ex-guerrilheiro Cesare Battisti, o qual ostentava a nacionalidade daquele Estado e, no âmbito do procedimento judicial pertinente daquele País, fora condenado a pena de prisão perpétua pela prática de quatro homicídios, quando integrava os quadros do grupo Proletários Armados pelo Comunismo (PAC).

Buscando evasão à condenação, Battisti refugiou-se na França e no México, em ato contínuo, deslocou-se para o Brasil.

Nessa perspectiva, após ter sido intentado o pedido de extradição, o Brasil, por intermédio do Ministro da Justiça, concedeu ao extraditando a condição de refugiado, nos termos do art. 1°, da Lei 9.474, que, em suma, disciplina que pode gozar dessa condição todo indivíduo que:

a) Devido a fundados temores de perseguição, por motivo de raça, religião, nacionalidade, grupo social ou opiniões políticas, encontre-se fora de seu país de nacionalidade e não possa ou não queira acolher-se à proteção de tal país;

b) Não tendo nacionalidade e estando fora do país onde antes teve sua residência habitual, não possa ou não queira regrar a ele, em função das condições descritas acima;

c) Devido a grave e generalizada violação de direitos humanos, é obrigado a deixar seu país de nacionalidade para buscar refúgio em outro país.

O Brasil concedeu a condição de refugiado com base na primeira hipótese. A par disso, a República Italiana também impetrou mandado de segurança em face do ato do Ministro da Justiça, porque, a rigor, *a concessão superveniente dessa condição obstará o seguimento de qualquer pedido de extradição baseado nos fatos que fundamentaram a concessão de refúgio* (L 9474, art. 33).

Nessa direção, o STF, considerando que a análise da legalidade do ato de concessão de refúgio seria matéria preliminar ao exame do mérito da extradição, reputou conveniente julgar prejudicado o mandado de segurança, e solver tal análise nos autos do pleito principal, na forma ordinária do reexame dos atos administrativos (STF, Informativo 558).

Nos termos do voto do ministro Cezar Peluso, a Suprema Corte deliberou no sentido de, em linha preliminar, julgar inválido o ato de concessão de refúgio e, no mérito, pronunciou-se pela procedência do pedido de extradição, afastando a tese de condenação respaldada por crime político.

Não configura crime político, para fim de obstar o recolhimento de pedido de extradição, *homicídio praticado por membro de organização revolucionária clandestina, em plena normalidade institucional de Estado Democrático de Direito, sem nenhum propósito político imediato ou conotação de reação legítima a regime opressivo* (item 3, da Ementa).

Na linha do voto do relator, os crimes perpetrados pelo requerido possuíam conotação comum, não se qualificando em nenhuma das hipóteses de vedação do Estatuto do Estrangeiro, tampouco no Tratado de Extradição firmado entre Brasil e Itália.

Porém, avançando o julgamento, a Corte teve por bem, ainda que por votação apertada (5x4), deliberar no sentido de que o Presidente da República teria discricionariedade em conceder ou não a entrega. O Plenário do STF, em questão de ordem veiculada perante o voto do Ministro Eros Grau, retificou a proclamação do resultado, determinando, por votação majoritária, que, embora o Chefe do Executivo não estivesse jungido à decisão da Corte, deveria decidir nos lindes do tratado (ato vinculado).

Seguindo nessa linha histórica, o Presidente da República Luís Inácio Lula da Silva, no apagar de luzes de seu mandato (30.12.2010), reportando-se aos termos do parecer lançado pela AGU, denegou a extradição, com base em cláusula do tratado firmado com a República Italiana, segundo a qual seria possível indeferir ao pleito quando o Estado, com base em razões ponderáveis, *pudesse supor que a pessoa reclamada será submetida a atos de perseguição e discriminação por motivo de raça, religião, sexo, nacionalidade, língua, opinião política, condição social ou pessoal; ou que sua situação possa ser agravada por um dos elementos antes mencionados*

Em linha de desdobramento, a República Italiana apresentou reclamação (RCL 11.243), sustentando violação ao decidido no âmbito da Extradição 1.085. Por fim, o STF decidiu tratar-se desse caso de ato de governo, marcando-se por ampla discricionariedade, não cabendo interveniência do Poder Judiciário, nesse aspecto.

Muito embora a maior polêmica envolvendo o italiano Cesare Battisti dê-se por conta de sua extradição, no dia 12 de fevereiro de 2015, a juíza Adverci de Abreu, da Vigésima Vara da Justiça Federal de Brasília, determinou sua deportação para a França ou para o México, países onde o italiano esteve antes de entrar no Brasil.

Acerca dessa deportação, resta evidente que implicaria extradição por via transversa, o que é vedado pela lei brasileira (arts. 63 e 91, IV, do Estatuto do Estrangeiro). O objetivo da lei é impedir que um indivíduo cuja extradição tenha sido negada acabe sendo entregue por outras vias ao Estado que a requereu.

A juíza, entretanto, sustentou, inutilmente, que a deportação "não implica em afronta à decisão do Presidente da República de não extradição, visto que não é necessária a entrega do estrangeiro ao seu país de nacionalidade, no caso a Itália, podendo ser para o país de procedência ou outro que consinta em recebê-lo".

Após entrar com um pedido de *habeas corpus*, o italiano seguiu em liberdade e pôde permanecer no Brasil.

⇒ **Expulsão**

257. Diferentemente da extradição, a expulsão opera-se por iniciativa do próprio Estado no qual se encontra o estrangeiro, inexistente solicitação de parte do Estado do qual ostenta a nacionalidade. Poderá ser expulso do Brasil o estrangeiro que atentar contra a segurança nacional, a ordem política ou social, a tranquilidade e a moralidade pública e a economia popular. Será, ainda, passível de expulsão aquele cujas atitudes o tornem nocivo à convivência e aos interesses nacionais. De regra, uma vez expulso, este estrangeiro não mais poderá retornar ao Brasil. Trata-se de crime previsto no artigo 338 do Código Penal. Quando o estrangeiro assina o termo de expulsão, toma ciência da existência desse embasamento legal.

Diante da decisão de expulsão, é possível que o interessado formule "pedido de reconsideração", em prazo máximo de 10 dias, a contar da publicação do decreto, porém, não caberá pedido de reconsideração se a expulsão foi por causa de: (a) infração contra a segurança nacional, a ordem política ou social e a economia popular; (b) tráfico de drogas; ou (c) desrespeito à proibição especialmente prevista em lei para estrangeiro.

258. A expulsão dá-se por decreto, de competência exclusiva e juízo discricionário do Presidente da República. Em que pese seja mencionado na Lei 6.815/80 que caberá "exclusivamente" ao Presidente da República resolver a respeito de uma expulsão, é possível que este ato seja delegado, sendo o decreto de expulsão subscrito pelo Ministro da Justiça. Todavia, o ato está sujeito ao controle de legalidade de parte do Poder Judiciário, eis que o Estatuto do Estrangeiro prevê algumas condições impeditivas da expulsão. Assim, a expulsão não poderá ser promovida na hipótese em que a extradição de um estrangeiro é inadmitida pelo direito pátrio. Além disso, não

pode ser expulso o estrangeiro que é casado há mais de cinco anos, e assim o permanece de fato, assim como o estrangeiro que possui, sob sua guarda e dependência econômica, um filho brasileiro.

259. Pela redação do § 1º do art. 75 da Súmula 1 do STF, seria possível a expulsão de estrangeiro que possui filho brasileiro nascido posteriormente à condenação penal e ao decreto expulsório. Assim, em regra, o nascimento de filho brasileiro após a prática da infração penal não constitui óbice à expulsão. Nesse sentido, "(...) 2. O nascimento de filho brasileiro após a prática da infração penal não constitui óbice à expulsão. (...)" (HC 85203, Relator: Min. Eros Grau, Tribunal Pleno, julgado em 06/08/2009).

⇒ **Deportação**

260. Tanto a extradição como a expulsão têm por base a prática de um delito. No caso da extradição, ele foi praticado e está sendo ou já foi processado no exterior. No caso da expulsão, trata-se de uma conduta ilícita praticada em território nacional. No caso da deportação, não é um delito que está em causa, mas sim a mera ausência dos requisitos legais para a entrada (ingressando clandestinamente em território brasileiro) ou para a permanência no país (esgotando, por exemplo, o tempo de permanência estipulado em seu visto). Logo, quando estrangeiro não se retirar do país no prazo determinado pelas autoridades, poderá ser promovida sua saída compulsória, qual seja, a deportação.

261. O artigo 57 do Estatuto do Estrangeiro determina que a entrada ou permanência irregular motiva a deportação do indivíduo.

A maneira mais frequente de violação é a realização de atividade diversa da permitida pelo documento de ingresso. Por exemplo, o estrangeiro com visto de turista que exerce atividade remunerada torna-se irregular em solo brasileiro. Outro exemplo é a permanência no território após a expiração do prazo concedido ao visto temporário.

Em geral, após a constatação da irregularidade é concedido ao estrangeiro um prazo para que regularize sua situação. A lei brasileira prevê de 3 a 8 dias, conforme o caso e, decorrido esse período, a Polícia Federal promoverá a deportação.

À Polícia Federal é conferido poder discricionário, de forma que a deportação pode ser promovida administrativamente e sem a interferência judicial. Por óbvio, tal ato está sujeito ao controle jurisdicional de legalidade.

Ainda que caso haja a necessidade de espera para a deportação, como, por exemplo, em casos de contestação do ato que a determinou, a legislação brasileira prevê (artigo 60 do Estatuto do estrangeiro) que a pessoa poderá ser recolhida à prisão por sessenta dias, por ordem do Ministro da Justiça, prorrogáveis por igual período em casos de dificuldade de identificação da pessoa ou da obtenção de documento.

262. Ao contrário da expulsão, a deportação não impede, contudo, o retorno do deportado ao país, no momento em que atender às condições legais para a pretendida entrada. Caso o indivíduo deportado deseje retornar ao território brasileiro, deve preencher requisitos legais. O artigo 64 do Estatuto do Estrangeiro infere que o retorno está condicionado ao ressarcimento, pelo estrangeiro, das despesas relacionadas à sua deportação e, também, ao pagamento de eventual multa, ambas corrigidas monetariamente.

Tal previsão é necessária, pois a lei busca amparar casos nos quais o deportando não pode arcar com custas de sua saída compulsória do país. Nesse sentido, o artigo 59 do Estatuto do Estrangeiro prevê que: *"Não sendo apurada a responsabilidade do transportador pelas despesas com a retirada do estrangeiro, nem podendo este ou terceiro por ela responder, serão as mesmas custeadas pelo Tesouro Nacional"*.

263. A deportação assemelha-se à expulsão em diversos aspectos. Primeiramente, no que concerne ao destino do estrangeiro, importando ao Brasil apenas que ele se retire do território nacional, e não que ele se dirija a um país determinado. Por outro lado, a deportação, a exemplo da expulsão, não pode ser promovida em caso de extradição não admitida pela lei brasileira. Enfim, trata-se, em ambos os casos, de ato discricionário do Estado brasileiro, que não é obrigado, mas detém a faculdade de expulsar e deportar o estrangeiro, assim agindo nos termos da legislação em vigor.

⇒ **Asilo político**

Bibliografia recomendada: BATISTA, V. O. *União europeia – livre circulação de pessoas e direito de asilo*. Belo Horizonte: Del Rey, 1998, espec. pp. 39-101; ALBUQUERQUE DE MELLO, C. *Direito internacional americano*. Rio de Janeiro: Renovar, 1995, Capítulo XIX.

264. Para evitar uma punição injusta ou a perseguição no seu país de origem ou em outro país, motivada por ato de natureza ideológica ou política, o estrangeiro poderá requerer o asilo político. Entendeu o constituinte brasileiro pelo tratamento desta matéria no âmbito das relações exteriores, malgrado a doutrina de diversos Estados a considere como seara de direito interno. Reza a Lei Maior, em seu artigo 4º, X, que o asilo político é um dos princípios que regem as relações internacionais do Brasil. Com efeito, tanto os critérios de concessão do asilo político como a condição jurídica interna do asilado deve estar conforme ao direito internacional. Quando o

estrangeiro se instala no território brasileiro, é natural que ele não atenda às condições legais de entrada preconizadas pela legislação. Compete então às autoridades a decisão de recebê-lo ou não como asilado político.

O asilo não é um direito e, portanto, diferencia-se do *refúgio*. Assim, conforme a Convenção de Genebra de 1951, o *refúgio* deve ser concedido quando o solicitante está sendo perseguido e encontra-se na fronteira dos Estados signatários deste Pacto.

Uma vez recebido, o asilado não poderá retirar-se do país sem a prévia autorização governamental.

265. Na maior parte dos países da América Latina, mas excepcionalmente no resto do mundo, admite-se o instituto do *asilo diplomático*. Trata-se do acolhimento de uma pessoa, alvo de perseguição atual e de natureza política, no recinto de uma missão diplomática ou de uma repartição consular estrangeira. Evidentemente provisória, a medida poderá vir a transformar-se num asilo político convencional, a ser deferido pelo Estado ao qual corresponde esta representação ou um terceiro Estado disposto a acolher o asilando.

3.3.4. A proteção fundada no direito internacional

266. No que se refere ao indivíduo na ordem internacional, ensina Dominique Carreau que o DIP evoluiu em duas direções. Primeiramente, ele preocupou-se em reprimir certos indivíduos que mantinham atividades notoriamente nocivas, através, por exemplo, dos tribunais militares internacionais. Na atualidade, entretanto, há uma tendência em direção à proteção dos indivíduos em seu conjunto, no âmbito da ordem jurídica internacional. Ela se manifesta através da proteção dos refugiados, das minorias e dos apátridas. Mas suas expressões mais importantes são a proteção internacional aos direitos do homem e, num segundo plano, a proteção internacional ao trabalhador.

⇒ **Proteção internacional dos direitos do homem**

Bibliografia recomendada: BATISTA, V. O. *União Europeia: livre circulação de pessoas e direito de asilo*. Belo Horizonte: Del Rey, 1998, 246 p.; CANÇADO TRINDADE, A. A. *Tratado de Direito Internacional dos Direitos Humanos*. Porto Alegre: Sérgio Fabris, 1997, vol. I, 486 p.; ——. *A proteção internacional dos direitos humanos: fundamentos jurídicos e instrumentos básicos*. São Paulo: Saraiva, 1991, 742 p.; ——. *Direitos humanos, desenvolvimento sustentável e meio ambiente*, IIDH/BID. Brasília, 1992, 364 p.; ——. *A proteção dos direitos humanos no plano nacional e internacional: perspectivas brasileiras*. Brasília: Friedrich Naumann Stiftung, 1992, 357 p.; DALLARI, D. *Direitos humanos e cidadania*. São Paulo: Moderna, 1998, 80p.; LAFER, C. *A reconstrução dos direitos humanos: um diálogo com o pensamento de Hannah Arendt*. São Paulo: Cia das Letras, 1988, 406 p.; LINDGREN ALVES, J. *Os direitos humanos como tema global*. São Paulo: Perspectiva, 1994; PIOVESAN, F. *Direitos Humanos e o Direito Constitucional Internacional*. São Paulo: Max Limonad, 1996, 487p.

267. Até o final da primeira metade do século XX, a questão dos direitos humanos foi concebida, pelo direito internacional, exclusivamente através de seus aspectos humanitários, e dos princípios relativos à proteção das minorias. O primeiro aplicava-se a situações excepcionais de conflito bélico, enquanto o segundo padecia de avanços mínimos, a começar pelas dificuldades em identificar as minorias. Estas são percebidas de forma negativa, com a listagem de seus direitos. A Liga das Nações criou um *direito de petição* aberto aos indivíduos, possibilitando-lhes recorrer a tribunais especiais que julgavam as infrações cometidas pelos Estados.

268. De capital importância na Europa, a questão das minorias, em particular o desrespeito aos seus direitos culturais e religiosos, foi uma das causas da Segunda Guerra Mundial. Descartada pela organização do pós-guerra, a questão das minorias retorna com a assinatura, no âmbito do Conselho da Europa, em 1994, de uma Convenção--quadro que tinha por objetivo proteger as minorias. Vários Estados, em particular os de inspiração jacobina, como a França, relutaram em firmá-lo, pois isso significaria a aceitação do princípio da autodeterminação dos povos e, portanto, a possibilidade de secessão. Durante a década de 1930, a questão das minorias foi descartada pelo Brasil. O Presidente Getúlio Vargas, através de uma política de nacionalização forçada, impôs o princípio de *um povo e uma língua*. Os Estados americanos também refutaram, na VIII Conferência Pan-Americana (Lima, 1938), o conceito de minoria étnica, linguística ou religiosa. Em definitivo, o direito internacional não foi capaz de definir normas com vista à construção de um sistema jurídico de proteção das minorias, dependendo estas de acordos bilaterais e de uma política de boa vizinhança.

269. A proteção dos direitos humanos acompanhou a evolução da ordem internacional. Intervenções militares foram realizadas para a proteção de nacionais e estrangeiros ameaçados no exterior. As intervenções ditas *de humanidade*, realizadas, sobretudo, por razões religiosas, foram confundidas frequentemente com motivações econômicas e políticas ligadas ao colonialismo e ao imperialismo. Tal proteção era concedida pelo Estado detentor de meios para realizá-la, independentemente de qualquer consideração de direito internacional.

⇒ **Declarações e tratados**

270. A redação da Carta constitutiva das Nações Unidas e de organismos regionais, como a Organização dos Estados Americanos, faz surgir um direito internacional convencional de proteção aos direitos fundamentais do homem. Os Estados permanecem sendo os sujeitos principais do direito internacional. Porém, a proteção que é devida

ao indivíduo, que se torna sujeito de direito internacional em certos casos, transforma-se em paradigma desta nova fase do direito internacional. A Carta da ONU explicita que um de seus propósitos consiste em *promover e estimular o respeito aos direitos humanos e às liberdades fundamentais para todos, sem distinção de raça, sexo, língua ou religião* (art. 1º, § 3º). Por sua vez, a Carta da OEA enfatiza que *os Estados americanos proclamam os direitos fundamentais da pessoa humana, sem fazer distinção de raça, nacionalidade, credo ou sexo* (art. 3º, § k).

271. Além da generalidade de propósitos, tais Cartas contêm dispositivos que permitem identificar um *domínio reservado* onde o Estado exerce sua competência nacional de forma exclusiva (art. 2º, § 7º, da Carta da ONU e art. 3º, § *e* da Carta da OEA). A ausência de regra jurídica para resolver o conflito entre domínio reservado e direitos humanos não impede que estes tenham ingressado no direito internacional positivado, inclusive podendo ser considerados como normas imperativas. A grande dificuldade consiste em listar os direitos humanos: para o Ocidente capitalista, trata-se de *liberdades individuais* e, para outras culturas, os direitos humanos vinculam-se aos direitos coletivos (saúde, educação, emprego, moradia).

272. A assinatura, em 10 de dezembro de 1948, no âmbito da AG das Nações Unidas, de um documento sob o título *Declaração Universal dos Direitos do Homem*, constitui um marco referencial para a proteção internacional dos direitos humanos. Trata-se de uma *declaração* emanada em forma de *resolução* da AG. Como já notamos anteriormente, tais *recomendações* possuem um *peso político e moral*, desprovida de obrigatoriedade jurídica. Por sinal, não foi previsto instituto de controle da aplicabilidade das normas sugerindo uma escassa eficácia.

273. Os direitos humanos foram catalogados em direitos de *três gerações*: a primeira (artigos 4º a 21) engloba os *direitos civis e políticos*, bem como os *direitos fundamentais* (à vida, à liberdade e à segurança). Toda pessoa humana possui o direito de não ser escravizado, torturado, colocado em servidão ou sofrer penas degradantes e indignas. Ela detém a liberdade de pensamento, política, religiosa, de opinião, de expressão e possui o direito de ter acesso à função pública. A segunda geração (artigos 22 a 27) contempla os *direitos econômicos, sociais e culturais*. Finalmente, os de terceira geração podem ser classificados de direitos *difusos* (direito à paz, a um meio ambiente saudável, à preservação do patrimônio comum da humanidade, os fundos marinhos e o espaço extra-atmosférico).

274. O eventual desrespeito dos direitos de primeira e segunda geração, mesmo encontrando dificuldades para reparar o dano causado, im-

plica a fácil identificação de responsabilidade: o Estado e seus agentes é que respondem pelas infrações. No caso dos direitos de terceira geração, a imputabilidade é problemática na medida em que tanto os queixosos quanto os culpados são de difícil identificação.

275. Corroborando e aprofundando o conteúdo da Declaração de 1948, foram redigidos, no âmbito das Nações Unidas, a partir de 1966, os Pactos sobre os direitos civis, políticos, econômicos e sociais. A mudança fundamental introduzida pelo sistema de Pactos consiste na possibilidade de eficácia de execução, pois tais documentos se beneficiam de força jurídica convencional.

⇒ **Implementação dos direitos humanos**

276. Dois textos de alcance sobressaem-se, no que concerne a implementação dos direitos do homem. O euro-ocidental, firmado em 1950, que institui uma *Corte Europeia dos Direitos Humanos* (Estrasburgo) e o das Américas, firmado em 1969, criando uma *Corte Interamericana de Direitos Humanos*, localizada em São José da Costa Rica. O caso europeu apresenta importante peculiaridade. Conforme a *Convenção Europeia de Proteção aos Direitos do Homem e das Liberdades Fundamentais*, de 4 de novembro de 1950, todo indivíduo, organização não governamental ou grupo de particulares, pode litigar diretamente junto à *Comissão de Direitos do Homem*, órgão vinculado à Corte de Estrasburgo (artigo 25). A Comissão desempenha, na verdade, o papel de *filtro* em relação aos processos que chegarão definitivamente à Corte, constituindo uma fase preliminar do rito. A jurisprudência da Corte estendeu esta capacidade às pessoas jurídicas, inclusive às sociedades comerciais.

277. Uma evolução ainda mais importante está no texto de um Protocolo adicional à Convenção Europeia, conhecido como *Protocolo nº 11*, em vigor desde 1º de novembro de 1998. Conforme este texto, o indivíduo poderá dirigir-se diretamente à Corte, sem passar pelo filtro da Comissão. Esta possibilidade de ação direta junto a um órgão jurisdicional já está consagrada no âmbito da integração econômica europeia, através do contencioso da *Corte de Luxemburgo*, no qual diversos instrumentos processuais possibilitam a invocabilidade direta em justiça dos direitos do particular, inclusive no que atine aos direitos do homem, embora não se trate de sua finalidade precípua.

278. Infelizmente, excetuado o exemplo europeu, há poucos indícios de uma capacidade direta de agir, de parte do indivíduo, relativamente aos órgãos jurisdicionais internacionais. A invocabilidade em justiça, naquilo que ela possui de essencial, resta, em seara internacional, respeitadas poucas exceções, um monopólio do Estado.

⇒ **Proteção internacional dos trabalhadores**

279. Criada com a Liga das Nações (1919), a Organização Internacional do Trabalho (OIT) desempenha papel fundamental na elaboração de normas laborais e de controle do seu respeito. A OIT procura dar conteúdo concreto e tornar prática corrente, certos direitos fundamentais do homem, em particular os de cunho social e econômico. As normas contidas nas Convenções e nas recomendações da OIT objetivam estabelecer níveis comuns de proteção laboral.

280. A OIT permite a participação de agentes privados (representantes dos trabalhadores e dos sindicatos patronais) na elaboração normativa. Esta situação *sui generis* é complementada pela existência de *controles* exercidos pela organização quando da aplicação das convenções. Os Estados obrigam-se a produzir relatórios anuais sobre o processo de internalização e de aplicação das normas. Mesmo que o indivíduo não tenha acesso direto ao procedimento de controle, os representantes sindicais e patronais podem questionar durante as conferências e reuniões da organização, denunciando atitudes dos governos e chamando a atenção da OIT sobre eventuais abusos cometidos em seu Estado, ou em qualquer outro Estado vinculado pelas normas convencionadas.

281. A tendência de proteção internacional dos trabalhadores espraia-se em escala regional. A guisa de exemplo, no dia 10 de dezembro de 1998, os Estados-Membros do *Mercado Comum do Sul*, MERCOSUL, firmaram uma *Declaração Sociolaboral*, contendo princípios e direitos a serem observados na área do trabalho. Eles foram divididos em três grandes grupos: *direitos individuais* (não discriminação, promoção da igualdade, situação dos trabalhadores migrantes e fronteiriços, eliminação do trabalho forçado e luta contra o trabalho infantil e de menores); *direitos coletivos* (liberdade de associação, liberdade sindical, negociação coletiva, direito de greve, promoção e desenvolvimento de procedimentos preventivos e de autocomposição de conflitos, diálogo social); *outros direitos* (fomento do emprego, proteção dos desempregados, formação profissional e desenvolvimento de recursos humanos, saúde e segurança no trabalho, inspeção do trabalho e seguridade social).

282. Para acompanhar a aplicação da *Declaração*, os Estados signatários deverão instituir uma *Comissão Sociolaboral*, órgão de composição tripartite à imagem da OIT, auxiliar do Grupo Mercado Comum do MERCOSUL, com *caráter promocional e não sancionador*. As manifestações da *Comissão* serão expressas por consenso dos três setores, e ela terá, entre outras, as seguintes atribuições e responsabilidades: examinar, comentar e encaminhar as memórias preparadas pelos

Estados Partes; formular planos, programas de ação e recomendações; elaborar análises e relatórios sobre a aplicação e o cumprimento da *Declaração*.

3.4. Outros sujeitos fragmentários

283. Como já foi dito, existem alguns sujeitos que dispõem de fragmentos de personalidade internacional, ainda menores do que aqueles que podem ser atribuídos aos indivíduos. Isto em nada diminui a intensidade de sua atuação na cena internacional contemporânea.

⇒ **Organização Não Governamental de Alcance Transnacional (ONG)**

284. Para Nguyen Quoq Dinh, a organização não governamental é uma instituição privada ou mista, excluído todo tipo de acordo intergovernamental, que congrega pessoas privadas ou públicas, físicas ou jurídicas, de diversas nacionalidades. A definição praticada pelas Nações Unidas é ainda mais vaga: toda organização que não foi criada por acordo intergovernamental é ONG. Os Estados toleram a ação destas organizações ou por pressão da opinião pública, ou por uma necessidade. As ONGs filiam-se às mais variadas causas, desde a assistência humanitária até a defesa das tartarugas marinhas. As ONGs são classificadas em categorias pela ONU e, parte delas, pode participar do *Conselho Econômico e Social* das Nações Unidas como observadoras (art.71 da Carta). Porém, seu caráter extremamente heterogêneo dificulta a evolução de sua capacidade internacional.

⇒ **Empresa multinacional ou transnacional**

285. São propriamente *multinacionais* as empresas cujo capital acionário é partilhado entre no mínimo duas nacionalidades. *Transnacionais*, diferentemente, são as pessoas jurídicas que, de titularidade multinacional ou não, atuam em diversos territórios nacionais. Para René-Jean Dupuy, dizer que o direito internacional rege as relações contratuais entre um Estado e um ente privado estrangeiro não significa que este seja assimilado a um Estado e nem que o contrato concluído se equipare a um tratado. Há muito se discute, sem nenhum sucesso, a adoção de um código de conduta para as empresas transnacionais no âmbito das Nações Unidas. Embora certas empresas sejam hoje mais poderosas do que a média dos Estados, o DIP lhes recusa a personalidade internacional.

4. Marco Jurídico das Relações Internacionais

286. Muitos dos mecanismos que regulam as relações interestatais estão largamente positivados através do direito internacional e são aplicáveis tanto em tempo de paz como de guerra. Antes de estudar os meios de solução de litígios, pacíficos ou constrangedores, apresentar-se-á uma análise das relações diplomáticas e consulares. Em seguida, o direito internacional econômico constitui um quadro já positivado, ordenador das relações econômicas externas dos Estados. Finalmente, afirmada está a regulação dos espaços internacionais. Fica assim constituído um verdadeiro marco jurídico do relacionamento entre os Estados.

4.1. Relações diplomáticas e consulares

Bibliografia recomendada: FRANCHINI NETTO, M. *Diplomacia, instrumento da ordem internacional*, 1964; NASCIMENTO E SILVA, G. E. "O Ministro das Relações Exteriores e a Política Internacional", in *Revista de Ciência Política*, vol. 4, n. 3, setembro de 1970, pp. 5 e ss.; ——. *Convenção de Viena sobre relações diplomáticas*, 1967; ——. *A missão diplomática*, 1971; ——. "Imunidade de jurisdição penal dos diplomatas", in *Direito e Justiça*, UFRGS, 1980, pp. 11 e ss.

287. O estabelecimento de relações diplomáticas entre Estados implica o reconhecimento, por estes, do duplo *direito de legação; ativa*, quando enviam representante devidamente acreditado junto ao governo do Estado estrangeiro, e *passiva*, quando recebem representante estrangeiro. A representação junto ao Estado estrangeiro se materializa através de uma representação política, na pessoa do *Embaixador* ou agente diplomático, e uma representação administrativa através do *Cônsul* ou agente consular.

288. Foi firmada, em Viena, a 18 de abril de 1961, a *Convenção sobre relações diplomáticas*. O Brasil aprovou-a pelo Decreto Legislativo nº 103, de 1964, e a promulgou pelo Decreto nº 56.435, de 8 de junho de 1965. Em 24 de abril de 1963, foi assinada em Viena a *Convenção sobre relações consulares*. O Congresso Nacional aprovou-a pelo Decreto Legislativo nº 6, de 1967, e foi a promulgou pelo Decreto nº 61.078, de 26 de julho de 1967. Ratificadas atualmente pela totalidade dos Estados, ambas as Convenções regulamentam os principais aspectos do direito diplomático e consular.

⇒ **Estabelecimento e ruptura das relações diplomáticas**

289. O artigo 2º da Convenção de Viena estipula que o estabelecimento de relações diplomáticas entre Estados e o envio de missões diplomáticas permanentes ocorrem por consentimento mútuo. As partes decidem a forma de expressar o consentimento, todavia nenhum Estado é obrigado a manter relações diplomáticas ou consulares com outro Estado. A ruptura de relações diplomáticas ocorre quando deixa de existir o consentimento mútuo. Obedecendo ao princípio da reciprocidade, um Estado que decide romper relações diplomáticas com outro exige que este encerre sua missão diplomática.

290. Automática em caso de guerra entre dois Estados, a ruptura das relações diplomáticas configura iniciativa extrema, sendo na maioria dos casos preterida por formas menos bruscas de manifestar uma insatisfação, como, por exemplo, a expulsão de diplomatas ou a partida do chefe da missão. Uma vez rompidas ditas relações, os Estados designam terceiros Estados para representarem seus interesses. Assim, desde a ruptura de suas relações diplomáticas com Cuba, os Estados Unidos encarregaram a Suíça de defender os seus interesses em Havana.

⇒ **Modalidades de representação diplomática**

291. A primeira é a *permanente*. Trata-se de uma embaixada ou uma legação recebida pelo Estado hospedeiro através da *acreditação*. Os agentes diplomáticos são funcionários públicos encarregados das relações externas do Estado. Ao assumir o posto, o chefe da missão diplomática apresenta ao Chefe de Estado hospedeiro a *credencial* ou carta credencial (*lettres de créance*) que o acredita. Ele pode ser obrigado pelo Estado hospedeiro a deixar o posto por razões pessoais (comportamento indevido) ou políticas (razões de Estado). Para tanto, ele deve ser declarado *persona non grata*.

292. Segundo o artigo 3º da Convenção de Viena, as principais funções das missões diplomáticas permanentes são:

• representar o Estado acreditante perante o Estado acreditado;
• proteger no Estado acreditado os interesses do Estado acreditante e de seus nacionais;
• negociar com o governo do Estado acreditado;
• promover relações amistosas e desenvolver as relações econômicas, culturais e científicas entre os dois Estados;
• informar-se através de todos os meios lícitos sobre as condições e a evolução dos acontecimentos do Estado acreditado e redigir relatórios ao governo do Estado acreditante.

Além destas funções, o Brasil prevê as seguintes atribuições:
- transmitir aos consulados brasileiros as instruções governamentais;
- encaminhar os pedidos de extradição;
- solicitar o cumprimento de cartas rogatórias que lhe forem encaminhadas;
- expedir e visar passaportes oficiais.

293. As missões diplomáticas permanentes junto aos Estados estrangeiros são designadas *Embaixadas*, e as representações diplomáticas junto aos organismos internacionais conservam a denominação original de missões permanentes. O fato de manter relações diplomáticas não implica que os Estados possuam uma representação diplomática exclusiva. Por razões administrativas (custos), uma missão diplomática acreditada num Estado pode receber acreditação em outro(s) Estado(s).

294. A segunda forma de missão diplomática, marcada pela diplomacia *ad hoc*, é a missão *especial*. Trata-se de tarefa desempenhada de forma itinerante, por agentes diplomáticos extraordinários. São representantes diplomáticos designados para uma missão específica, limitada no tempo, bilateral e consensual.

⇒ **Imunidades e privilégios diplomáticos**

295. O princípio para a concessão de privilégios e imunidades, consagrado na Convenção de Viena, fundamenta-se na ideia de que as missões diplomáticas devem cumprir suas funções de forma independente. Trata-se de uma interpretação moderna e moderada das instituições jurídicas. Assim, foram descartadas as duas teorias extremistas que contrapunham as necessidades do Estado acreditante e os direitos do Estado acreditado. A primeira, *extensiva*, defendia o princípio da *extraterritorialidade*, considerando o agente e o local da missão diplomática como uma extensão de seu próprio país. A segunda, *restritiva*, enfatizava seu caráter meramente *representativo*, de problemática delimitação, favorecendo assim o Estado acreditado. A dicotomia teórica foi superada pela referida Convenção de Viena que indicou uma diferença entre *imunidade* e *privilégios*. A primeira, ao restringir a soberania do Estado acreditado, se sustenta exclusivamente no direito internacional. Certos *privilégios*, ao contrário, dependem do direito interno, como, por exemplo, a não cobrança de direitos alfandegários, e outros repousam no direito internacional, como as isenções fiscais.

296. As imunidades da *missão* diplomática são as seguintes: liberdade de comunicação oficial, através da mala diplomática, que não pode ser violada ou retida; inviolabilidade dos seus bens imóveis e móveis, dos arquivos, documentos e meios de transporte. Em razão de sua

inviolabilidade, o local da missão diplomática transformou-se, por vezes, na prática, em local de asilo diplomático concedido pelo chefe da missão a perseguidos políticos.

297. As imunidades dos *agentes* diplomáticos restringem-se à inviolabilidade pessoal, que garanta sua total segurança e à *imunidade jurisdicional penal absoluta*, estando ou não o agente no exercício de suas funções quando da conduta delituosa. Admite-se, entretanto, que o Estado estrangeiro proceda à *renúncia* da imunidade de seu agente, pessoa física, para que ele possa ser polo passivo de um processo perante o Judiciário local. Uma *segunda renúncia* de parte da Nação alienígena será necessária para que eventual sentença condenatória venha a ser executada.

⇒ **Relações consulares**

298. As relações consulares repousam sobre o consentimento mútuo, e os Estados firmam acordos bilaterais para regulamentá-las. A Convenção de Viena, firmada em 24 de abril de 1963, em vigor desde março de 1967, confirma o caráter *exclusivamente administrativo* das relações consulares. Há muitas diferenças entre o direito consular e o direito diplomático. Uma ruptura das relações diplomáticas pode não acarretar a interrupção das relações consulares. Por outro lado, um Estado pode estabelecer segundo suas necessidades, várias representações consulares no Estado hospedeiro. Cada um destes Consulados responde por uma *circunscrição consular*. O credenciamento do agente consular é materializado por uma *carta patente*, entregue ao Chefe de Estado hospedeiro que, por sua vez, o autoriza através de um decreto denominado *exequatur*.

299. Segundo o artigo 5º da Convenção suprarreferida, as principais funções consulares são as seguintes.

• Proteger, no Estado de residência, os interesses do Estado de envio e de seus nacionais, pessoas físicas ou morais.
• Favorecer o desenvolvimento das relações econômicas, comerciais, culturais e científicas entre os dois Estados.
• Exercer certas funções relativas aos nacionais que se encontram no Estado hospedeiro (estado civil, assistência judiciária e para-judiciária, passaportes, assentamentos de nascimento, óbitos e casamentos de nacionais de seu Estado).
• Funções notariais (reconhecimento de firmas em documentos, receber testamentos, lavrar procurações e substabelecimentos feitos por nacionais de seu Estado).
• Conceder vistos de entrada aos estrangeiros desejosos de viajar ao Estado de envio.
• Controlar os barcos, navios e aeronaves e suas equipagens provenientes do Estado de envio e lhes prestar assistência.

Perceba-se a natureza limitada de ditas funções.

O Supremo Tribunal Federal brasileiro, em decisão de 1993, considerou que nos termos da Convenção de Viena de 1961, sobre relações diplomáticas, cabe ao Embaixador representar o Estado acreditante perante o Estado acreditado; não ao cônsul, cujas atribuições limitam-se, de regra, aos planos administrativo, comercial e notarial. Não pode o cônsul, pois, outorgar mandado judicial em representação do Estado estrangeiro, visando ajuizar demanda perante a Justiça brasileira (Min. Rel. Athos Gusmão Carneiro, Agravo de instrumento n. 11.711-RS).

300. Através de cláusulas convencionais, ou por simples cortesia, o cônsul desfruta de certas *prerrogativas*. Arrolam-se, a seguir, as principais imunidades e privilégios consulares.

• Inviolabilidade dos locais do posto consular, excluída a inviolabilidade da residência particular dos agentes consulares.
• Liberdade e proteção das comunicações oficiais. Contudo a mala consular pode vir a ser violada quando as autoridades competentes do Estado de residência possuem sérios motivos para desconfiar que ela possa conter objetos não oficiais.
• Inviolabilidade pessoal dos funcionários consulares é admitida tão somente no exercício de suas funções. Portanto, eles podem ser detidos preventivamente em caso de "crime grave" e ser objeto de processos penais.

Diferentemente da sede da representação diplomática, os locais do posto consular não podem ser utilizados para a concessão de asilo a acusados ou condenados por crimes, políticos ou comuns, no Estado de residência.

⇒ **A situação das organizações internacionais**

301. O instituto de privilégios e imunidades diplomáticas estende-se às organizações internacionais, com algumas modificações e restrições. O objetivo perseguido permanece inalterado: conceder total e absoluta independência para a organização. Entre as imunidades concedidas às organizações internacionais devemos ressaltar as seguintes: imunidade de jurisdição; imunidade de execução; inaplicabilidade das leis financeiras do Estado anfitrião (isenção fiscal, alfandegária, e ausência de controle de divisas); interdição de expropriação ou confisco; absoluta facilidade para as comunicações e inviolabilidade de sua sede.

302. Com relação à inviolabilidade da sede, as organizações internacionais beneficiam-se de estatuto similar ao dos Estados. Todavia, o direito de concessão de asilo – que se encontra entre as principais prerrogativas diplomáticas dos Estados – não é contemplado no caso das organizações internacionais. A prática aceita que, no máximo, as organizações internacionais façam uma intermediação, objetivando a transferência de candidatos ao asilo político para um país disposto a recebê-los.

303. Outra fundamental diferença com os Estados surge no alcance das prerrogativas e privilégios dos funcionários das organizações internacionais. *Eles beneficiam-se da proteção funcional referente exclusivamente aos atos praticados no desempenho de suas funções.* Esta proteção é restritiva e não deve ser comparada às imunidades diplomáticas.

No caso dos funcionários das Nações Unidas, o artigo V de sua Convenção de Privilégios e Imunidades enfatiza que a perspectiva para a concessão da proteção é absolutamente funcional, pois "as prerrogativas e imunidades são outorgadas aos funcionários segundo *o interesse das Nações Unidas e não em proveito dos próprios indivíduos*". Por esta razão, ao contrário da proteção diplomática, o "Secretário geral [da ONU] terá *o direito e o dever de suspender a imunidade de todo funcionário*, em qualquer caso em que, segundo seu próprio critério, a imunidade impeça o curso da justiça, sem que sejam prejudicados os interesses das Nações Unidas".

4.2. Solução pacífica dos litígios

304. Apesar do caráter descentralizado da sociedade internacional, que supõe a ausência de um poder comum acima dos Estados, capaz de organizar as relações interestatais e, quando necessário, impor a paz, os Estados elaboraram instrumentos para solucionar os litígios internacionais. Como consequência, o fenômeno da guerra, que acompanhou a história da humanidade, transforma-se, no século passado, em objeto de todas as atenções e de repúdio. A *Convenção para a solução dos conflitos internacionais* (Haia, 1907) deseja prevenir, *na medida do possível*, a utilização da força entre os Estados. Trata-se de posição de clássico voluntarismo, pois não há obrigatoriedade de abstenção do recurso à força, tampouco obrigação de buscar uma solução negociada para o litígio.

305. Seguiu-se a primeira catástrofe de dimensão mundial (1914-1919). A Liga das Nações, que nasceu junto ao Tratado de Paz firmado em Versalhes, conclui um Pacto buscando impor o princípio da solução pacífica dos conflitos. O artigo 12 do referido documento enfatiza que *os Estados Membros da Sociedade concordam em que se entre eles surgir uma controvérsia suscetível de produzir uma ruptura, submeterão o caso seja ao processo de arbitragem ou a uma solução judiciária, seja ao exame do Conselho* [da Liga das Nações]. A falta de universalidade da Liga e a insuficiência do Pacto, levam os Estados a firmar um novo tratado *de renúncia à guerra* (*Pacto Briand-Kellog*, 1928).

306. A eclosão da Segunda Guerra Mundial demonstra a insuficiência dos esforços para solucionar de forma pacífica os litígios internacionais. A criação da Organização das Nações Unidas, em 1945, e as organizações regionais que se seguiram, como a Organização dos

Estados Americanos (1948), consagrarão grande parte de seus esforços às tentativas de encontrar mecanismos para a manutenção da paz mundial. A solução dos litígios de forma pacífica pode ser dividida em *soluções não jurisdicionais* (negociação diplomática e através das organizações internacionais) e *soluções jurisdicionais* (CIJ e outros tribunais de jurisdição limitada).

⇒ **Negociação diplomática**

307. A obrigação de negociar deve ser imposta aos Estados envolvidos no litígio. Não se trata unicamente de iniciar uma negociação, mas de *prossegui-la, na medida do possível, com vista a chegar a acordos*. Não se deve confundir a obrigação de negociar com a obrigação de se chegar a um resultado. Enquanto a primeira decorre da boa-fé, a segunda depende do sucesso da negociação. Para que se alcance a segunda, é indispensável que as partes envolvidas respeitem a primeira.

308. Quando o litígio envolve dois Estados, as negociações serão bilaterais. Serão multilaterais quando implicarem três ou mais Estados. Elas podem ocorrer de forma preventiva a fim de evitar o surgimento de um litígio mais grave. Quando for solicitado, um ou vários terceiros Estados, não partes no litígio, podem servir de instrumento para aproximar as partes litigantes. Nestes casos, os terceiros Estados podem, igualmente, serem os *garantes* do respeito da aplicação do acordado.

309. Há variadas formas de intervenção de terceiros Estados na negociação diplomática:

- *bons ofícios* é a forma mais singela de intervenção, objetivando estabelecer o início de um diálogo ou retomar negociações que foram interrompidas entre os Estados litigantes.
- *mediação* ela vai além dos bons ofícios, pois o mediador (terceiros Estados, personalidades independentes ou organizações internacionais) propõe as bases da negociação e interfere no seu desenrolar.
- *investigação internacional* trata-se de instrumento de alcance limitado que tem como objetivo precípuo *estabelecer os fatos* que se encontram na origem de um litígio.
- *conciliação internacional* podendo vir a ser complementar à investigação, a conciliação é definida como o exame e a apresentação de uma solução a um litígio proposto por um terceiro que goza da confiança dos Estados litigantes. A conciliação resulta, portanto, de um acordo preestabelecido ou *ad hoc*, entre as partes envolvidas no litígio.

⇒ **Negociações através das organizações internacionais**

310. Criadas, inicialmente, para garantir a manutenção da paz e da segurança, as organizações internacionais foram além da prevenção e elaboraram verdadeiros instrumentos contratuais para solucionar de forma negociada os litígios que viessem a surgir. O Pacto da Liga das Nações estabeleceu técnicas de negociação que foram aperfei-

çoadas na Carta das Nações Unidas. O principal desafio colocado pela solução pacífica dos litígios no âmbito das organizações internacionais consiste no respeito ao princípio da igualdade jurídica e soberana entre os Estados e, ao mesmo tempo, a disparidade de poder real entre eles. Esta característica encontra-se tanto na ONU quanto nas organizações de alcance regional.

311. A Carta da ONU estabelece, em três capítulos (V, VI e VII), os meios e competências para a solução pacífica das controvérsias. Para tanto, um órgão restrito (Conselho de Segurança, CS) e um pleno (Assembleia Geral, AG) são encarregados, de forma diferenciada, da manutenção da paz e da segurança internacionais. Os dois órgãos podem vir a analisar tanto *situações* que possam vir a colocar em risco a paz mundial quanto os *litígios*. Contudo, a preeminência do CS ficou patente pela ausência de sua subordinação à AG. O artigo 24.1 da Carta estipula que *a fim de assegurar pronta e eficaz ação por parte das Nações Unidas, seus Membros conferem ao Conselho de Segurança a principal responsabilidade na manutenção da paz e da segurança internacionais, e concordam em que, no cumprimento dos deveres impostos por essa responsabilidade, o Conselho de Segurança aja em nome deles.*

Os redatores da Carta decidiram conceder primazia ao Conselho de Segurança por duas razões essenciais. Por um lado, a busca de eficácia. Um órgão de composição restrita facilita a procura de consenso e de soluções, para questões cuja natureza exige pronta resposta. Caso fossem decididas no âmbito da AG, as decisões padeceriam, no mínimo, de delongas, decorrentes da convocação de um pleno onde todos os Estados estão representados. Por outro lado, a experiência da Liga das Nações demonstrou a necessidade de conceder responsabilidades às grandes potências, compatíveis com o peso de cada uma. A hipótese de um sistema de decisões democratizado foi abandonada em benefício da eficácia, mesmo que esta viesse a dividir os Estados membros da ONU em dois grupos. O primeiro integrado pelos sujeitos, ou seja, os membros do CS, em particular os permanentes, e os demais, meros objetos das relações internacionais.

312. Segundo o artigo 35.1, *qualquer Membro das Nações Unidas poderá solicitar a atenção do CS ou da AG para qualquer controvérsia,* ou qualquer situação suscetível de provocar atritos entre as Nações, ou dar origem a um litígio, a fim de determinar se a continuação de tal controvérsia ou situação pode constituir ameaça à manutenção da paz e da segurança internacionais. Um Estado não membro e certos órgãos das Nações Unidas (AG e o Secretário geral) possuem igualmente a capacidade para invocar a competência do CS.

313. Caso não se chegue a um acordo, um dos Estados Partes num litígio pode recorrer de forma unilateral ao CS. Todavia, mesmo que nenhuma das partes solicite seu auxílio, ele pode intervir *ex officio*. Portanto, o CS dispõe de total autonomia de julgamento para impor sua faculdade jurisdicional. Uma vez solicitado, o CS não se obriga a

incluir a questão na sua ordem do dia. Caso seja incluída, o CS pode, num primeiro momento, apelar para os mecanismos de soluções não jurisdicionais mencionados anteriormente e obrigar as partes a aceitá-los. Decidindo exercer diretamente o seu poder para a solução dos litígios, o CS pode abrir uma investigação a fim de estabelecer os fatos e, posteriormente, convidar as partes a adotar uma forma definida de solução pacífica. Geralmente, o CS indica comissões intergovernamentais ou personalidades independentes, para que ofereçam soluções que serão por ele, posteriormente, garantidas.

314. A intervenção da AG na solução pacífica dos litígios fundamenta-se na generalidade do artigo 10 da Carta. Assim a AG poderá discutir quaisquer questões ou assuntos que estiverem dentro das finalidades da presente Carta ou que se relacionarem com as atribuições e funções de qualquer dos órgãos nela previstos. Qualquer Estado, membro ou não, ou ainda o CS, pode invocar a intervenção da AG. Contudo, enquanto o CS estiver exercendo, em relação a qualquer controvérsia ou situação, as funções que lhe são atribuídas na presente Carta, a AG não fará nenhuma recomendação a respeito dessa controvérsia ou situação, a menos que o CS a solicite.

A AG tentou substituir-se ao CS através da resolução 377, de 3 de novembro de 1950, denominada "União para a manutenção da paz", conhecida por *Resolução Acheson*. Sugerida pelo então Secretário de Estado norte-americano, Dean Acheson, a iniciativa tentava contornar a utilização do veto no CS. Contudo, a AG somente *recomendaria* medidas políticas em busca de uma forma negociada para a solução de um litígio: jamais a AG recomendou medidas previstas no artigo 41 da Carta (interrupção completa ou parcial das relações econômicas e utilização de forças armadas).

A escassa utilização da *Resolução Acheson* decorre de sua inconstitucionalidade, pois ele contraria a letra da Carta em seus artigos 11.2 e 12. Seus defensores abrigam-se na *teoria das competências implícitas*, reconhecida para fins de proteção funcional dos agentes da ONU pela CIJ (1949). A tentativa de ampliar a competência da AG se defronta com a oposição dos membros permanentes do CS, em particular a França e a Rússia.

315. A participação do Secretário geral (SG) na solução pacífica dos litígios manifesta-se de duas maneiras. Por um lado, o SG pode exercer funções diplomáticas quando devidamente instruído pela AG ou pelo CS e em posse de um mandato específico para este fim (artigo 98). Por outro lado, ele detém um poder de iniciativa e *poderá chamar a atenção* do CS para qualquer assunto que em sua opinião possa ameaçar a manutenção da paz e da segurança internacionais (artigo 99).

316. As organizações regionais, de sua parte, reconhecidas pela Carta da ONU (art. 52.1), empregarão todos os esforços para chegar a uma solução pacífica das controvérsias locais por meio desses acordos e entidades regionais, antes de submetê-las ao CS (art. 52.2). Apesar deste dispositivo, não existe hierarquia de mecanismos ou uma

repartição de competências entre os organismos regionais e universais na busca de soluções pacíficas aos litígios. Os instrumentos colocados à disposição dos Estados membros das organizações regionais assemelham-se aos instrumentos referidos anteriormente: negociação, bons ofícios, mediação e conciliação.

Um Estado parte a um litígio pode recorrer diretamente aos mecanismos do sistema das Nações Unidas sem referir-se aos instrumentos regionais. *A fortiori*, num litígio que envolve um Estado não membro de uma organização regional com outro(s) membro(s), o primeiro pode submetê-lo de ofício à ONU (art. 35).

317. A OEA viu-se confrontada com a dificuldade de tornar compatível sua Carta com o texto do *Tratado Interamericano de Assistência Recíproca* (TIAR ou Tratado do Rio, 1948). A ineficiência do procedimento obrigou a duas tentativas de reformas: o *Protocolo de Buenos Aires* (1967), que confere poder a um Conselho Permanente para intervir de forma facultativa; e o *Protocolo de Cartagena* (1985), que permite a Estado-Parte num conflito submetê-lo de forma unilateral ao Conselho Permanente.

318. A indispensável continuidade das relações econômicas internacionais, seu caráter flexível e a preservação do princípio de reciprocidade fazem com que a solução pacífica das controvérsias se afaste tanto dos instrumentos diplomáticos clássicos quanto das jurisdições internacionais. O *Acordo Geral de Tarifas Alfandegárias e Comércio* (GATT) e a Organização Mundial do Comércio (OMC, 1994) consagraram um modelo intermediário e singular (ver §§ 409 e seguintes). Além das notificações e consultas, o GATT privilegia a conciliação. Previstos pelo art. XXIII.2, grupos constituídos por técnicos (*panels*) assessoram a conciliação. Em 1979, o GATT codificou os *panels* e dez anos mais tarde definiu seu caráter jurisdicional introduzindo a arbitragem. Note-se que estes instrumentos se encontram geralmente nos mecanismos de solução de controvérsias dos mais avançados processos de integração econômica.

319. A partir da criação da OMC, os *panels* transformam-se numa *etapa* da solução do litígio, precedida de consultas diretas. Em caso de persistência da disputa, as Partes devem recorrer ao mecanismo de conciliação obrigatório que, de fato, é um sistema de arbitragem compulsória. Para tanto, a OMC criou um órgão para a solução dos litígios (OSL), que zela pelo cumprimento dos prazos e obedece a procedimentos preestabelecidos.

⇒ **Meios jurisdicionais**

320. Se, por um lado, os Estados litigantes conservam autonomia para aceitar ou não o poder jurisdicional, por outro, uma vez aceito, a

solução indicada impõe-se através de terceiros. Este interveniente pode ser *ad hoc*, através da *arbitragem*, ou oferecer *instrumentos permanentes* para a solução de disputas, como é o caso da Corte Internacional de Justiça. Sendo os Estados os principais objetos, a justiça internacional difere em muitos aspectos da justiça interna, como salienta o paralelo infra.

Comparação entre a Justiça interna e internacional

	justiça interna	justiça internacional
Acesso dos indivíduos	Liberdade pública essencial e direito fundamental	Somente em raros e especiais casos (direitos humanos)
Recurso à justiça	Obrigatório	Facultativa
Natureza da justiça	Totalmente institucionalizada	Escassamente institucionalizada
Natureza do conflito	Jurídico	Essencialmente político
Competência jurisdicional	Prévia e absoluta	Reconhecimento ad hoc, posterior ao surgimento do litígio e, quando anterior, condicionada pelas partes

⇒ **Arbitragem**
   Bibliografia recomendada: BAPTISTA, L. O. "Arbitragem e mediação entre particulares no MERCOSUL", in *Direito Comunitário do MERCOSUL*. Porto Alegre: Livraria do Advogado, 1997, pp. 105-118; PUCCI, A. N. *Arbitragem Comercial nos Países do MERCOSUL*. São Paulo: LTr, 1997, 335p.

321. Trata-se de uma técnica de solução pacífica dos litígios, em que um terceiro (Estado, organização internacional ou personalidade) intervém, *impondo uma solução*. A arbitragem somente pode ser utilizada com o *consentimento* dos litigantes. Neste sentido, é o compromisso dos Estados em aceitar a arbitragem que concede importância à sentença arbitral. Este consentimento pode ser expresso em dois momentos: posterior ao surgimento de um conflito (*arbitragem facultativa*), ou no caso de o consentimento preceder o surgimento do conflito, um mecanismo de *arbitragem obrigatória* e permanente.

322. A arbitragem facultativa materializa-se pela assinatura de um *compromisso arbitral* entre os litigantes, cujo conteúdo é o seguinte: definição do objeto do litígio, condições de nomeação dos árbitros, seus poderes, regulamento procedimental e, por vezes, o direito aplicável pelos árbitros. A arbitragem obrigatória permite ao litigante desencadear, de maneira unilateral, o mecanismo de arbitragem. As partes envolvidas no litígio firmam previamente um tratado onde consta uma *cláusula compromissória especial*, quando está envolvida a interpretação do dito tratado, ou uma cláusula *compromissória geral*, quando ela cobre todos os litígios que se originarem da existência factual do tratado.

323. A vontade das partes define a extensão do campo de aplicação do compromisso arbitral. Uma prática consiste em elaborar uma lista de litígios considerados jurídicos, portanto objeto da arbitragem. Há também a possibilidade de indicar, de forma genérica, que todos os conflitos, inclusive políticos, serão objeto da arbitragem. Assim, a *Convenção europeia para a solução pacífica dos litígios*, de 1957, indica que *as Altas Partes Contratantes submeterão ao procedimento arbitral todos os diferendos que vierem a surgir entre elas* (art. 19).

> Face à amplitude dos compromissos arbitrais obrigatórios e a percepção de que tais textos comprometem o princípio de soberania, os Estados signatários indicam reservas temáticas para excluir certas questões dos tratados arbitrais. Trata-se de temas cuja formulação é genérica (honra, interesses vitais dos Estados e interesses de terceiros) permitindo assim uma larga interpretação do compromisso arbitral.

324. Fica claro que, na arbitragem, são as partes litigantes que criam o *órgão arbitral*. Este apresenta três composições: o *árbitro único*; a *comissão mista arbitral*, composta por nacionais das partes litigantes, acrescida de um terceiro que intervém somente em caso de empate; e o *tribunal colegial*, cuja composição é resultante de variadas ponderações entre nacionais das partes litigantes e nacionais de terceiros Estados.

325. A competência do órgão arbitral pode ser ampla, pois ele mesmo está habilitado a defini-la. Trata-se da *competência de sua competência*. A Comissão de direito internacional (CDI) indica que *o tribunal arbitral, juiz de sua competência, dispõe do poder de interpretar o compromisso e os outros instrumentos sobre os quais esta competência repousa* (art. 9º).

326. A *sentença arbitral* apresenta três características. Ela deve ser *motivada*, salvo quando o compromisso arbitral não prevê motivação. É *obrigatória* e considerada coisa julgada, o que diferencia a arbitragem dos instrumentos não jurisdicionais de solução de controvérsias. Todavia, a autoridade da sentença é relativa, impondo-se unicamente às partes litigantes, afastado o efeito *erga omnes*. Finalmente, apesar de obrigatória, ela *não é executória*, pois sua efetivação depende da boa-fé dos litigantes. Geralmente, os Estados que se opõem à execução de uma sentença arbitral motivam sua recusa abrindo caminho para um recurso.

327. O *recurso* de uma sentença arbitral é motivado pela *interpretação* da sentença ou pela sua *revisão*. Neste caso, o Estado requerente justifica sua demanda em razão do surgimento de um *fato novo* que tenha uma influência decisiva sobre a sentença e que fosse desconhecido, até o encerramento dos debates, tanto do requerente quanto do próprio tribunal arbitral. A *declaração de nulidade* de uma sentença

arbitral pode ocorrer em três situações: quando o próprio compromisso arbitral é nulo; quando o árbitro, geralmente em razão do desconhecimento do compromisso arbitral, excedeu seus poderes, ou quando o árbitro foi corrompido.

⇒ **Corte Internacional de Justiça (CIJ)**

Bibliografia recomendada: BASDEVANT, J., "La place et le rôle de la justice internationale dans les relations entre États et à l'égard des organisations internationales", in BASDEVANT, J. e outros, *Les Affaires Étrangères*, Paris: PUF, 1959, pp. 331-351. CALDEIRA BRANT, L. N. *A Corte Internacional de Justiça e a construção do Direito Internacional*. Belo Horizonte: O Lutador, 2005, 1291 p.

328. Malgrado o nome que ostenta não se deve imaginar que à Corte Internacional de Justiça corresponda o papel exercido, no modelo clássico do Estado contemporâneo, pelo Poder Judiciário. A Corte é o principal órgão judiciário das Nações Unidas, mas não detém a possibilidade de impor suas sentenças ao coletivo internacional, face às peculiaridades do próprio direito internacional.

329. O funcionamento da Corte orienta-se por seu Estatuto. Ele determina que somente os Estados a ela têm acesso, excluídos assim os indivíduos. As organizações internacionais podem solicitar pareceres meramente consultivos. Sua competência é ampla, pois compreende a interpretação de tratados e de qualquer ponto de direito internacional; a existência de qualquer fato que, se verificado, constituiria violação de um compromisso internacional; a natureza ou a extensão da reparação devida pela ruptura de um compromisso internacional (art. 36). Além disso, pode julgar qualquer questão que as partes lhe submetam, assim como as que constem em tratados ou acordos em vigor.

330. Segundo o artigo 36.6 de seu Estatuto, caso surja *qualquer controvérsia sobre a jurisdição da Corte será resolvida por decisão da própria Corte*. Portanto, ela é juiz de sua própria competência. Assim, existem duas formas pelas quais a competência da Corte pode ser invocada. A primeira delas atine a um caso específico, já concretizado no mundo fático, que Estados, membros ou não da ONU, decidem a ela submeter. A segunda ocorre por antecipação, subdividindo-se em dois modos: a previsão num tratado de que a Corte será responsável por dirimir questões suscitadas em função dele; ou a declaração, por um Estado, de que se sujeita à jurisdição da Corte, seja em caráter permanente, por prazo determinado ou em condições de reciprocidade.

331. De nenhum modo, um Estado será sujeito à decisão da Corte sem que para tanto apresente seu consentimento, seja prévio ou concomitante. Ao que consente, a sentença é definitiva e inapelável (art. 60), mas a ela não se aplica a analogia (art. 59). As decisões da Corte

são apresentadas em três partes. A primeira reúne o conjunto dos elementos que permitem a *individualização do litígio*; a segunda encarrega-se de elaborar uma *exposição motivada* da decisão, e a terceira indica o *dispositivo* expondo o que determinou o voto dos juízes.

332. Mesmo custeada pela ONU (art.33), entre as quase duas centenas de Estados-Membros da organização, apenas cinquenta e nove reconhecem na Corte a jurisdição obrigatória. Entre eles, o único Estado que integra o Conselho de Segurança da ONU, como membro permanente, é o Reino Unido. Além disso, os países podem *denunciar* a declaração de submissão à jurisdição da Corte. Isto ocorreu com a França, em 1974, no primeiro caso submetido à Corte envolvendo testes nucleares, e também com os Estados Unidos, quando condenados a indenizar a Nicarágua pelos prejuízos causados com o financiamento dos *Contras*, em decisão de 1986.

333. Quanto à composição da Corte, a eleição de seus quinze membros ocorre *sem atenção à nacionalidade* (art. 2º), exceto pelo fato de que não pode haver dois nacionais do mesmo país (art. 3º). Os juízes devem gozar de *alta consideração moral*, assim como desempenhar altas funções judiciárias em seu país ou ser reconhecidos jurisconsultos em direito internacional (art. 2º, *in fine*). Os juízes da Corte são permanentes. Contudo, é possível que, para um caso específico, a Corte decida nomear juízes *ad hoc* cuja missão extingue-se simultaneamente ao processo que originou sua designação.

334. O processo eleitoral, previsto entre os artigos 4º e 15º, tenciona garantir a representatividade e a independência dos juízes. Eles são eleitos por maioria absoluta da Assembleia Geral e do Conselho de Segurança da ONU, a partir de listas, através de um procedimento longo e complexo. Trata-se, portanto, de um *poder de codecisão*. Neste caso, não pode ser acionado o poder de veto dos membros permanentes do Conselho de Segurança, por força do artigo 10, item 2, do Estatuto. Entretanto, percebe-se que, entre os quinze juízes, cinco refletem fielmente a nacionalidade dos cinco membros permanentes do Conselho de Segurança da ONU, com exceção da China em raras ocasiões. Um terço dos assentos é ocupado por nacionalidades europeias, restando a minoria das vagas para todos os demais países do mundo. As decisões são tomadas por maioria de juízes presentes (art. 55), com *quorum* mínimo de nove juízes (art. 25, item 3).

335. Buscando tornar realidade o princípio da universalidade da Corte, o artigo 9º do Estatuto prevê que os juízes eleitos devem representar as *mais altas formas da civilização e os principais sistemas jurídicos do mundo*. Os juízes possuem mandato de nove anos, podendo ser reeleitos (art. 13). Desfrutam de privilégios e imunidades diplomá-

ticas (art. 19). Não podem ser demitidos, exceto por unanimidade de votos de seus pares (art. 18). Devem dedicar-se exclusivamente à Corte (art. 16). Estão, ainda, impedidos de participar de decisão sobre tema no qual tenham anteriormente julgado, no seu país ou não, de qualquer modo (art. 17, item 2).

336. O desempenho destes juízes merece uma série de observações. Em primeiro lugar, o ritmo de atividade da Corte está dissociado da complexidade da vida internacional contemporânea, uma vez que tem julgado, em média, menos de dois casos por ano, em seus cinquenta anos de existência. Por outro lado, há uma distorção da atividade propriamente judiciária, com a intenção de satisfazer todas as partes envolvidas, inclusive e especialmente o perdedor. Neste sentido, a Corte age como se fosse um foro de arbitragem, quando deveria ter a independência e a autoridade de um Tribunal. Isto se tem acentuado com o funcionamento de Câmaras próprias para este fim, por solicitação das partes, previstas pelos artigos 26 a 29 do Estatuto, que são autênticos Tribunais arbitrais *ad hoc*.

337. Ao método, soma-se o perfil dos juízes, que não raras vezes representam, na Corte, as posições políticas de seu governo, numa completa distorção de suas funções. Os juízes dos pequenos países, pelo que se observa das declarações de voto, que são obrigatórias, tendem a ser mais independentes. Logo, os grandes conflitos internacionais têm passado à margem do principal órgão judiciário da ONU, causando uma sensação de impunidade dos infratores do direito internacional e um mal-estar generalizado. Consultar o *site* da CIJ *in* <http://www.icjcij.org/cijwww/cinformationgenerale/cinfcomp.html>.

4.3. Meios coercitivos de solução de litígios

338. Situados entre a possível ineficácia dos métodos pacíficos e a sempre condenável utilização da força, encontramos os instrumentos coercitivos de solução dos conflitos internacionais. A natureza da coerção coloca variadas questões que se situam na fronteira do direito internacional e das relações internacionais. Na maioria das vezes, a própria identificação da existência ou não do ato coercitivo está a depender de como ele é interpretado pelo Estado objeto da coerção.

339. A coerção seria uma forma de pressão cuja intensidade é suficiente para fazer com que o Estado objeto mude sua atitude anterior. Todavia, as pressões fazem parte de todos os sistemas sociais inter-relacionais, sejam eles públicos ou privados, internos ou inter-

nacionais. No momento em que a pressão, instrumento legítimo e legal de negociação, se transforma em coerção seria aquele em que o seu exercício provoca a perda do livre arbítrio do Estado objeto. Logo, a coerção pode ser definida como o fenômeno pelo qual um Estado impõe a outro, individual, coletivamente ou através as organizações internacionais, uma determinada conduta, ou situação que este não desejaria por si. Ao não desejar por si, o Estado objeto estaria expressando precisamente o conteúdo da soberania. Por isto, coerção é um atentado à soberania.

340. A constatação da desigualdade entre os Estados, por vezes de direito, e sempre de fato, pode sugerir que a coerção é manifestação natural entre desiguais. Contudo, é obra do direito internacional fazer com que a força do poder real encontre limitações através de normas costumeiras ou positivadas. O princípio mais importante é o que proíbe o recurso à força armada. Até o final do século XIX, o direito internacional clássico não se preocupou em defender este princípio. A doutrina limitou-se a fazer uma distinção entre a *guerra justa* e a *injusta,* sem, contudo, incidir sobre o direito positivado. O primeiro instrumento jurídico internacional objetivando impedir a utilização da guerra como forma de solução de controvérsias foi a *Convenção Drago-Porter* (1907). Trata-se da proibição da utilização da força para obrigar os Estados devedores a honrar seus débitos externos. O limitado alcance desta Convenção demonstra a fraqueza do direito face à guerra.

341. O *Pacto da Liga das Nações* (1919), por sua vez, opera uma distinção entre *guerras lícitas* e *ilícitas.* O art. 10 do Pacto proíbe a guerra de agressão, na medida em que os membros da Liga se comprometem a respeitar e a manter, contra toda agressão externa, a integridade territorial e a independência política atual de todos os membros da Sociedade. Um importante passo suplementar foi dado, em 1928, com a assinatura da Convenção de Paris (1928), conhecida como *Pacto Briand-Kellog.* Nesta, os Estados signatários condenaram *o recurso à guerra para solucionar os diferendos internacionais e renunciaram a ela como instrumento de política nacional em suas relações mútuas.*

342. Foi a *Carta das Nações Unidas* (1945) que proibiu, de forma abrangente, qualquer recurso à força na medida em que os membros da ONU deverão evitar, em suas relações internacionais, *a ameaça ou o uso da força contra a integridade territorial ou a independência política de qualquer Estado, ou qualquer outra ação incompatível com os propósitos das Nações Unidas* (art. 2.4). No entanto, a Carta deixou em aberto a possibilidade de utilização da força, desde que compatível com seus princípios. Entre eles, sobressai o de legítima defesa. Segundo a Carta, trata-se de um *direito inerente* que deve ser exercido de

forma individual ou coletiva, no caso de ocorrer um *ataque armado* (art. 51). Por exclusão, pode-se deduzir que todas as outras formas de coerção, que não respondam a um ataque armado prévio, não encontram sustentação no princípio da legítima defesa.

343. A definição jurídica do princípio de legítima defesa é recente. Em seu julgamento sobre as *Atividades militares e paramilitares na Nicarágua* (27 de junho de 1986), a Corte Internacional de Justiça definiu a legalidade do exercício do direito de legítima defesa e a maneira de exercê-lo. Sobre a primeira, a CIJ foi explícita: a legítima defesa, tanto individual quanto coletiva, somente pode ser invocada caso o Estado interessado tenha sido vítima de uma agressão armada. Sobre a segunda, a CIJ indica duas regras básicas. Por um lado, a legítima defesa deve ser exercida com medidas *proporcionais* à agressão armada sofrida e, por outro, tais medidas devem ser *necessárias* para colocar ponto final à dita agressão.

⇒ **Doutrina da não intervenção**

Bibliografia recomendada: SEITENFUS, R. "Ingerência: direito ou dever?", *in* VENTURA, D. *América Latina: cidadania, desenvolvimento e Estado.* Porto Alegre: Livraria do Advogado, 1996, pp. 11-35.

344. O direito internacional defronta-se com grave questão fática, oriunda da constante intervenção nos assuntos de competência exclusiva dos Estados. Face à realidade das relações interestatais, o direito internacional encontra-se desamparado, pois, tanto a doutrina quanto o direito positivado consagram a *não intervenção* como princípio fundamental do relacionamento entre sujeitos soberanos. A Carta da ONU ressalta que *nenhum dispositivo autorizará as Nações Unidas a intervirem em assuntos que dependam essencialmente da jurisdição de qualquer Estado ou obrigará os Membros a submeterem tais assuntos a uma solução, nos termos da presente Carta* (art. 2.7). O texto aventa uma possibilidade de interpretação, pois não lista os assuntos que integram a jurisdição dos Estados.

345. O mesmo artigo elucida que o princípio de não intervenção *não prejudicará a aplicação das medidas coercitivas constantes do Capítulo VII*. Portanto, todas as iniciativas que forem tomadas no âmbito deste Capítulo, que trata da ação relativa à paz, ruptura da paz e atos de agressão, não estão cobertas pelo princípio da não intervenção. Por conseguinte, a intervenção nos assuntos de competência exclusiva dos Estados somente poderá encontrar respaldo na Carta, caso sejam tomadas com base no Capítulo VII.

A AG da ONU manifestou seu apoio ao princípio de não intervenção e aprovou várias declarações nesse sentido (resoluções nº 2131 (1965), 2625 (1970), 31/91 (1976) e 36/103 (1981). A Carta da Organização dos Estados Americanos (OEA) trilha caminho similar ao da ONU. Segundo o seu artigo 3º, *todo Estado tem o direito de escolher, sem ingerências externas, seu sistema político, econômico e social, bem como de organizar-se de maneira que mais lhe convenha, e tem o dever de não intervir nos assuntos de outro Estado.* No entanto, a OEA ressalta que a democracia representativa é condição indispensável para a estabilidade, a paz e o desenvolvimento da região e que uma das tarefas da organização é promovê-la e consolidá-la, respeitando o princípio da não intervenção (art. 2.b). Em seu art. 18, a Carta da OEA reitera que *nenhum Estado ou grupo de Estados têm o direito de intervir direta ou indiretamente, seja qual for o motivo, nos assuntos internos ou externos de qualquer outro. Este princípio exclui não somente a força armada, mas também qualquer outra forma de interferência ou de tendência atentatória à personalidade do Estado e dos elementos políticos, econômicos e culturais que o constituem.*

346. A CIJ, por ocasião de sua decisão sobre o caso Estreito de Corfu (1949), condenou de forma contundente o pretenso direito de intervenção que não pode ser admitido a não ser como uma manifestação de uma política de força, política que, no passado, deu lugar aos mais graves abusos e não pode encontrar guarida, não importando as deficiências atuais da organização internacional, no direito internacional. Na decisão de 1986 da CIJ, mencionada anteriormente, encontramos a clássica distinção feita entre intervenção ilícita e intervenção lícita. Para a Corte, a intervenção é proibida quando atinge matérias sobre as quais o princípio de soberania dos Estados permite a cada um decidir livremente. Por exemplo, a escolha do sistema político e econômico. A ilicitude da intervenção é particularmente evidente quando é empregada a força material, sob a forma direta de uma ação militar, ou indireta através do apoio concedido às atividades subversivas armadas, ou a terroristas, no interior das fronteiras de outro Estado.

347. No caso analisado, a Corte considera ilícita a intervenção dos Estados Unidos nos assuntos internos da Nicarágua que se materializaram pelo apoio financeiro, o treinamento, o fornecimento de armas, de informações e o apoio logístico concedido aos *Contras*. Contudo, a interrupção da concessão da ajuda econômica, a brusca e significativa redução das cotas de importação de açúcar, e o embargo comercial, decretado, em maio de 1985, por Washington, não foram considerados como uma intervenção ilícita.

⇒ **Realidade da intervenção**

348. A intervenção pode perseguir três objetivos: auxiliar o Estado-objeto a solucionar seus problemas internos; resolver as questões, em substituição ao Estado-objeto, ou obrigá-lo a solucioná-las segundo a vontade do interventor. A utilização da força material é a primeira evidência da intervenção. Não importa que esta se tenha sustentado no prévio consentimento, ou ainda que tenha sido solicitada pelo Estado-objeto. Por conseguinte, toda ação militar de forças estran-

geiras, imposta, consentida ou solicitada, no território do Estado-
-objeto, constitui uma intervenção.

349. A percepção da intervenção pode ser abrangente e, em razão da interpenetração dos interesses internacionais, a alcançar múltiplos aspectos, tanto dos assuntos internos quanto das relações exteriores dos Estados. Seguindo esta percepção, podemos indicar uma tipologia da intervenção.

Tipologia da Intervenção

Tipo	Natureza	Objetivos	Meios	Intervenientes	Licitude
Reparação	Financeira	Obter reparação para os estrangeiros após uma guerra civil	Jurídicos	Individual	Ilegal
Cobrança	Financeira	Obrigar o respeito dos compromissos financeiros do Estado-objeto	Militar e ocupação das alfândegas	Individual ou coletiva	Ilegal (Convenção Drago-Porter e Carta da ONU, art. 2.4)
Compensação	Financeira	Exigir um tratamento equitativo dos bens estrangeiros nacionalizados	Político e jurídico	Individual	Legal somente no caso de ser respaldado num tratado entre os Estados-partes
Administração do Estado	Finanças públicas	Adoção de programas de ajustamento estrutural e a denominada *good governance*	Econômico	FMI e agências de notação	Legal na medida em que há consentimento do Estado-objeto
Embargo	Econômico	Interromper as relações econômicas exteriores do Estado-objeto	Jurídico	Individual, grupo de Estados ou Organização Internacional	Legal somente se autorizado pelo CS das Nações Unidas
Boicote	Comercial	Suspender o consumo de produtos oriundos do Estado-objeto	Campanha de opinião pública ou legislação específica	Particulares (corporações, sindicatos de trabalhadores ou de consumidores) ou Estado	Legal caso seja feito por particulares e ilegal caso o Estado sujeito interfira sem razão (unilateral)
Quarentena	Comercial	Isolamento de duração variável imposto a viajantes ou produtos estrangeiros	Jurídico	Individual ou coletivo	Legal caso aprovada pela OMS
Bloqueio	Econômico	Tornar impossível as relações econômicas externas do Estado-objeto	Militar	Individual, grupo de Estados ou OI	Legal unicamente no âmbito do Cap. VII da Carta da ONU
Congelamento dos bens	Econômico	Torná-los indisponíveis, inclusive de seus dirigentes	Jurídico	Individual ou organização internacional	Legal caso coletivo e resultante de decisão judicial reconhecida

Sanções econômicas	Econômico	Penalizar empresas de um terceiro Estado que não respeita um embargo unilateral	Econômico (comercial e financeiro)	Individual	Ilegal (cf. leis Helms-Burton e d'Amato-Kennedy)
Discriminação positiva	Comercial	Conceder condições favoráveis aos produtos dos Estados que respeitam cláusulas sociais e ambientais	Jurídico	Coletivo no âmbito da União Europeia (UE)	Legal porque aprovada pelo Conselho da UE
Renúncia	Econômico	Abandono dos privilégios de Estado (imunidades de jurisdição e execução) para os contratos de empréstimos externos	Jurídico	Individual ou coletivo	Legal
Corrupção	Econômico	Corromper agentes do Estado-objeto	Financeiro	Individual	Ilegal
Dumping do trabalho	Econômico	Fazer respeitar um *standard* mínimo para a produção de bens	Diplomático	Individual, grupo de Estados ou associações de consumidores e sindicais	Ilegal, salvo no âmbito das normas e Convenções da OIT
Meio ambiente	Político	Fazer respeitar normas de proteção ambiental	Diplomático e econômicos	Consumidores dos Estados sujeitos, OI e ONGs	Ilegal
Defesa das nações amigas	Política	Socorrer nações que sofrem uma agressão externa	Militar	Individual e coletiva	Legal (legítima defesa ou autorizado pelo CS/ONU)
Socorro à um governo amigo	Político	Auxiliar um governo ameaçado pela oposição interna	Militar	Individual ou coletivo	Ilegal
Eliminação de um governo hostil	Político	Auxiliar a deposição de um governo hostil	Militar	Individual ou coletivo	Ilegal
Segurança coletiva	Política	Restaurar ou manter a independência de um Estado vítima da ameaça ou de uma agressão externa	Militar	Coletiva sob o mandato das Nações Unidas ou individual em caso de legítima defesa	Legal no âmbito do Cap. VII da Carta das NU e do art. 51
Segurança coletiva unilateral	Política	Limitar a independência do Estado-objeto através da tutela ou do protetorado	Militar, jurídica e política	Individual	Nulo e ilícito, pois foi utilizada a força (art. 52 da Convenção de Viena sobre o direito dos Tratados)
Certificação	Política	Lutar contra os narcotraficantes concedendo facilidades ou colocando entraves às relações exteriores do Estado-objeto	Jurídico e econômico	Individual (sobretudo os Estados Unidos)	Ilegal

Parlamentar	Política	Pressionar um governo estrangeiro para que mude sua política externa ou interna	Adoção de resoluções não obrigatórias	Individual ou coletivo (Parlamento Europeu)	Legal
Nuclear	Político	Tornar inacessível a tecnologia nuclear aos Estados não atômicos	Jurídico e econômico	Individual e coletivo	Ilegal sem o consentimento do Estado-objeto
Moral	Política	Pressionar o Estado-objeto através de emissões de rádio e TV	Psicológicos	Individual	Legal
Imposição da paz	Político	Separar os combatentes e exigir uma solução do litígio	Militar, caso necessário com armas ofensivas	ONU	Legal no âmbito do Cap. VII da Carta das NU
Apoio ao Estado de direito	Político	Condição prévia para que o Estado-objeto tenha acesso a uma posição ou ameaça e sanção caso ele desrespeite os princípios democráticos	Diplomáticos e econômicos	Individual, grupo de Estados ou OI	Legal caso realizada através de organizações regionais (UE, OSCE, Conselho da Europa, MERCOSUL e OEA)
Restauração do Estado de direito	Político	Restauração do poder legal vítima de um golpe	Diplomático e/ou militar	Individual, grupo de Estados ou OI	Ilegal
Controle eleitoral	Jurídico e administrativo	Verificação e auxílio para operações eleitorais	Missões de observadores e técnicos	Individual, coletivo ou OI	Legal com o consentimento do Estado-objeto
Manutenção da paz	Militar	Separar os combatentes	Interposição com armas defensivas	Coletivo com mandato das NU	Legal, no âmbito do Cap. VII da Carta das NU
Reconhecimento	Diplomático	Reconhecimento prematuro sem respeitar o princípio da efetividade	Político	Individual ou coletivo	Legal pois o reconhecimento é um ato unilateral e discricionário
Não reconhecimento	Diplomático	Recusar o reconhecimento, desrespeitando o princípio da efetividade	Não reconhecer os governos oriundos de um golpe (Doutrina Tobar e Pacto Briand-Kellog)	Individual ou coletivo (UE, OEA, MERCOSUL)	Legal (cf. anterior)

Catástrofes naturais	Ajuda civil	Restabelecer as condições anteriores	Financeiro e material	Público (individual e/ ou coletivo) e privado	Legal com o consentimento do Estado-objeto
De humanidade	Direitos humanos	Proteger seus nacionais em território estrangeiros	Militar	Individual ou grupo de Estados	Legal segundo o costume
Humanitário	Direitos humanos	Proteger a população civil nos conflitos armados	Estabelecer espaços protegidos	Público ou privado, indivdual ou coletivo	Ilegal sem anuência do Estado-objeto ou autorizado pelo CS/ONU

350. O processo de descolonização, que marcou as primeiras décadas das Nações Unidas, colocou uma pertinente questão sobre a ilicitude da utilização da força nas relações internacionais. A ONU introduziu o *princípio da autodeterminação dos povos* a dispor de si mesmos, e enfatizou a diferença, de fato e de direito, entre o estatuto dos territórios sem autonomia e o território metropolitano. A luta, inclusive armada, pela independência, não foi considerada ilícita, e a guerra de libertação nacional contra o colonizador foi assimilada a uma guerra internacional, e não a uma conflagração civil.

A ONU fez reaparecer o princípio da guerra justa através da AG ao enfatizar que todo Estado tem o dever de abster-se de recorrer a medidas coercitivas que privariam os povos de dispor de si mesmo, de sua liberdade e de sua independência. Quando estes povos reagem e resistem a tais medidas coercitivas no exercício de seus direitos a dispor de si mesmo, detém o direito de buscar e receber um apoio conforme os objetivos e princípios da Carta (Resolução 2625).

Por outro lado, o eventual apoio que o Estado colonizador receber na sua luta contra a independência dos territórios não autônomos deve ser assimilado à assistência à agressão armada e, como tal, considerado como ilícito (art. 1.4 do Protocolo adicional de Genebra, 1977).

⇒ **Direito da guerra**

Bibliografia recomendada: HUCK, H. M. *Da guerra justa à guerra econômica*: uma revisão sobre o uso da força em direito internacional. São Paulo: Saraiva, 1996, 318, p.

351. O sistema internacional de prevenção dos conflitos e de solução pacífica para as controvérsias, ou seja, a construção de um direito da paz deveria excluir a guerra das relações internacionais. Todavia, a existência de um direito dos conflitos armados internacionais, demonstrando os limites do direito da paz, indica que este ramo do direito internacional se dedica a uma verdadeira organização do ilícito. A contemporaneidade das relações interestatais leva-nos a priorizar a designação do direito dos conflitos armados, bem mais abrangente que o tradicional direito da guerra. Este regulamentava de forma restritiva o início e o fim das hostilidades. Os atuais

conflitos armados concedem escassa importância às intenções dos contendores. Trata-se, prioritariamente, de um *fato* e como tal deve ser percebido pelo direito dos conflitos.

A III Convenção de Haia (1907) indicava que as hostilidades não poderiam iniciar na ausência de um "aviso prévio e claro", ou seja, sem uma *declaração de guerra*. Tal dispositivo foi abandonado na prática dos Estados. Inclusive, o direito internacional não dispõe de meios para determinar o momento e as condições a partir das quais existe um conflito armado internacional. O tradicional direito da guerra estabelecia uma nítida diferença entre guerra internacional – que coloca frente a frente dois ou mais Estados – e guerra civil, marcada por uma insurreição violenta atingindo parte substancial do território.

352. A recente evolução dos conflitos armados leva à justaposição entre guerra interna e internacional. A permanente confusão sobre a natureza jurídica dos conflitos revela a intenção dos Estados de manter distantes os constrangimentos do direito da guerra em seus combates contra as tentativas de secessão. O direito da guerra (*jus in bello*) somente é aplicado a partir do momento em que os beligerantes estão em *estado de guerra*, ato unilateral de um Estado que decide passar do direito da paz ao direito da guerra. Este direito é percebido como ineficiente, pois raros são os casos onde criminosos de guerra foram punidos. Quando a punição surge, ela parece estar menos vinculada à existência de crime de guerra do que à realidade da derrota do punido.

353. Entre as fontes do direito dos conflitos armados está o *costume*, sobretudo o princípio, consagrado por Grócio no início do século XVII (*De jure belli ac pacis*), segundo o qual os beligerantes deveriam respeitar as regras humanitárias. Várias *convenções* foram firmadas nos séculos XIX e XX: sobre a guerra marítima, a proteção da população civil, os direitos dos prisioneiros, a proibição de gazes asfixiantes.

Os notáveis avanços das técnicas de guerra e, sobretudo, do armamento durante a Primeira Guerra Mundial deveria implicar uma aceleração da codificação do direito da guerra. Paradoxalmente, raras foram as convenções firmadas durante o período entre as duas guerras mundiais. O final de Segunda Guerra Mundial marca o início de um direito preventivo, o aprofundamento do direito humanitário da guerra (Convenções de Genebra, 1949 e 1977) e a proibição da utilização de certas armas de destruição indiscriminada.

354. A passagem do direito da paz para o direito da guerra revoluciona as relações entre os Estados beligerantes. A ruptura das relações diplomáticas, consulares e comerciais, é automática, e os nacionais perdem o direito de comércio. Todas as atividades bélicas (terrestres, navais e aéreas) devem obedecer aos princípios gerais do direito da guerra.

355. Já em 1907, a Convenção de Haia indicava um elemento fundamental para a condução da guerra por parte dos beligerantes. Eles dispunham uma *escolha* limitada de meios para prejudicar o inimigo.

O objetivo desta limitação é fazer respeitar a proibição da utilização de armas que venham a causar estragos não essenciais, sem relação com os objetivos militares perseguidos. Assim, é vedada a disseminação da destruição, que venha provocar perdas humanas e ferimentos indiscriminados, tanto dos combatentes quanto da população civil.

A ocupação de guerra ocorre quando um território encontra-se de fato sob a autoridade das forças armadas inimigas. Tal ocupação encontra limites. O mais importante é a impossibilidade de transferência de soberania ao ocupante, bem como atentar contra os direitos fundamentais dos habitantes, sequestrar civis, deportá-los, organizar desaparecimentos ou proceder a pilhagens e massacres. O Estado ocupante deve, ao contrário, garantir a segurança dos civis e sancionar ações criminosas de suas forças armadas. Contudo o Estado ocupante pode recolher impostos, realizar confiscos, exigir serviços e apropriar-se de bens do Estado vencido.

356. Ao contrário das guerras convencionais, onde o combatente se identificava através de sinais distintivos, as guerras modernas introduziram o *civil combatente* denominado *guerrilheiro*. O *Protocolo de Genebra* de 1977 definiu-o como o civil que se diferencia do resto da população pela utilização, mesmo durante um período limitado, de armas de combate (art. 44,3).

A proteção prevista pelo Protocolo de 1977 somente é possível quando o guerrilheiro encontra-se ferido ou foi feito prisioneiro. Ele deve ser tratado com humanidade e uma vez a guerra terminada, devolvido ao seu Estado nacional. O mesmo Protocolo não considerou o *mercenário* como sendo um combatente (art. 47) e, portanto, ele não está protegido pelo direito da guerra.

357. Os atentados ao meio ambiente, durante os conflitos armados, recrudesceram-se com a utilização do *napalm*, na Guerra do Vietnam, e a explosão das instalações petrolíferas na Guerra do Golfo. A AG das Nações Unidas propôs, em 1977, a adoção de uma *Convenção para a proteção do meio ambiente durante os conflitos* (entrou em vigor em 1978). O CS, através da *Resolução 687* (1991), considerou o Iraque responsável, em razão do direito internacional, pelas perdas e danos, incluindo os atentados ao meio ambiente e a destruição de riquezas naturais provocadas pela invasão do Kuait.

358. O controle da aplicação das normas do direito dos conflitos é feito por terceiros Estados, considerados potências protetoras dos beligerantes. Sustentado pelos Protocolos de Genebra, pode haver a interferência do Comitê Internacional da Cruz Vermelha (CICV). Os terceiros países, não partícipes de um conflito armado, mantêm relações com os beligerantes, e entre si, através das regras do *direito da neutralidade*. Todo Estado que não deseja participar de uma guerra pode manter-se neutro. Ele pode, a qualquer momento, abandonar a neutralidade e tornar-se beligerante.

359. Há duas formas de neutralidade: a *neutralidade integral* e a *não beligerância*. A obrigação do neutro é a observância da *imparcialidade*, além da abstenção de qualquer iniciativa que venha favorecer um beligerante. O direito do neutro é manter relações comerciais com os demais neutros e com os beligerantes.

O conflito não deve interferir no livre arbítrio do neutro de prosseguir suas relações comerciais externas. Há, contudo, uma clara limitação: o neutro e seus nacionais não podem fornecer a um beligerante, produtos que seu adversário considere capazes de aumentar o potencial bélico inimigo. Na medida em que cabe aos beligerantes determinar quais os produtos que fazem parte do rol proibido, o direito de comércio dos neutros é, na prática, restringido. Assim, como a guerra econômica encontra-se subjacente à guerra militar, os beligerantes se autodelegam verdadeiros poderes supra-estatais.

360. A não beligerância é a segunda forma de neutralidade. Neste caso, o neutro auxilia, de forma deliberada, um dos beligerantes. Trata-se de uma ficção jurídica, que encontra insuperáveis obstáculos para afirmar-se. O Estado não beligerante pretende conservar os direitos dos neutros sem, no entanto, observar o princípio da imparcialidade. Esta contradição faz da não beligerância uma iniciativa de caráter político e a transforma, na realidade, em uma *pré-beligerância*.

A não beligerância pode ser *passiva*, com declaração de solidariedade de um dos beligerantes, ou *ativa*, com auxílio material e socorro circunstancial a um dos beligerantes. A Itália declarou-se não beligerante, em setembro de 1939, e, em junho de 1940, os Estados Unidos a seguiram. Poucos meses mais tarde, cada um dos Estados encontrou-se em guerra ao lado, respectivamente, do Eixo e dos Aliados, que haviam apoiado no período de não beligerância. Em maio de 1940, esta ambígua situação foi sugerida, sem sucesso, aos Estados latino-americanos.

Caso um dos beligerantes mantenha um tratado de assistência militar com um neutro, anterior ao conflito, poderá ele receber apoio através da não beligerância? O direito da guerra não contempla esta hipótese, salvo a situação em que todos os beligerantes são partes no tratado e que tal assistência é expressamente prevista no texto.

361. Não existe texto de direito da guerra definindo o estatuto da não beligerância. Seu caráter nebuloso é aceito somente no âmbito da manutenção da paz e da segurança internacionais, através do sistema das Nações Unidas. O CS pode indicar os países que devem agir de forma coercitiva, em seu nome, bem como aqueles que concedem unicamente uma assistência. Nesta hipótese, os Estados não estão agindo por iniciativa própria. Eles cumprem uma obrigação decorrente de compromissos assumidos previamente com a organização encarregada de resguardar a paz internacional.

⇒ **Direito do desarmamento**

362. Sendo raros os casos de Estados desprovidos de Forças Armadas (por exemplo, a Costa Rica e a Islândia), esforços foram feitos para

um desarmamento generalizado. Este objetivou fazer desaparecer o efetivo *poder de fogo* dos Estados. Seu significado é absoluto. Ele se diferencia do controle da corrida armamentista (*arms control*), na medida em que este último pretendia num dado momento histórico, garantir uma cogestão entre Estados Unidos e Rússia, da dissuasão nuclear. Como os Estados possuem diferentes níveis de poder de destruição militar, um desarmamento generalizado imporia a eliminação massiva dos estoques de armas, independentemente de sua quantidade ou nível de sofisticação.

363. A paralisia do CS durante a Guerra Fria deslocou as discussões sobre o desarmamento para a AG. Esta defendeu o princípio de que o desarmamento deveria ser *geral* e *completo* (Resolução 1378). Todavia, a ausência de um sistema confiável de segurança coletiva universal e a escassa eficácia das resoluções da AG levou os Estados a manter sua prerrogativa de defesa nacional. A fórmula encontrada pela ONU foi a assinatura de Convenções abertas a posterior ratificação de todos os Estados. Assim, foi assinado, em 1º de julho de 1968, o *Tratado de não proliferação nuclear* (TNP), o mais importante entre os textos legais do desarmamento. O TNP proíbe a transferência de armas e tecnologia nuclear dos Estados membros do *Clube atômico* para os Estados não membros. Muitos países, tais como a Argentina e o Brasil até o passado recente, e a Índia e o Paquistão na atualidade, recusaram-se a aderir ao TNP, por considerá-lo discriminatório e um obstáculo ao acesso à tecnologia nuclear para fins civis e de desenvolvimento.

364. Ao TNP, seguiram-se a assinatura da *Convenção sobre a desnuclearização do fundo do mar* (1971) e a *Convenção sobre as armas bacteriológicas* (1972). Outras, de alcance regional, vieram somar-se às universais, como o *Tratado de Tlatelolco* (1967), estipulando a desnuclearização da América Latina. Através do *Tratado de Washington* (1959), a Antártida foi declarada zona desmilitarizada e desnuclearizada. Espaços internacionais como o extra-atmosférico (*Tratado de Moscou*, 1963) foram excluídos da zona de testes e de entreposto de armas nucleares. Além das armas nucleares, o direito do desarmamento proíbe certas armas convencionais que atingem indiscriminadamente civis e militares, bem como aquelas que causam sofrimentos desnecessários aos combatentes. Por exemplo, a Convenção de Otawa (1997) proíbe o emprego, o armazenamento, a produção e a transferência de minas antipessoais, bem como determina a sua destruição.

365. A extraordinária concentração de forças militares, convencionais e nucleares, fez com que o continente europeu fosse objeto de vários acordos. O fim da Guerra Fria permitiu a conclusão das conversações soviéticas e norte-americanas sobre as limitações do armamen-

to estratégico (*Strategic Arm's Limitation Talks, SALT*) e, sobretudo, a assinatura do *Acordo sobre a redução das armas estratégicas* (*Strategic Arms's Reduction Talks, START*), diminuindo assim, até o final do ano 2000, em 30% do arsenal de armas estratégicas ofensivas.

⇒ **Direito internacional humanitário**

Bibliografia recomendada: BUIRETTE, P. *Le droit international humanitaire*. Paris: La Découverte, 1996, 124 p.; CHEREM, M. T. *Direito Internacional Humanitário*, Curitiba: Juruá, 2002, 181 p.; TORRELLI, M. *Le droit international humanitaire*. Paris: PUF, 1985, 128 p.

366. O Direito Internacional Humanitário (DIH) nasceu em meados do século XIX com a ação da Cruz Vermelha. Esta perseguia um objetivo prático: proteger os feridos de guerra. Todavia, seus fundadores logo perceberam que era necessário responsabilizar os Estados beligerantes através da feitura de textos convencionais. Portanto, desde o início, o debate em torno dos limites da guerra e da proteção dos feridos é colocado no campo jurídico. Paulatinamente, as ações foram alcançando outras vítimas além dos feridos: os prisioneiros, a população civil (e seus bens), os refugiados – ou seja, aqueles que buscam proteção fora do alcance dos combatentes – e as vítimas de catástrofes naturais.

367. A regulamentação e a humanização da guerra buscada pelo DIH parecem, além de uma quimera na medida em que a guerra é justamente refratária ao direito, paradoxal. Com efeito, poder-se-ia imaginar que é possível tornar a guerra uma atividade "limpa" e humanizada? A empreitada do DIH é rude, pois este direito é pouco respeitado e, portanto, seus objetivos, bastante limitados. Frente aos horrores provocados pela guerra o DIH pretende socorrer as vítimas dos conflitos. Além de legal, trata-se de uma exigência da consciência humana. No entanto, ele se materializa por frágeis intervenções nas margens dos conflitos, tentando construir uma irrisória barreira para opor-se à barbárie da guerra.

368. Frente à concepção da soberania absoluta em matéria de defesa sustentada pelos Estados, o DIH obrigou-se ao respeito estrito de dois princípios: a neutralidade e a intervenção, somente com o acordo prévio e expresso dos Estados nos limites estabelecidos por estes. Os princípios estabelecidos pela XX Conferência Internacional da Cruz Vermelha (Viena, 1965) são os seguintes:

1. *Humanidade* – socorre sem distinção todos os feridos de guerra.
2. *Imparcialidade* – ela não faz distinção de nacionalidade, raça, credo, condição social ou política.
3. *Neutralidade* – para garantir a confiança de todos, ela não participa das hostilidades e não toma partido face às controvérsias de natureza política, racial, religiosa ou filosófica.

4. *Independência* – ela é independente do poder público e somente submete-se às leis dos respectivos países. A Cruz Vermelha nacional deve ser autônoma e obedecer aos princípios estabelecidos em âmbito internacional.
5. *Benevolência* – trata-se de uma instituição voluntária, desinteressada e sem fins lucrativos.
6. *Unidade* – somente pode existir uma Sociedade da Cruz vermelha por país, aberta e com atividades em todo o território nacional.
7. *Universalidade* – é uma instituição universal na qual as sociedades nacionais se encontram em perfeita igualdade de direitos e tem o dever de auxílio mútuo.

369. A Cruz Vermelha Internacional (CVI) é uma sociedade de direito civil suíço, localizada em Genebra, cujos 25 membros do Conselho são de nacionalidade suíça. Portanto, trata-se de uma organização privada. Contudo, suas atividades lhe concedem uma dimensão universal. Além disso, a CVI possui uma capacidade de convocação dos Estados encontrada somente nas OI públicas. Sob a égide da CVI, das Conferências de Paz de Haia (1899 e 1907) e da SDN (a partir de 1919), foi criado o DIH com a elaboração das seguintes normas:

1. Primeira Convenção para a melhoria das condições dos feridos e enfermos das forças armadas em campanha. Assinada em 1864, remanejada em 1906, em 1929 e em 1949.
2. Segunda Convenção para a melhoria das condições dos feridos, enfermos e náufragos das forças armadas no mar. Assinada em 1899, remanejada em 1907 e em 1949.
3. Terceira Convenção relativa aos prisioneiros de guerra. Criação de um verdadeiro código em 1929, remanejado em 1949.
4. Quarta Convenção referente a proteção dos civis em tempo de guerra firmada em 1949.

370. O silêncio do DIH e a impossibilidade de sua denúncia frente às atrocidades da guerra, tais como o genocídio, os desaparecimentos forçados, os crimes de guerra e contra a humanidade, demonstram o mal-estar com as limitações desse direito.

371. As características do DIH permitiram o surgimento de instituições e movimentos (Médicos sem Fronteiras, Anistia Internacional, Advogados sem Fronteiras) que interferem nos conflitos, ausente a autorização do Estado e se utilizam dos meios de comunicação para denunciar os abusos e crimes, opõem-se frontalmente aos Estados e fazem nítida distinção entre agressor e agredido, entre vítima e algoz.

4.5. Espaços internacionais

372. Os espaços internacionais são definidos, por exclusão, como sendo todos aqueles que não estão submetidos a uma única e exclusiva jurisdição nacional. Os mares, certos canais, lagos e rios, o ar e o

espaço extra-atmosférico enquadram-se nesta categoria. A doutrina delimita o regime jurídico destes espaços considerando-os como sendo *res communis* (propriedade coletiva) ou *res nullius* (ausência de propriedade).

⇒ **Mar**

373. O objeto do direito internacional do mar, DIM, é o conjunto de água salgada do globo que se encontra em livre e natural comunicação, seu solo, subsolo e o espaço aéreo sobrejacente. O desafio do DIM é regulamentar as atividades humanas que se desenrolam nestes conjuntos, e fazer com que a humanidade como um todo possa beneficiar-se das riquezas marítimas, não somente os países que possuem os meios materiais para fazê-lo.

⇒ **Organização Marítima Internacional, OMI**

Bibliografia recomendada: PEREIRA DA FONSECA, L. H. *Organização Marítima Internacional*: visão política de um organismo especializado das Nações Unidas. Brasília: IPRI, 1989, 201p.

374. Uma primeira Conferência (Genebra, 1958) tratou das questões envolvendo o alto-mar, o mar territorial, o platô continental, a pesca e a conservação das riquezas biológicas. Esta Conferência adotou o texto constitutivo da *Organização Consultiva Marítima Intergovernamental* (IMCO). Aberta à adesão dos Estados, ela começou a vigorar em 17 de março de 1958, sendo considerada uma instituição especializada das Nações Unidas. Entre as várias emendas aprovadas, a adotada em 9 de novembro de 1977 modificou a denominação original da instituição. Nasce assim a atual Organização Marítima Internacional (OMI). Ela está sediada em Londres. As funções da OMI são essencialmente técnicas. Entre seus objetivos, definidos no artigo primeiro do ato constitutivo, estão os seguintes.

a) Estabelecer um sistema de colaboração entre os Governos, no que diz respeito à regulamentação e às práticas governamentais referentes às questões técnicas de toda espécie que interessem à navegação comercial internacional, e impulsionar a adoção geral de normas, no nível mais elevado possível, referentes à segurança marítima e à eficácia da navegação.

b) Incentivar o abandono das medidas discriminatórias e das restrições julgadas não indispensáveis, aplicadas pelos Governos à navegação comercial internacional, a fim de que os recursos dos serviços marítimos sejam postos à disposição do comércio mundial, sem discriminações. A ajuda e o encorajamento dispensados por um governo à sua marinha mercante nacional, para fins de desenvolvimento e de segurança, não constituem *per se* uma discriminação, contanto que essa ajuda e esse encorajamento não se baseiem em medidas que tenham por fim restringir a liberdade dos navios de outra nacionalidade de participar do comércio internacional.

c) Examinar as questões relativas às práticas restritivas desleais de empresas de navegação marítima.

d) Examinar todas as questões relativas à navegação marítima, que poderão ser informadas por qualquer órgão ou instituição especializada das Nações Unidas.

375. Os membros da OMI dividem-se entre associados e plenos. Os associados são os territórios ou grupo de territórios que, segundo o artigo 72 do ato constitutivo, manifestam seu desejo de participar, sem direito de voto, da organização. Os plenos são os membros das Nações Unidas que firmarem a Convenção, os não membros das Nações Unidas que participaram da reunião de 1948, ou qualquer outro Estado que cumpra o rito de ingresso na organização.

376. O poder decisório na OMI encontra-se nas mãos dos países que possuem os maiores interesses nestas atividades, as chamadas *potências marítimas*. A organização pode ser considerada como uma verdadeira prestadora de serviços aos associados mais poderosos. Além disso, tanto a filosofia do ato constitutivo como a prática da OMI é liberal, buscando eliminar entraves à livre concorrência na navegação marítima internacional.

⇒ **Zonas marítimas sob jurisdição nacional**

377. A *Convenção de Montego Bay* (Jamaica, 1982) regulamentou amplamente o direito do mar. O desejo de tornar compatíveis os divergentes interesses entre países costeiros, potências marítimas e territórios sem acesso ao mar fizeram com que a negociação desta Convenção reunisse 165 Estados e se estendesse durante nove anos. A Convenção dividiu o objeto de sua regulamentação em duas partes: as zonas marítimas sob jurisdição nacional e as outras zonas marítimas.

378. O princípio basilar indica que as águas marítimas adjacentes à costa constituem perfeito reflexo do espaço terrestre. Trata-se da *teoria da contiguidade,* para a qual a titularidade do domínio estende-se ao objeto vizinho. No caso, é o mar que complementa a terra, e não o contrário. O título jurídico do Estado costeiro é inequívoco, residindo uma única interrogação no que atine à delimitação da largura do mar territorial: 3, 12, 24 ou 200 milhas. Motivados por considerações econômicas, os Estados da América Latina sustentaram que o mar territorial deveria estender-se até 200 milhas da costa. Uma virulenta oposição das potências marítimas, que defendiam um mar territorial não superior as 3 milhas, levou à adoção de uma solução consensual pela Convenção de Montego Bay. Assim, esta indica que os Estados costeiros possuem o *direito de fixar a largura de seu mar territorial, que não deve ultrapassar 12 milhas marinhas* (art. 57).

379. Para tornar aceitável o princípio das 12 milhas, a Convenção estabeleceu uma *zona intermediária* entre o mar territorial e o alto-mar.

Trata-se da *zona econômica exclusiva* do Estado costeiro, que pode estender-se até 188 milhas, a partir do fim do mar territorial. A delimitação entre Estados costeiros adjacentes ou Estados *vis-à-vis*, deve resultar de acordo, conforme o artigo 38 do estatuto da CIJ, ou dos mecanismos para a solução de controvérsias da própria Convenção de Montego Bay.

A zona econômica exclusiva não deve ser assimilada a uma zona soberana do Estado costeiro. Todos os Estados desfrutam de liberdades, tais como a de navegação, de sobrevôo, de colocar cabos de comunicação ou *pipe-lines* (art. 58). No entanto, o Estado costeiro possui direitos exclusivos, portanto soberanos, de exploração e de gestão das riquezas naturais, biológicas ou não biológicas das águas, dos fundos marinhos e do subsolo (art. 56).

380. As águas internas dos Estados são consideradas como sendo território marítimo ou mar nacional. Todavia, o Estado costeiro deve conceder, aos navios estrangeiros civis, total liberdade de acesso a seus portos, salvo quando a presença destes possa provocar distúrbios da ordem ou ameaça à saúde pública. O acesso dos navios estrangeiros sem fins comerciais, sobretudo militares, é restrito e depende de autorização expressa do Estado hospedeiro.

381. Um Estado *arquipélago* exerce competências exclusivas no seu espaço marítimo. Entretanto, tal espaço não configura um *mare clausum*, pois são reservados aos outros Estados a liberdade de navegação e um direito de passagem inofensivo. Já os *estreitos* foram objetos de dispositivos específicos na Convenção de Montego Bay (arts. 34 a 45). Independentemente de sua importância estratégica ou comercial, os estreitos são considerados rota útil ao trânsito internacional. Por conseguinte, é reconhecido o direito de passagem inofensivo a navios e as aeronaves.

382. O *platô continental* é formado pelo espaço marítimo que acompanha o território costeiro do Estado e mergulha no mar progressivamente. Ele termina quando a profundidade da água que o cobre atinge 200 metros. Objeto de acirrados debates a partir da década de 1940, a questão da delimitação e da utilização do platô continental vê-se resolvida com a adoção do princípio da zona econômica exclusiva.

⇒ **Demais zonas marítimas**

383. Trata-se do espaço marítimo que foge à apropriação estatal. Considerado como *patrimônio comum da humanidade,* suas riquezas, como, por exemplo, o pescado, podem ser objeto de apropriação, mas a zona propriamente dita não. A ausência de soberania territorial sobre o alto-mar, consagrada pela Convenção de Montego Bay, compreende uma lista de liberdades das quais os Estados desfrutam nesta zona: liberdade de navegação, sobrevôo, de pesca, colocação de

cabos de comunicação e de *pipe-lines*, construção de ilhas artificiais e de pesquisa científica (art. 87).

384. As liberdades dos Estados não são absolutas. A utilização do alto-mar deve levar em conta o interesse dos outros Estados. A preservação do meio ambiente e o controle de atividades ilícitas, como a pirataria, devem ser realizados pelo Estado detentor do pavilhão do suposto infrator (ver §§ 250 e 251). Por outro lado, a zona marítima comum é considerada zona de exclusão de atividades militares. O leito dos mares e oceanos não pode ser utilizado para testes nucleares, como entreposto de armas químicas, bacteriológicas ou nucleares, ou como base de lançamento de foguetes.

385. Em 29 de julho de 1994, o *Acordo de Nova Iorque* modificou o espírito da Convenção de Montego Bay, no que se refere à exploração econômica da zona marítima comum. Foi criada uma *Autoridade internacional para os fundos marinhos* e um *Tribunal internacional do direito do mar*. As decisões da Autoridade são tomadas por consenso e aplicadas por um órgão executivo, que se esforça para tornar compatíveis os interesses dos países em desenvolvimento, produtores de minérios e os países desenvolvidos com capacidade de explorar as riquezas minerais dos fundos oceânicos. O acordo de 1994 ainda não está em vigor.

⇒ **Rios, lagos e canais**

386. Colocados sob a soberania territorial de um ou mais Estados, estes rios, lagos e canais são indispensáveis à navegação internacional. Nota-se, de pronto, a contradição entre o exercício da soberania territorial e a necessidade de manter a livre passagem em tempos de paz, a fim de preservar as comunicações. A compatibilização é feita através de uma regulamentação convencional específica para cada caso.

⇒ **Canais internacionais**

387. Os *canais*, à semelhança dos estreitos, são vias aquáticas que tornam possível a comunicação entre dois mares livres. A diferença entre os dois consiste no caráter artificial do primeiro e natural do segundo. Os três principais canais internacionais são *Suez*, *Panamá* e *Kiel*. Cada um dispõe de estatuto próprio, que contempla a liberdade de passagem baseada nos seguintes princípios: igualdade de tratamento de todos os navios, independentemente do pavilhão; liberdade de acesso ao canal; e proibição de dificultar a livre passagem pelo canal.

Além dos dispositivos gerais, o estatuto do *Canal de Suez*, após sua nacionalização pelo Egito, em 1956, prevê regras específicas: respeito da soberania egípcia; proibição de intervenção política na gestão do canal; definição conjunta pelo Egito e pelos países clientes do valor do pedágio; utilização de parte do pedágio para a melhoria das condições de navegabilidade e de segurança do canal; jurisdição obrigatória da CIJ para qualquer diferendo entre o Egito e os Estados clientes.

A importância do *Canal do Panamá* é revelada pelo fato de que sua construção possibilitou o surgimento do Estado do Panamá. Dois regimes convencionais estabeleceram as regras de construção e de exploração da obra: o *Tratado de Hay-Paunceforte* (1901), firmado entre os Estados Unidos e a Grã-Bretanha, e o *Tratado Hay-Bunau Varilla* (1903), que inclui a participação do Estado do Panamá. Aos Estados Unidos são concedidos direitos que caracterizam uma evidente transferência de soberania. Assim Washington recebe, à *perpetuidade*, o uso, a ocupação e o controle de uma faixa de terra, com uma largura de 10 milhas, que se estende ao longo do istmo.

Além disso, os Estados Unidos possuem o direito de intervir militarmente para garantir a suposta independência do Panamá. O caráter desigual dos tratados e os direitos exorbitantes dos Estados Unidos levam o Panamá a exigir a negociação de um novo tratado. Este é firmado em 1977, e prevê os seguintes princípios: a administração do canal será progressivamente transferida para o Panamá, único competente para geri-lo a partir do ano 2000; o Panamá recupera seus direitos soberanos, inclusive sobre a via férrea; até o ano 2000, os Estados Unidos encarregam-se de sua defesa.

Desde então, o canal foi neutralizado e encontra-se sob soberania panamenha. O *Canal de Kiel*, unindo o mar Báltico ao mar do Norte, foi internacionalizado com a derrota da Alemanha na Primeira Guerra Mundial (artigos 195 e 380 a 386 do Tratado de Versalhes). A liberdade de navegação é garantida.

⇒ **Rios internacionais**

Bibliografia: CAUBET, C. *As grandes manobras de Itaipu*. São Paulo: Acadêmica, 1991, 385p.;
——. *As águas doces e as Relações Internacionais*. São Paulo: Manole, 2005.

388. Os rios internacionais são os espaços de água doce que dividem ou atravessam mais de um Estado. Eles podem ser contíguos (rios-fronteiras) ou de curso sucessivo. O respeito ao princípio tradicional de liberdade de navegação tornou-se insuficiente na atualidade. Diversas razões provocam a atualização das convenções: o uso econômico dos rios internacionais, a irrigação dos territórios ribeirinhos, além da construção de barragens, eclusas a montante, e sua utilização como via de escoamento de poluentes.

389. Além de vários regimes fluviais especiais, o manejo e a proteção multinacional das bacias hidrográficas internacionais foram contemplados pelos acordos entre a Índia e o Paquistão sobre o *Indus* (1960), pelo *Tratado da Bacia do Prata* (1969), pela *Convenção de Bonn* sobre o Reno (1976) e pelo *Tratado de Brasília* sobre a cooperação na Bacia Amazônica (1978).

⇒ **Lagos internacionais**

390. Lagos internacionais são espelhos de água doce que fazem fronteira entre dois ou mais Estados. Seu regime jurídico é estabelecido pelos Estados ribeirinhos, através de uma convenção específica prevendo

a circulação, o controle da qualidade da água, as condições de pesca e a repressão conjunta das atividades ilegais, bem como o contrabando.

⇒ **Ar e espaço extra-atmosférico**

391. O interesse do direito internacional pelo ar e pelo espaço extra-atmosférico é recente. O primeiro é do início do século XX, e o segundo, do lançamento de satélites artificiais e da missão Apolo XI à Lua (1969). O estatuto jurídico do espaço aéreo nacional indica o direito soberano do Estado subjacente. Ele o exerce nas mesmas condições de seu território. Frente à violação de seu espaço aéreo, o Estado pode interceptar a aeronave e exigir sua aterrissagem. Face aos aviões civis, contudo, devem ser respeitados os direitos fundamentais dos passageiros e da tripulação.

392. A impossibilidade prática de identificar os limites entre o ar e o espaço fez com que toda incursão não autorizada fosse assimilada a uma violação, independentemente da altitude em que se encontra a aeronave. Os limites laterais das fronteiras aéreas são fornecidos pela linha de fronteira terrestre ou marítima.

393. Dois tipos de aeronaves utilizam o espaço aéreo internacional. As aeronaves de Estado, utilizadas para serviços militares, de alfândega, de polícia e de correios, e todas as outras aeronaves consideradas civis. No espaço aéreo internacional, foi consagrada uma liberdade controlada de navegação. As rotas são estabelecidas previamente para todas as aeronaves, sendo que as civis se beneficiam da liberdade de trânsito e de escala. As aeronaves de Estado não dispõem destas duas liberdades. Elas são obrigadas a solicitar autorização de sobrevôo dos espaços aéreos nacionais e para realizar escalas.

⇒ **Organização da Aviação Civil Internacional (OACI)**

394. O extraordinário desenvolvimento tecnológico dos meios aéreos de locomoção, durante a Primeira Guerra Mundial, obrigou a Conferência de Versalhes, em 1919, a criar uma primeira instituição especializada, denominada *União Aérea Internacional* (UAI). Em 1928, foi firmada, na cidade de Havana, *a Convenção pan-americana para a aviação*. No ano seguinte, patrocinada pela Liga das Nações, a UAI conclui a *Convenção de Varsóvia*, ainda em vigor. Em 1946, a Assembleia Geral das Nações Unidas aprovou o acordo criando a *Organização da Aviação Civil Internacional* (OACI), negociado na Conferência de Chicago de dezembro de 1944. A sede da nova organização é Montreal (Canadá).

395. Segundo o art. 44 da Convenção de Chicago, os objetivos perseguidos pela OACI são os seguintes:
- fomentar o desenvolvimento seguro e ordenado da aviação civil internacional;
- difundir as técnicas de desenho e manejo de aeronaves para fins pacíficos;
- estimular o desenvolvimento de aerovias, aeroportos e instalações e serviços de navegação aérea para a aviação civil internacional;
- promover a segurança dos vôos da navegação civil internacional;
- fazer com que sejam respeitados os direitos dos Estados contratantes e que cada um tenha a oportunidade equitativa de explorar empresas de transporte aéreo internacional.

Tal como as duas instituições especializadas analisadas anteriormente, o desenvolvimento da OACI deve sustentar-se no princípio da universalidade.

396. O duopólio exercido, até os anos oitenta, pelos Estados Unidos e pela ex-União Soviética na exploração do espaço extra-atmosférico, foi substituído por uma intensa corrida ao espaço promovida por vários países, inclusive com a participação brasileira. O lançamento de satélites geoestacionários, por parte da China e da Europa Ocidental, obrigou a assinatura de várias convenções.

397. Tal como o alto-mar, o espaço extra-atmosférico repousa nos princípios da não apropriação e da liberdade de utilização. Além dele, a Lua e os corpos celestes são considerados como patrimônio comum da humanidade, cuja exploração deve ser realizada *para o bem e no interesse de todos os países, independente de seu grau de desenvolvimento econômico ou científico* (art. 1º do *Tratado sobre o espaço extra-atmosférico*, 1967). O referido Tratado garante a liberdade de acesso ao espaço extra-atmosférico, inclusive o que se encontra sobre o território dos Estados, com a condição de que sua utilização responda a objetivos científicos e persiga fins pacíficos.

398. O *Tratado de Moscou* (1963) já havia proibido expressamente a utilização do espaço extra-atmosférico para testes nucleares. No entanto, há controvérsias sobre a possibilidade de estocagem de armas nucleares e clássicas. Os acordos relativos à Lua e a outros corpos celestes inspiram-se nos princípios gerais enunciados anteriormente. O Tratado de 1979 enfatiza que as atividades humanas na Lua devem preservar seus recursos naturais e desenvolver as possibilidades de sua utilização, de maneira equitativa, por todos os Estados (art. 18).

399. As naves espaciais, tais como os navios deverão ser matriculados num Estado que exercerá sua competência e será responsabilizado por eventuais danos causados ao meio ambiente ou aos interesses de outros Estados (ver §§ 252 e 253). A solução de controvérsias fica

a cargo de uma Comissão especialmente constituída para analisar as reclamações (Convenção de 1972).

⇒ **União Internacional de Telecomunicações (UIT)**

400. O extraordinário desenvolvimento das telecomunicações por satélite (telefone, *fax*, radiodifusão, televisão, *Internet*) confronta a preocupação dos países em desenvolvimento com o respeito da não intervenção e o direito das pessoas de procurar, receber, enviar e divulgar informações e ideias.

401. Em 1865, foi fundada a *União Telegráfica Internacional*. No início do século XX (*Conferência de Berlim*, 1906), foi criada a *União Radiotelegráfica Internacional*. Estas duas instituições são agrupadas, em 1932, fazendo surgir a *União Internacional de Telecomunicações*. Em 1947, na *Conferência de Atlantic City*, foi aprovada a atual Convenção, e a UIT foi reconhecida como instituição especializada pelas Nações Unidas, através de texto que passou a vigorar a partir de 1º de janeiro de 1949. A sede da organização é Genebra.

402. Os objetivos da UIT, segundo seu ato constitutivo (art. 4º), são os seguintes:

• manter e ampliar a cooperação internacional para a melhoria e a utilização racional de todo tipo de telecomunicação, assim como promover e proporcionar assistência técnica aos países em desenvolvimento;
• favorecer o desenvolvimento dos meios técnicos e sua eficiente exploração com o objetivo de aumentar o rendimento dos serviços de telecomunicações, aumentando sua utilização pelo público;
• harmonizar os esforços nacionais para a consecução destes objetivos.

403. Com a finalidade de atingir os objetivos propostos, a UIT coordena a distribuição das frequências radioelétricas, envidando esforços em favor do desenvolvimento harmônico dos meios de comunicação, especialmente os que utilizam técnicas espaciais. A organização auxilia a criação, o desenvolvimento e o aperfeiçoamento das instalações e redes de telecomunicações nos países em desenvolvimento. Enfim, a UIT redige regulamentos, resoluções, recomendações e publica estudos sobre as telecomunicações.

404. A observação e detecção por satélite colocam em oposição, uma vez mais, os países desenvolvidos e os em desenvolvimento. Estes, baseados nos princípios da soberania permanente sobre as riquezas naturais, contestam as atividades daqueles que localiza através satélites geoestacionários, os recursos naturais, inclusive minerais, distribuídos no planeta. Apesar da adoção de uma resolução na AG das Nações Unidas (41/65, 1986), não houve progresso para tornar compatíveis os divergentes interesses.

5. O Direito Internacional Econômico

5.1. O sistema econômico internacional

Bibliografia recomendada: ALMEIDA, P. R. *O Brasil e o multilateralismo econômico*. Porto Alegre: Livraria do Advogado, 1999; LAFER, C. *A OMC e a regulamentação do comércio internacional: uma visão brasileira*. Porto Alegre: Livraria do Advogado, 1998, 168p.; MELLO, C.D. de A. *Direito internacional econômico*. Rio de Janeiro: Renovar, 1993, 228p., SEITENFUS, R. *Manual das Organizações Internacionais*. Porto Alegre: Livraria do Advogado, 2015. 6ª edição, 384 p.; SILVA LIMA, H. *Os Direitos Especiais de saque e a ajuda internacional*. Rio de Janeiro: Tempo Brasileiro, 1974, 44 p.

405. A expansão, sobretudo a partir da segunda metade do século XX, do intercâmbio de bens visíveis e de serviços, fez surgir uma ordem econômica internacional. Para a construção deste novo direito, os Estados são auxiliados por agentes privados, como as Câmaras de Comércio, e pelas organizações internacionais, tal como a Organização Mundial do Comércio. Trata-se, portanto, de um *direito híbrido* pela sua formulação e *instável* em razão de sua constante evolução. A possibilidade de sanção consta dos próprios contratos econômicos e, geralmente, escapa à ação do Estado. Os agentes manifestam preferência, para a solução de suas controvérsias, pelas negociações diretas ou se submetem à mediação ou arbitragem previamente estabelecidas.

406. A participação externa na produção e no consumo de bens, visíveis e invisíveis, bem como o intercâmbio destes e de serviços, constituem a essência das relações econômicas internacionais. Quando esta participação se opera através da prévia existência de regras jurídicas, estamos perante o direito internacional econômico. Trata-se de uma ordem jurídica internacional distinta ou de um simples ramo do direito internacional? O significativo avanço, nestas últimas décadas, do comércio e dos investimentos internacionais, fez com que as relações econômicas internacionais adquirissem importante dimensão. Desenvolveram-se novas disciplinas voltadas à compreensão do fenômeno: a *lex mercatoria*, o direito do comércio exterior, o direito da integração econômica e o direito comunitário (ver § 26).

407. A intensa e crescente participação de agentes privados – indivíduos, empresas, corporações – tende a reduzir a atuação do Estado. Contudo, este mantém o controle de suas relações econômicas externas, através da regulamentação da entrada e da saída de bens e serviços, das negociações nas instâncias econômicas internacionais e da imperiosa necessidade de seu consentimento na elaboração de uma ordem econômica internacional.

408. As mais importantes instituições vinculadas ao sistema econômico internacional são o Banco Internacional para Reconstrução e Desenvolvimento, BIRD, o Fundo Monetário Internacional, FMI, e a Organização Mundial de Comércio, OMC.

⇒ **Banco Internacional para Reconstrução e Desenvolvimento (BIRD)**

409. Também conhecido por Banco Mundial, o BIRD foi criado, em 1944, juntamente com o Fundo Monetário Internacional, através dos *Acordos de Bretton Woods*. Ele apresenta um caráter ambíguo. Por um lado, utiliza técnicas de um banco comercial, pois fornece recursos financeiros aos países-membros cobrando juros e auferindo lucros. Por outro lado, em razão de seus objetivos, pode ser apresentado como um *serviço público internacional*, muito próximo das organizações internacionais clássicas.

410. Sediado em Washington, e estruturado no bicameralismo, o BIRD é dirigido por um *Conselho de Governadores*, que representa todos os Estados-Membros, e um *Conselho de Administração*, composto de vinte e dois membros. Este órgão é, de fato, o braço executivo do Banco. Os seis países que possuem o maior número de partes do capital do BIRD – Estados Unidos, Alemanha, Japão, França, Grã-Bretanha e Arábia Saudita – indicam seus representantes no Conselho de Administração. Os outros dezesseis assentos são eleitos, num sistema de rodízio, pelo Conselho de Governadores.

411. O processo de tomada de decisão ocorre através do voto ponderado. Cada país-membro detém duzentos e cinquenta votos, aos quais são adicionados os votos correspondentes às partes de capital. Para tanto, cada cem mil dólares americanos de capital são equivalentes a um voto suplementar.

⇒ **Fundo Monetário Internacional (FMI)**

412. Com relação à estrutura institucional e ao processo decisório, o FMI copia a experiência do BIRD. Contudo, seus objetivos são absoluta-

mente distintos. O BIRD apresenta-se como uma típica instituição de auxílio ao desenvolvimento, enquanto o FMI restringe-se ao auxílio à administração monetária e financeira externa dos Estados-Membros. Originalmente, o FMI intervinha para manter a paridade das moedas. Neste sentido, um Estado que desvalorizasse unilateralmente sua moeda poderia ser sancionado com a proibição de recorrer às reservas do Fundo. Além disso, através do FMI, os Estados poderiam comprar divisas para seus pagamentos internacionais e transferir capitais de forma controlada.

413. Articula-se a estrutura financeira do FMI através de um fundo comum ou *Conta Geral*, calculado na cota-parte de cada sócio. Foram criados, ainda, os Direitos Especiais de Saque (DES). Eles formam uma *Conta Especial*, à disposição dos Estados que a subscreveram. Estes podem dela retirar, em caso de necessidade, recursos para equilibrar suas contas externas. As principais características do FMI encontram-se no quadro a seguir.

Características do FMI

Definição	• autoridade de consulta e coordenação	
Origem	• Acordos de Bretton Woods, julho de 1944 • Uma nova dimensão: Acordos de Kingston ou da Jamaica, 1976	
Função	• Código de boa conduta monetária (poderes moral semi-regulamentar, semijudiciário e de autointerpretação) • Livre conversibilidade de moedas (exceção artigo XIV Estatutos e derrogação expressa)	
Órgão	Composição	Competência
Conselho de governadores (órgão dirigente)	Ministros de finanças ou Presidentes dos Bancos Centrais de todos os Estado Partes.	• Admissão de novos Estados-Membros • Revisão de quotas • Decisão de expulsão, etc.
Comitê interino (órgão político)	Os 6 países dos quais as quotas são mais importantes têm um administrador permanente (Alemanha, Estados Unidos, França, Japão, Reino Unido e Arábia Saudita) + 16 administradores eleitos	Aplicação de medidas destinadas a auxiliar os países em desenvolvimento
O Conselho de administração (órgão dirigente)	• Os 65 • 3 países nomeados de fato (China e Rússia) • 49 eleitos por grupos de países constituídos pelos outros países-Membros (mandato de 2 anos)	• gestão do Fundo (órgão restrito) • eleição do Diretor-geral
Meios de financiamento	• Quotas-parte (subscrição no pool de divisas, negociado com o FMI a cada candidatura, revisado periodicamente) • A remuneração de investimentos e comissões • Empréstimos (do próprio FMI ou de grupos de Estados)	

Modalidades de assistência financeira oferecida	• Compra ou saque – incondicional (até 100% da quota-parte) • As parcelas de crédito (sucessivas)– condicional (até 200% da quota-parte) • Políticas específicas – condicional (parcela de crédito + políticas específicas = até 450% da quota-parte)
DES	Direitos Especiais de Saque – moeda escritural fixada em função de uma cesta de cinco moedas (Alemanha, Estados Unidos, França, Japão e Reino Unido)

414. As dificuldades oriundas da crise petrolífera e monetária dos anos 1970 levaram o FMI a tratar dos problemas estruturais da balança de pagamentos e ao fornecimento de capitais aos países em dificuldade, como ocorreu no segundo semestre de 2002 com o Brasil (desde 1958, nosso país recorreu quatorze vezes ao auxílio do Fundo). O FMI condiciona, nestes casos, a liberação de recursos à adoção de medidas de reforma estrutural dos países solicitantes. Trata-se dos conhecidos *programas de ajustes*, que definem a política orçamentária e monetária, especialmente a taxa de câmbio, a política comercial e os pagamentos externos. Estas decisões são formalizadas através de uma *carta de intenções*, que o país entrega ao Fundo como compromisso que assegura o cumprimento de metas semestrais ou anuais. O programa de ajustes do Fundo confirma o princípio da condicionalidade que pode ser definido como *um vínculo imperativo que o FMI estabelece entre a ajuda concedida e a garantia fornecida pelo Estado-Membro solicitante, em aplicar uma política econômica que resolva ou atenue seus problemas de pagamentos externos*. Ou seja, os recursos somente serão liberados em parcelas caso as metas definidas na carta de intenções sejam atingidas.

415. Os objetivos pactuados são livremente consentidos pelos Estados ou, ao contrário, impostos ou negociados com o Fundo? De fato, trata-se de uma delicada e desproporcional negociação, na qual o grau de submissão às diretrizes do Fundo decorre da maior ou menor fragilidade do demandante. Os conselhos do Fundo, ao não ser impositivos, conservam sua *legalidade*, pois um país que não os acolhe é livre para deixar a organização. Todavia, fruto de situações objetivamente díspares entre as Partes, é razoável questionar a *legitimidade* do acordado, sobretudo quando o Executivo do Estado demandante não submete o conteúdo da *carta de intenções* à aprovação legislativa. Neste caso, este modelo de acordo pode ser assimilado aos *tratados desiguais*, condenados pelo DIP.

416. Segundo interpretação do FMI, a natureza jurídica da *carta de intenções* faz com que ela seja um ato unilateral do Estado, e não um acordo internacional. A argumentação sustenta-se no fato de que se trata de uma manifestação de vontade exclusiva e própria do Estado emissor, o qual é o único a firmar o dito documento. É necessário

reconhecer que não se trata de um acordo internacional clássico. O procedimento faz com que a carta emanada do Estado e a decisão de aceitar seus termos pelo FMI, são interdependentes embora não se encontram. Ou seja, o FMI julga que não existe uma conjunção de vontades – fundamento dos tratados – mas simplesmente um seguro solicitado por um e fornecido pelo outro à uma intenção de realizar. Seriam, portanto, atos unilaterais paralelos embora convergentes em sua finalidade.

417. A negociação entre emitente e destinatário, que precede a redação e o envio da *carta de intenções,* contraria a doutrina defendida pelo FMI. O conteúdo da carta resulta de um consenso entre as Partes. Isto é, de uma *reciprocidade* que apesar de não declarada formalmente, não é capaz de esconder a verdadeira natureza do ato. Em definitivo, estamos perante uma unilateralidade de fachada e de uma bilateralidade de fato. Portanto, a *carta de intenções* é, embora *sui generis* na forma, um verdadeiro acordo internacional.

⇒ **Organização Mundial do Comércio (OMC)**

418. A Conferência de Havana (11/1947-1/1948) não conseguiu fundar, como havia sido previsto, a Organização Internacional de Comércio (OIC). Contudo, redige um *Acordo Geral sobre Tarifas e Comércio (General Agreement of Tariffs and Trade – GATT),* subscrito por 23 países. Originalmente, o GATT não foi concebido para ser uma organização especializada das Nações Unidas.

419. Sendo um *acordo comercial multilateral dinâmico,* o GATT é assimilado a uma organização internacional especial e apresenta duas faces distintas. Por um lado, trata-se de um rol de normas procedimentais sobre as relações comerciais entre os Estados contratantes. Estas atividades são de cunho jurídico, pois dizem respeito à elaboração, à prática e ao controle de regras de direito material. Por outro, trata-se de um fórum de negociação comercial onde, através de instrumentos próprios à diplomacia parlamentar, de natureza comercial, procura-se aproximar posições. Esta face é de natureza essencialmente política.

420. Procurando atingir a chamada *igualdade de tratamento* para os produtos de origem diferente, o GATT utiliza-se do princípio automático e incondicional da *cláusula da nação mais favorecida,* com o propósito de fazer desaparecer as restrições ao livre comércio. Deverão diminuir as barreiras alfandegárias e as medidas de proteção de mercados, tanto as quantitativas quanto as não tarifárias. Todavia, o acordo significa tão somente um primeiro passo da liberalização do comércio mundial, que deverá ser progressiva.

421. Certamente, o princípio da igualdade de tratamento e de acesso livre aos mercados não pode ser aplicado de forma absoluta. Tanto dispositivos anteriores ao GATT, quanto exceções posteriores são aceitos. Além destes, os Estados contratantes podem adotar medidas restritivas às importações quando encontrarem dificuldades na balança de pagamentos. Resta claro, porém, que a adoção destas medidas tem um caráter transitório. Os países em via de desenvolvimento conseguiram, em 1971, introduzir uma preferência tarifária para seus produtos. Contudo, como no caso da balança de pagamentos, o Sistema de Preferências Generalizado (SPG) deve ser temporário.

422. O cumprimento das regras do GATT foi observado por três quartas partes dos membros das Nações Unidas. O GATT introduz a prática de rodadas de negociações que se sucedem a cada período. Até o momento, foram realizadas nove rodadas de negociações: Genebra (1947), Annecy (1949), Torquay (1951), Genebra (1956, 1960-61 e 1964-67), Tóquio (1973-79), Uruguai (1986-1994) e Doha (2001-2006). O objetivo das seis primeiras foi a redução das tarifas que protegiam os produtos manufaturados. Num primeiro momento, a negociação era feita produto a produto. Porém, a partir da Rodada de 1964, as Partes começaram a reduzir as tarifas de forma linear. Assim, foram paulatinamente diminuídas as médias de proteção tarifária até que atingíssemos, no final da Rodada de Tóquio, o nível de 5%. Em Tóquio também ficou decidida a diminuição tarifária para outros produtos, sobretudo os agrícolas e as matérias-primas.

423. Além das Rodadas de negociação, o GATT coloca à disposição das Partes Contratantes a assinatura de acordos e códigos com o objetivo de regulamentar o livre comércio. Eis os principais: código sobre subvenções e direitos compensatórios; código de valoração aduaneira; acordo sobre compras do setor público; código de normas; acordo sobre carne bovina; acordos sobre produtos lácteos; acordo sobre o comércio de aviões civis; código *antidumping* e acordo multifibras.

424. A Rodada Uruguai foi, em razão dos temas abordados e dos percalços para conciliar posições, certamente a que apresentou as maiores dificuldades de concretização. Além da diminuição de mais de um terço das tarifas médias de proteção de todos os produtos, inclusive agrícolas, até o ano 2000, a Rodada Uruguai inclui novos temas na mesa de negociações. Os países industrializados, em particular os Estados Unidos, conseguiram colocar na pauta a liberalização do setor terciário. Portanto, os serviços de instituições financeiras, transportes, investimentos, seguros e propriedade intelectual, que são dominados de forma quase absoluta pelos países industrializados, foram incluídos.

425. Países em via de desenvolvimento, que alcançaram um patamar médio e possuem grandes mercados internos, tais como o Brasil e a Índia, opõem-se à liberalização dos serviços. Uma razão suplementar desta posição decorre do fato de que os Estados Unidos continuam concedendo importantes subvenções a determinados setores de sua economia. Apesar de todas estas dificuldades, a Rodada Uruguai pôde ser encerrada com o Acordo de Marrakesh em 1994. A partir daquele momento, o acordo do GATT foi incorporado à nova Organização Mundial do Comércio (OMC), que se tornou uma instituição especializada e autônoma das Nações Unidas.

426. A estrutura institucional da OMC difere do Acordo anterior e aproxima-se do perfil tradicional das organizações especializadas. O processo decisório da OMC obedece, num primeiro momento, à forma consensual. Portanto, afasta-se de pronto a ponderação dos votos. Todavia, caso o consenso não possa ser aplicado, as decisões serão tomadas através de uma maioria simples, exceto no que diz respeito à interpretação do Acordo constitutivo da OMC e dos acordos multilaterais de comércio, quando se aplica a regra dos três quartos.

427. A OMC enfrenta quatro questões fundamentais, que condicionam sua consolidação como ordenadora do comércio internacional. Em primeiro lugar, não ficou claramente estabelecida uma proibição de tomada de medidas de retaliação de forma unilateral. Portanto, os países poderão tomar iniciativas sem submeter-se ao sistema de solução de controvérsias da OMC, como ocorre com a recente prática dos Estados Unidos. Em segundo lugar, os países em via de desenvolvimento sustentam um tratamento diferenciado, tanto no que diz respeito às tarifas que deverão proteger seu mercado quanto ao acesso aos mercados dos países desenvolvidos. Em terceiro lugar, apesar da liberalização comercial, o desemprego continua em ascensão, tanto nos países industrializados quanto nos demais. Transformando-se em fenômeno estrutural em vários países, o desemprego pode induzir os Estados Partes a adotar medidas protecionistas. Enfim, os processos de integração econômica, como a União Europeia e o MERCOSUL, que repousam sobre uma discriminação tarifária com relação aos terceiros países, continuam a provocar dificuldades.

5.2. Direito da integração econômica

428. Os processos de integração exigem uma rápida adaptação de parte dos ordenamentos jurídicos dos Estados que dele participam. Não há ordem mais avançada, em seara de integração, do que a construí-

da pelas Comunidades Europeias, cuja evolução resultou na atual União Europeia (UE). Diferentemente, no âmbito do MERCOSUL, encontra-se um modelo bastante flexível, que aproveita apenas parcialmente os postulados do emergente direito comunitário.

5.2.1. Direito comunitário

Bibliografia recomendada: ACCIOLY, Elizabeth. *MERCOSUL & União Europeia: estrutura jurídico-institucional*. 3.ed. Curitiba: Juruá, 2003, 219p.; BARACHO, José Alfredo de Oliveira. *O princípio da subsidiariedade – conceito e evolução*. Rio de Janeiro: Forense, 1996, 95p.; BAUMAN, Zygmunt. *Europa – uma aventura inacabada*. Rio de Janeiro: Zahar, 2006, 151p.; BORGES, José Souto Maior. *Direito Comunitário*. São Paulo: Saraiva, 2005; CASELLA, Paulo. *União Europeia*. São Paulo: LTr, 2002, 332p.; D'ARCY, François. *União Europeia – Instituições, Políticas e Desafios*. Rio de Janeiro: Konrad Adenauer, 2002, 248p.; HABERMAS, Jürgen. *A Constelação Pós-Nacional – Ensaios Políticos*. São Paulo: Littera Mundi, 2001, 220p.; JAEGER Jr., Augusto. *Liberdade de Concorrência na União Europeia e no MERCOSUL*. São Paulo: LTr, 2006; PFETSCH, Frank. *A União Europeia – história, instituições, processos*. Brasília: UnB, 2001, 324p.; VENTURA, Deisy. *As assimetrias entre o MERCOSUL e a União Europeia*. São Paulo: Manole, 2004. Sites para consulta: União Europeia: <www.europa.eu.int>, Fundação Konrad Adenauer: <www.adenauer.com.br> (Série Europa-América Latina e Anuário Brasil Europa, Convenção Europeia: <www.european-convention.eu.int>.

429. Desde a década de 1950, a Europa ocidental conduz um processo de integração econômica complexo, que engendrou um novo ramo do direito: o das Comunidades, logo direito comunitário. Trata-se de um ente complexo, na medida em que as matérias sob sua mira atinem tanto ao direito público como ao privado. Não se trata ainda de mero direito nacional, mas longe está de constituir um simples braço do direito internacional, seja este público ou privado. Criação original que espanca princípios clássicos do direito moderno, o direito comunitário é nitidamente um instituto *sui generis*.

⇒ **Fontes**

430. Criadoras de direitos e obrigações para os Estados-Membros, as fontes do direito comunitário classificam-se em quatro categorias.

⇒ **Tratados constitutivos**

431. Primeiramente, há o *direito originário* ou *primário*. Assim, os tratados constitutivos das coletividades e, a seguir, os tratados que adaptaram e modificaram ditas estruturas configuram a base de todo o ordenamento jurídico comunitário. O primeiro passo da integração foi representado pela *Comunidade Europeia do Carvão e do Aço*, CECA, criada pelo *Tratado de Paris*, de 18 de abril de 1951. A Comunidade Europeia da Energia Atômica, CEEA ou EURATOM, e a *Comunidade Econômica Europeia*, CEE, foram criadas pelos *Tratados de Roma*, de 25 de março de 1957. O mais importante deles é o tratado que institui a CEE, visando à formação do mercado comum europeu,

conhecido como o *Tratado de Roma*. Esta evolução respeita a doutrina *funcionalista*, de paternidade atribuída precipuamente ao francês Jean Monnet, para quem a integração deveria atingir primeiramente setores específicos, de caráter econômico, como o carvão e o aço (que ademais foram os combustiveis da Segunda Guerra mundial), para em seguida estender-se a todos os domínios da economia e, finalmente, chegar-se à união política. Nesta primeira fase da integração, compunham as Comunidades seis Estados-Membros: Alemanha, Bélgica, França, Holanda, Itália e Luxemburgo.

432. A partir de 1967, os órgãos executivos de cada uma das Comunidades foram objeto de uma fusão. Ainda que estes coletivos mantenham sua identidade jurídica individual, a referência conjunta ao processo de integração europeu passou a ser representada pela expressão *Comunidades Europeias*. Em 7 de fevereiro de 1992, assinou-se em Maastricht, Holanda, o tratado que criou a UE – *Tratado da União Europeia*, TUE, denominado *Tratado de Maastricht*. A UE funda-se sobre três *pilares* – além de absorver as Comunidades Europeias, criou duas estruturas intergovernamentais de cooperação: a Política Externa e de Segurança Comum, PESC, e a Cooperação policial e judiciária em matéria penal. Além disso, o Tratado de Maastricht transformou a CEE em *Comunidade Europeia*, CE, com a nítida intenção de ampliar o domínio de suas competências. Após sucessivas adesões (Dinamarca, Inglaterra e Irlanda em 1973; Grécia em 1981; Espanha e Portugal em 1986), quando da assinatura do Tratado de Maastricht, eram doze os Estados-Membros da UE.

433. Nos anos 1990, a integração europeia foi marcada pela forte tensão entre as tendências, amiúde contraditórias, de aprofundamento e expansão. A *Europa dos Quinze* configurou-se, após Maastricht, com a adesão, em 1994, de Áustria, Finlândia e Suécia. O ocaso do bloco soviético tornou irresistível a pressão da Europa do Leste. Duas Conferências Intergovernamentais (CIGs) – das quais resultaram o *Tratado de Amsterdam*, assinado em outubro de 1997, e o *Tratado de Nice*, assinado em 26 de fevereiro de 2001 – deveriam ter promovido uma reforma institucional à altura do desafio do alargamento da UE. Com efeito, em 1º de maio de 2004, aderiram ao bloco: Chipre, Eslováquia, Eslovênia, Estônia, Hungria, Letônia, Lituânia, Malta, Polônia, República Tcheca. Em 2007, ingressaram Bulgária e Romênia. Em 2013, ingressou a Croácia formatando a atual *Europa dos 28*. Antes disto, porém, em busca de uma nova legitimidade política e com receio de que os parcos ajustes definidos em Nice levassem o bloco ao colapso institucional, os Estados-Membros decidiram deflagrar um processo mais complexo de revisão do seu direito

originário, por meio da elaboração de um tratado constitucional, popularizado sob o nome de *Constituição Europeia*.

434. O utensílio deliberativo que permitiu a elaboração do texto de base do tratado constitucional foi a *Convenção Europeia*, instalada em 28 de fevereiro de 2002. Pela primeira vez, um tratado constitutivo não resultou do exercício do monopólio dos Poderes Executivos, característico dos temas internacionais, tampouco o texto de base das negociações foi engendrado no labor diplomático tradicional das Conferências Intergovernamentais. Não se trata do exercício de um *poder constituinte originário* em sentido próprio; não foram representantes do povo, reunidos em assembleia com o escopo específico de elaborar uma Constituição e fundar uma nova ordem, que redigiram o tratado constitucional. Entretanto, não se pode dizer que naquele âmbito não havia representantes do povo. A Convenção foi integrada por 207 membros, entre titulares e suplentes, dos quais 144 pertenciam aos Parlamentos nacionais ou ao Parlamento Europeu, todos eleitos diretamente. Registre-se, porém, que o tratado constitucional não emanou diretamente da Convenção: ele foi modificado substantiva e formalmente pela Conferência Intergovernamental que a sucedeu, ainda que tenha respeitado suas linhas gerais e, em grande parte, seus desígnios específicos. O mínimo que se pode dizer é que, em comparação aos tratados anteriores, o processo de elaboração das disposições constitutivas foi inovador. O Projeto de Tratado que estabelece uma Constituição para a Europa foi entregue pela Convenção ao Conselho Europeu em 18 de julho de 2003. O texto foi adaptado pela CIG de 4 de outubro a 18 de junho de 2004, e assinado pelos Estados-Membros, em Roma, no dia 29 de outubro de 2004.

Muita tinta foi derramada para censurar o uso da categoria *Constituição* no âmbito da integração europeia. A escolha do nome visava, sobretudo, atribuir força simbólica ao novo tratado, que sucede instrumentos normativos notoriamente antipáticos, como foram os Tratados de Amsterdam e de Nice. Porém, os puristas protestaram veementemente contra uma *Constituição sem Estado*. É bem verdade que o tratado em questão não fundou um novo Estado, nem extinguiu os Estados-Membros do bloco. No entanto, incontáveis processos políticos em Estados nacionais resultaram em uma nova Constituição para um Estado preexistente. Da mesma maneira, nem toda a Constituição que instaura um novo Estado deve ser o resultado de uma revolução. Não se fundou tampouco uma nova organização internacional, mas houve uma evolução significativa da entidade preexistente. Ora, os institutos jurídicos evoluem conforme sua funcionalidade. Uma Constituição representa a instauração de uma nova ordem jurídica, não necessariamente a formalização de um novo Estado ou ente. Indubitavelmente, se um dia vigente o tratado, e criada a União nos termos definidos pelo seu próprio texto (artigo I-1, *Criação da União*), estar-se-á diante de uma Constituição. Porém, ela não se equipara às Constituições nacionais que, por sua vez, já não correspondiam, há muitos anos, ao conceito que delas perfazem os manuais de direito constitucional. Europeia ou nacionais, as Constituições do Velho Continente são parciais. Enquanto a primeira é parâmetro máximo de validade no âmbito das competências exercidas pela União, as segundas constituem o parâmetro de validade máximo no exercício das competências subsidiárias dos Estados. Quanto à possibilidade de conflito entre a Constituição Europeia e as Constituições Nacionais, não parece haver outra resposta possível logicamente senão a do primado da primeira sobre a segunda. Contudo, posto que o texto europeu assenta-se sobre os princípios gerais consagrados pelos direitos nacionais, e que um esforço monumental de harmonização legislativa foi empreendido por meio das Diretivas europeias, é de se esperar que o conflito de normas seja menos cotidiano do que são, por exemplo, as ações de inconstitucionalidade no plano nacional. Há, enfim, que se reconhecer a inteligência política do passado, que tornou possíveis as conquistas do presente. Entretanto, o império da ambiguidade (por vezes mais do que formal) contribuiu a tornar quase indolor, no plano das consciências nacionalistas, o avanço da integração europeia. Preservaram-se, assim, os bolsões de continuidades mentais que geram a desproporção entre a profundidade fática da integração e a superficialidade das representações culturais desta realidade, freando a necessária construção de um Estado federal europeu.

435. No que se refere ao direito originário, o conteúdo da Constituição Europeia (distribuído em quatro partes, centenas de artigos, além de trinta e seis Protocolos e cinquenta Declarações anexas) pretendeu racionalizar a arquitetura comunitária: o conjunto de tratados existentes seria substituído por um texto único, para maior legibilidade e clareza; seriam fundidos os três pilares; a Comunidade Europeia seria inteiramente absorvida pela UE, agora dotada de personalidade jurídica. A Carta Europeia de Direitos Fundamentais, aprovada em Nice sem valor coercitivo, adquiriria força obrigatória ao ser integrada à Constituição como sua segunda parte.

436. Países importantes como a Alemanha já aprovaram o tratado constitucional. Embora, dos 28 Estados-Membros, dez optaram por ratificar a *Constituição* por meio de referendo popular (Espanha, França, Holanda, Dinamarca, Inglaterra, Irlanda, Luxemburgo, Polônia, Portugal e República Tcheca), para dotar-lhe de legitimidade democrática. O processo de ratificação popular da *Constituição* começou com o "Sim" dos espanhóis (27/2/05), embalado pelo retorno da esquerda ao poder. O "Não" dos franceses (29/5/05) forjou-se num contexto político oposto, de grande insatisfação com a política interna da direita. O subsequente "Não" holandês anunciou o perverso "efeito dominó". Sobreveio a suspensão do processo de ratificação pelos Estados-Membros. Do ponto de vista jurídico, o Conselho Europeu deve decidir sobre a vigência do tratado constitucional, caso ao menos 20 Estados-Membros o tenham ratificado até 2007.

O objeto de referendo foi a *Constituição*, e não o pertencimento dos países à UE. Tampouco estava em questão o mercado sem fronteiras, a cidadania europeia, a política comercial comum, o *euro* e as instituições comunitárias. Foi submetida à votação apenas uma nova etapa da evolução deste cinquentenário processo, que já havia conhecido o "não" dinamarquês e irlandês a distintos tratados, e o norueguês à adesão ao bloco. À dificuldade de explicar o longo texto constitucional, somou-se o pior dos riscos de um referendo: transformar-se em plebiscito da política interna, ameaçando não somente o objeto votado, mas também os governantes. Porém, a *Constituição* não é apenas uma vítima da insatisfação dos eleitores com seus governos. Evidente que a UE é um grande sucesso político e econômico, que garantiu a paz e o desenvolvimento e, ao contrário do que se alardeia, possui uma pequena e eficiente burocracia – com menos funcionários (cerca de 35.000) do que Prefeituras como as de Paris ou Buenos Aires. Todavia, um processo de integração pouco transparente, mal explicado e limitado aos governos, que ademais se alarga rapidamente e perde em profundidade, mais do que um erro, pode ser um perigo. Durante décadas, os temas europeus foram monopólio das burocracias nacionais. Os temas ditos não comerciais tardaram a ser tratados. O predomínio dos valores de mercado deu à UE a face anglo-saxônica da concorrência feroz e da flexibilidade nas relações de trabalho, divorciando-a das demandas sociais dos cidadãos. A UE acabou por dar lugar ao "jogo duplo" dos governos, que culpam Bruxelas por cada decisão antipática que tomam em favor do mercado. Oportunista, a campanha pelo "Não" exigia uma *Constituição* mais avançada do que os modelos nacionais, esquecendo que os cidadãos elegeram, no início da década, governos conservadores. É como se contas de chumbo pudessem formar um verdadeiro colar de pérolas. Se a derrota da *Constituição* fosse o naufrágio da Europa mercantilista, em benefício de uma Europa social, seria caso de comemoração. Infelizmente, não o é. Um eventual novo texto seria negociado entre ao menos 25 Estados, alguns deles capitalistas debutantes, gerando um evidente risco de retrocesso. Restam três lições sobre a crise na UE: a redução de seu grau de integração seria uma grave derrota para quem não deseja um mundo unipolar; a UE deveria aperfeiçoar-se antes de estender-se, ou seja, aprofundar antes de alargar; integrar-se ao abrigo da legitimidade democrática é como fundar um edifício em areia movediça.

⇒ **Direito derivado**

437. Se os tratados constitutivos atendem à tradição do direito convencional para que se tornem vigentes, é bem verdade que o seu conteúdo inova, tanto em seara de direito interno como no que tange aos postulados do direito internacional público. Desta estrutura orgânica, criada e investida de diversas competências pelos tratados constitutivos, emana o *direito comunitário derivado*. As instituições da Comunidade, o Conselho da UE, o Conselho conjuntamente com o Parlamento europeu, a Comissão Europeia e o Banco Central Europeu, produzem atos normativos unilaterais. Conforma-se assim um verdadeiro poder legislativo comunitário. Obviamente de caráter derivado e limitado às matérias de competência das quais cada instituição está investida pelos tratados.

438. A legitimidade desta aptidão normativa é a necessidade de criar novas regras que propiciem o atendimento dos objetivos dos tratados. Os atos normativos unilaterais estão previstos no artigo 189 do Tratado de Roma, podendo ser apresentados, de forma simplificada, através da tabela seguinte.

Atos normativos comunitários

	Destinatário	Produção de efeitos
Regulamento	contém prescrições gerais, impessoais e abstratas	• é obrigatório em todos os seus elementos • possui eficácia erga omnes, isto é, oponível a todos os sujeitos de direito, a partir da publicação
Diretiva	um ou mais Estados-Membros, geralmente sua totalidade	• estipula um enunciado normativo que deve ser internalizado pelo destinatário dentro de um prazo determinado • constitui uma obrigação de resultado: o Estado-Membro deve alcançar os efeitos pretendidos, mas pode escolher a forma e os meios legais • seus efeitos podem ser invocados em justiça após a extinção do prazo estipulado, desde que o destinatário não tenha produzido a internalização ou a tenha conduzido de maneira defeituosa
Decisão	Estados-Membros, ou empresas, ou indivíduos	• obrigatório em todos os seus elementos, mas apenas para seu destinatário, seja ele coletivo ou individual • produz efeitos a partir da notificação do destinatário
Recomendação e Parecer	instituições comunitárias, ou Estados-Membros ou empresas	• instrumentos de orientação, não possuem força obrigatória • podem ser condição necessária à vigência de outra norma embora não vinculem a instituição que os recebe

439. Caso aprovada, a Constituição Europeia implantará uma nova tipologia normativa, dividida entre atos legislativos (Lei Europeia e Lei-Quadro) e atos não legislativos (Regulamento Europeu, Decisão Europeia, Parecer e Recomendação). No processo legislativo, foram criados um procedimento ordinário e um conjunto de procedimentos especiais para casos específicos. Além disto, será admitido o direito de iniciativa cidadã em matéria legislativa.

⇒ **Acordos internacionais**

440. Detentora de personalidade jurídica de direito internacional, a Comunidade Europeia firma tratados com terceiros Estados e com organizações internacionais. Estes acordos integram a ordem jurídica comunitária e constituem, portanto, fonte de direito. As condições para sua produção de efeitos dependerão da natureza do acordo, vinculada, por sua vez, à matéria de competência em tela. Existem acordos assinados pela Comunidade em nome de todos os seus membros, caso, por exemplo, da política comercial comum, domínio no qual a CE desfruta de competência exclusiva. Todavia, há acordos que concernem variados domínios, alguns deles sendo alvo de uma partilha de competências entre a Comunidade e os seus integrantes. Estes instrumentos denominam-se *acordos mistos* e são firmados pela Comunidade e pelos representantes de todos os Estados-Membros. Neste caso, a vigência do acordo depende da ratificação de parte de cada um dos signatários, conforme os respectivos procedimentos constitucionais.

Exemplo de *acordo misto* é o Acordo-Quadro interregional de cooperação entre a Comunidade Europeia e seus Estados-Membros, e o Mercado Comum do Sul, MERCOSUL, e seus Estados Partes, firmado em Madri, em 15 de dezembro de 1995.

441. Alguns acordos internacionais criam estruturas institucionais próprias, comuns à CE e a outra parte contratante, que podem adotar atos obrigatórios unilateralmente.

As Convenções de Lomé, firmadas entre a Comunidade Europeia e os Estados da África, Caribe e Pacífico, ACP, exemplificam a criação de uma estrutura institucional autônoma, no caso especialmente um *Conselho de Ministros*, que dispõe de poder decisório.

Estas decisões, desde que tomadas de acordo com as disposições do acordo internacional, integram-se igualmente à ordem jurídica comunitária.

⇒ **Princípios gerais**

442. De origem jurisprudencial, são também fontes do direito comunitário os princípios que resultam da interpretação continuada dos tratados constitutivos. Neste caso, não se trata, portanto, de princípios gerais do Direito no sentido estrito do termo. Entretanto, podem com eles coincidir, pois a Corte de Justiça de Luxemburgo (ver infra) os reconhece como aqueles princípios que são comuns às ordens jurídicas dos Estados-Membros. Claro está que a Corte não procede ao levantamento exaustivo da legislação de cada país. A definição visa simplesmente a impedir que um postulado seja erigido em princípio geral do direito comunitário na hipótese em que seu conteúdo seja nitidamente refutado pelo direito de um dos integrantes da Comunidade.

443. De outra banda, o Tratado de Maastricht consagra como princípios gerais do direito comunitário os *direitos fundamentais* da pessoa humana, tais como eles são definidos pela Convenção europeia de proteção aos direitos do homem e às liberdades fundamentais, de 1950, e pelas tradições constitucionais comuns aos Estados-Membros.

⇒ **Hierarquia**

444. Para o caso de conflito de regras, o direito comunitário consolidou uma hierarquia a operar-se entre suas fontes. Esboçando uma *pirâmide de normas*, no sentido *kelseniano* do termo, vê-se que, no topo do ordenamento comunitário, se encontram os *tratados constitutivos*. A seguir, veem-se os *princípios gerais* do direito comunitário, que devem prevalecer sobre os *acordos internacionais* firmados pela Comunidade. Finalmente, no quarto degrau da pirâmide, encontramos o *direito derivado* das instituições comunitárias.

⇒ **Estrutura orgânica da CE**

445. O quadro institucional da Comunidade Europeia combina órgãos do tipo intergovernamental e do tipo supranacional.

Esta escolha está intimamente ligada à extensão da competência recebida pela Comunidade em determinadas matérias. Ela respeita, desta forma, os domínios que são considerados *sensíveis* para um ou mais Estados-Membros. Daí resulta uma estrutura orgânica extremamente complexa.

446. Os poderes típicos do Estado, consagrados pela teoria de Montesquieu, não estão refletidos na repartição de funções da Comunidade. As prerrogativas de legislar, julgar, gerir ou administrar repartem-se entre as instituições de forma bastante diversa do modelo estatal moderno, e é ainda mais contrastante com a dinâmica das organizações internacionais. Além da repartição de atribuições entre os órgãos comunitários, há uma constante tensão no exercício das competências que são comuns à Comunidade e aos Estados-Membros.

447. De forma bastante sintética e, obviamente, reducionista, as principais instituições do quadro orgânico comunitário podem ser esboçadas pela seguinte representação.

Principais instituições da União Europeia

	Definição	Composição	Processo decisório	Principais funções
Conselho de Ministros sede em Bruxelas e, durante os meses de abril, junho e outubro, no Luxemburgo	colégio de representantes dos governos	• autoridades de nível ministerial, habilitadas a comprometer-se em nome do governo • pluralidade de formações, vinculadas ao tema da reunião	• negociação prévia no âmbito do Conselho de Representantes Permanentes, COREPER, que prepara a tomada de decisões • voto por maioria simples, nanimidade ou maioria qualificada,* a depender do tema	• legislativa e executiva • missão geral de coordenação entre Estados-Membros e Comunidade
Comissão europeia sede em Bruxelas	órgão de iniciativa e de execução, referida como o «motor» da Comunidade	• vinte membros,** com mandato de 5 anos, correspondendo a cada um deles uma DireçãoGeral da Comissão • nomeados, de comum acordo, pelo Conselho e devem oferecer garantias de independência	• funcionamento colegiado todos são responsáveis politicamente pelas decisões tomadas • voto por maioria dos membros que compõem a Comissão	• legislativa e executiva • missão geral de guardiã dos tratados

Parlamento europeu sede em Bruxelas e Estrasburgo	assembleia dos povos dos Estados que integram a Comunidade	• eurodeputados com mandato de 5 anos e imunidade parlamentar • sufrágio universal em cada EstadoMembro, mas procedimento eleitoral não uniforme • distribuição das cadeiras segundo critério demográfico***	• funcionamento autônomo, com debates públicos • voto por maioria absoluta dos presentes, excepcionalmente por maioria especial	• coadjuvante da função legislativa, para algumas matérias • função consultativa • controle político, restrito aos atos da Comissão
Tribunal de Justiça sede em Luxemburgo	garante do respeito ao direito na interpretação e aplicação dos tratados constitutivos	• quinze juízes (que sentenciam), um por Estado-Membro, e nove advogados-gerais (que apresentam conclusões não vinculantes sobre os processos) • nomeados de comum acordo pelo Conselho, com mandato de 6 anos e possuindo, além de garantias de independência, notória qualificação profissional	• composto de seis câmaras, decide excepcionalmente em plenário • desde 1989, o Tribunal é dotado de um Tribunal de primeira instância que se destina aos contenciosos da função pública, da responsabilidade contratual da Comunidade, além da ampla maioria das ações promovidas por pessoas físicas ou jurídicas	• função jurisdicional • cooperação com as jurisdições nacionais, através do renvio prejudicial, pelo qual o juiz nacional interrompe o processo para dirigir-se ao Tribunal e dirimir dúvidas sobre a interpretação ou a validade das normas comunitárias

* Para obter a maioria qualificada, utiliza-se a ponderação de votos, baseada na densidade demográfica, embora "modulada" por critérios políticos. A repartição de votos para cada Estado é a seguinte: Alemanha, França, Itália e Reino Unido (29); Espanha e Polônia (27); Holanda (13); Grécia, República Checa, Bélgica, Hungria e Portugal (12); Áustria e Suécia (10); Eslováquia, Dinamarca, Finlândia, Irlanda e Lituânia (7); Letônia, Eslovênia, Estônia, Chipre e Luxemburgo (4); Malta (3). O Conselho conta com 321 votos e uma maioria qualificada de 232 votos. Numa União com 27 membros, o Tratado de Nice e o Tratado de adesão preveem um total de 345 votos e uma maioria qualificada de 255 votos. A atual distribuição não muda. A Romênia e a Bulgária terão, respectivamente, 14 e 10 votos.

** Desde 2004 há 25 Comissários, um de cada nacionalidade dos Estados-Membros. Quando ingressar a Romênia e Bulgária, este número deverá diminuir e o Conselho indicará os critérios para a rotação igualitária entre cidadãos dos Estados-Membros.

*** Num total de 732 membros, correspondem a Alemanha, 99; França, Itália e Reino Unido 78 (cada um); Espanha e Polônia, 54; Holanda, 27; Bélgica, Grécia, República Checa, Hungria e Portugal, 24; Suécia, 19; Áustria, 18; Dinamarca, Eslováquia e Finlândia, 14; Irlanda e Lituânia, 13; Letônia, 9; Eslovênia, 7; Estônia e Luxemburgo, 6 e Malta, 5. Para tomada de decisões, quorum de um terço dos componentes.

448. Existem outros organismos, ditos de segundo plano, da estrutura comunitária: o *Tribunal de Contas*, o *Banco Europeu de Investimento*, o *Comitê de Regiões* e o *Comitê Econômico e Social*.

Embora não seja uma instituição comunitária propriamente dita, o *Conselho Europeu* desempenha um papel de grande importância na integração europeia. Ele reúne os Chefes de Estado ou de Governo em conferências de cúpula, e define as grandes linhas políticas da evolução comunitária.

449. Caso um dia seja vigente, a Constituição Europeia implementará um conjunto importante de alterações institucionais. O Conselho Europeu será integrado à estrutura orgânica da UE, e sua Presidência deixa de ser rotativa e semestral, passando a ser eleita para um mandato de dois anos e meio, renovável por uma vez. O Conselho da UE será modificado para, entre outras providências, fazer com que suas diferentes formações sejam presididas sucessivamente por diversos Estados, por ao menos um ano cada um. Será criado um Ministro de Relações Exteriores da UE. A Comissão contará com apenas 15 membros, a partir de 1º de novembro de 2009, sendo os Estados-Membros representados por meio de um critério de "rotação igualitária". As competências da UE serão divididas claramente entre competências exclusivas e compartilhadas. Os procedimentos interinstitucionais serão simplificados. O voto por maioria qualificada será estendido e redefinido. O Parlamento ganhará maiores poderes, afirmando-se como colegislador comunitário. Um papel institucional será concedido aos Parlamentos Nacionais.

⇒ **Princípios fundamentais**

450. A farta jurisprudência do Tribunal de Justiça de Luxemburgo estabeleceu incontáveis postulados do direito comunitário, entre os quais se destacam dois princípios basilares da ordem jurídica comunitária. Indubitavelmente, à consolidação destes enunciados se deve o elevado grau de efetividade do ordenamento das Comunidades. São eles igualmente que constituem a singularidade do sistema jurisdicional do qual se dotou a integração europeia.

⇒ **Primazia do direito comunitário sobre o direito nacional**

451. Um Estado-Membro não pode invocar a legislação nacional, seja ela qual for, para impedir a aplicação do direito comunitário em vigor, o que se aplica ao conjunto de suas fontes. O principal acórdão atinente à matéria, conhecido como a decisão *Simmenthal*, de 9 de março de 1978, autoriza o juiz nacional a não aplicar a lei nacional, de qualquer hierarquia, se ela contrariar o direito comunitário, podendo inclusive ignorar as regras nacionais que limitam a sua própria competência.

⇒ **Aplicabilidade imediata e invocabilidade em juízo**

452. A primazia da regra comunitária garantiria apenas em tese a aplicação da ordem jurídica comunitária, caso a vigência de suas normas

dependesse de incorporação, pelo procedimento tradicional do direito internacional público, às ordens nacionais. Dois acórdãos célebres do Tribunal de Justiça, conhecidos como decisões *Van Gend en Loos*, de 5 de fevereiro de 1963, e *Costa contra E.N.E.L.*, de 15 de julho de 1964, consolidam o princípio pelo qual a ordem comunitária não se incorpora, mas sim está *integrada* às ordens nacionais. Assim, seus sujeitos são, não somente os Estados-Membros, mas todos aqueles que se submetem à sua jurisdição.

453. Logo, no que atine ao direito internacional em geral, pouco importa se os Estados-Partes adotam o sistema monista ou dualista. Quando o direito comunitário está em causa, uma ordem jurídica, *própria* e *específica*, se impõe, excluída toda possibilidade de escolha de parte dos Estados. Assim, as regras comunitárias integram-se abstratamente às ordens internas sem a necessidade de nenhuma medida nacional de incorporação. Este fenômeno é designado como *aplicabilidade imediata* do direito comunitário.

454. Daí decorre que, mais do que os Estados, todo ser dotado de personalidade jurídica de direito interno pode ser titular de direitos e obrigações fundados nas regras comunitárias em vigor. Para que venha a produzir efeitos, os sujeitos de direito, em todo o território abrangido pela Comunidade, podem invocar em justiça, perante as autoridades nacionais, a regra comunitária, através da *teoria do efeito direto*. Um particular pode, por exemplo, reivindicar a realização do seu direito fundado na norma da Comunidade, ou impedir a aplicação da regra nacional contrária à ordem comum. Resta evidente que o efeito direto, quando se trata de direito derivado, está condicionado à natureza do ato normativo escolhido pela instituição comunitária.

⇒ **Contencioso comunitário**

455. Embora o maior aplicador do direito comunitário é o juiz nacional, está à disposição dos Estados-Membros, das instituições comunitárias e das pessoas físicas e jurídicas, um conjunto de procedimentos que conformam um direito processual específico, aplicável relativamente ao Tribunal de Justiça e do Tribunal de Primeira Instância. Eles podem ser assim resumidos:

Procedimentos do Direito Processual Comunitário

	Legitimidade ativa	Finalidade
Ação por incumprimento arts. 169 a 172 TCE	Comissão, Estados-Membros.	controle do cumprimento das obrigações decorrentes do direito comunitário pelos Estados-Partes, que podem ser condenados, se persistirem na insubordinação, à sanção pecuniária.

Recurso de anulação arts. 173, 174 e 176 TCE	Conselho, Comissão, Estados-Membros, Parlamento e Banco Central Europeu em certas condições, pessoas físicas ou jurídicas direta e individualmente atingidas por um ato comunitário.	controle de legalidade dos atos das instituições comunitárias, através da anulação parcial ou total de atos eivados de incompetência, violação de formalidades substanciais, violação de tratado constitutivo ou de regras que garantam o seu cumprimento ou ainda desvio de poder.
Ação por omissão arts. 175 e 176	Estados-Membros, instituições comunitárias, pessoas físicas ou jurídicas direta e individualmente atingidas pela omissão.	constata a carência de parte do Parlamento, do Conselho ou da Comissão que, em cumprimento do tratado, deveria ter tomado uma decisão, obrigando a instituição visada a suprir sua abstenção.
Ação de indenização arts. 178 e 215, 2 TCE	pessoa física ou jurídica vítima de um prejuízo.	repara o dano quando se opera a responsabilidade da Comunidade.
Recurso ordinário Protocolo sobre o Estatuto do Tribunal de Justiça	Estados-Membros e instituições comunitárias, e pessoas físicas ou jurídicas diretamente afetadas pela decisão.	visa à reforma das decisões do Tribunal de Primeira Instância.

⇒ **A Zona Euro**

456. A política econômica e monetária, no âmbito das Comunidades Europeias, foi objeto de diversas tentativas, pouco exitosas, de coordenação ou unificação. A matéria, entretanto, é de importância magistral quando se deve gerir um mercado comum. Atestando uma evolução histórica de monta, o Tratado de Maastricht consagra o estabelecimento de uma *União Econômica e Monetária*, UEM, como forma de realizar os objetivos da Comunidade Europeia. Para tanto, implementa a estreita coordenação da política econômica dos Estados-Membros e transfere à seara comunitária a integralidade da elaboração e da gestão da política monetária, doravante comum. Etapa final da construção da UEM: a adoção de uma moeda única, a partir de 1º de janeiro de 1999, denominada *euro*. O artigo 3º, alínea 3, do TUE explicita claramente os princípios norteadores da UEM: estabilidade de preços e da balança de pagamentos, finanças públicas e condições monetárias saudáveis.

457. A complexidade deste novo ente excede a dificuldade inerente aos temas econômicos e monetários, eis que os Estados-Membros da Comunidade não se tornam automaticamente membros da UEM. Com efeito, para compor a UEM, o Estado-Membro deve respeitar um conjunto de critérios que estimam, *grosso modo*, a saúde de suas finanças. Dinamarca e Inglaterra mereceram, por vontade própria, uma derrogação às cláusulas atinentes à política econômica e monetária. Atualmente integram a chamada *Zona Euro*: Alemanha, Áustria, Bélgica, Espanha, Finlândia, França, Grécia, Holanda, Irlanda, Itália, Luxemburgo e Portugal. Os dez Estados que aderiram à UE em 2004 adotaram o euro em 2007-2008. Assim, a Zona Euro

constituiu *uma Europa dos Doze* no seio da *Europa dos 25*. Ademais, embora não integrem a UE, por ter com ela acordo formal, ou por usarem moeda outrora nacional substituída pelo euro, também o adotaram: Andorra, Kosovo, Mônaco, Montenegro, São Marino e Vaticano. Estão indexadas pelo euro as moedas de Bósnia, Bulgária e Cabo Verde.

458. Para o exercício destas novas competências, a Comunidade dotou-se de uma estrutura institucional específica. Trata-se do *Banco Central Europeu*, BCE, e do *Sistema Europeu dos Bancos Centrais*, SEBC, uma estrutura que integra os Bancos Centrais Nacionais e o BCE. Além de ser um banco dotado de um capital e de recursos próprios, o BCE dispõe de um poder regulamentar e decisório típico de um Banco central nacional, porém em escala comunitária. Dotado de personalidade jurídica, o BCE é dirigido por um *Conselho de Representantes* e administrado por um *Diretório*, e dispõe de absoluta independência, tanto em relação às instituições comunitárias, como aos Estados-Membros. A dinâmica desta estrutura original modificará as relações financeiras internacionais, mas atingirá também, de um modo geral, o quadro das relações internacionais contemporâneas.

5.3.2. Direito do MERCOSUL

Bibliografia recomendada: BAPTISTA, Luiz Olavo. *MERCOSUL, suas instituições e ordenamento jurídico*. São Paulo: LTr, 1998, 272p.; DREYZIN, Adriana. *El Mercosur – Generador de una nueva fuente de derecho internacional privado*. Buenos Aires: Zavalia, 1997; PEROTTI, Alejandro. *Habilitación constitucional para la integración comunitaria: estudio sobre los Estados del Mercosur*. Montevidéu: Konrad Adenauer, 2004. 1035 p. (2 v.); PEROTTI, Alejandro, VENTURA, Deisy. *El Proceso Legislativo del MERCOSUR*. Montevidéu: Konrad Adenauer, 2004, 115p.; VENTURA, Deisy. *Las Asimetrías entre la Unión Europea y el MERCOSUR: los desafíos de una asociación interregional*. Montevidéu: Konrad Adenauer, 2004, 618p.; *Sites* para consulta: Secretaria de MERCOSUL .mercosur.int; Rede Mercocidades .mercociudades.org; Tabela do estado de vigência dos acordos firmados no âmbito do MERCOSUL: <www.mre.gov.py/dependencias/tratados/mercosur/registro%20mercosur/mercosurprincipal.htm>; Tribunal Permanente de Revisão do MERCOSUL: <http://www.mre.gov.py/tribunal>.

459. O *Mercado Comum do Sul*, MERCOSUL, foi criado pelo *Tratado de Assunção*, de 26 de março de 1991. O objetivo deste acordo é a realização progressiva de um mercado comum entre a Argentina, o Brasil, o Paraguai e o Uruguai. Em 2012, ocorreu o polêmico ingresso da Venezuela. Um quadro institucional, de caráter provisório, foi instaurado por este tratado constitutivo, prevendo apenas quatro órgãos – o *Conselho Mercado Comum*, o *Grupo Mercado Comum*, a *Comissão Parlamentar Conjunta* e a *Secretaria Administrativa* –, cujo sistema de tomada de decisões repousava sobre o consenso, em pre-

sença de todos os Estados-Membros. Desde sua origem, o MERCOSUL é uma organização de caráter intergovernamental.

460. O quadro institucional do MERCOSUL foi posteriormente aperfeiçoado pelo *Protocolo de Ouro Preto*, de 17 de dezembro de 1994. Guardaram-se os órgãos do quadro provisório e manteve-se a natureza intergovernamental, preservando o sistema decisório do consenso. Via de consequência, o MERCOSUL dotou-se de uma estrutura flexível, que não comporta a transferência de competências estatais. Entretanto, o Protocolo de Ouro Preto precisou as regras de funcionamento das instituições, às quais ele acrescentou dois novos órgãos: a *Comissão de Comércio*, criada em 5 de agosto de 1994 por uma decisão do Conselho, e o *Foro Consultivo Econômico-Social*. A partir de 2002, a Secretaria deveria ter sido transformada em órgão técnico. Em 2003, criou-se a *Comissão de Representantes Permanentes do MERCOSUL* (CRPM), cuja Presidência pode, sob mandato expresso do Conselho, exercer a representação exterior do bloco. Em 2005, foi assinado o protocolo constitutivo do *Parlamento do MERCOSUL*, que deverá substituir a Comissão Parlamentar Conjunta e terá sede em Montevidéu.

461. O MERCOSUL dispõe ainda de um sistema autônomo de solução de controvérsias, criado originalmente pelo *Protocolo de Brasília*, de 17 de dezembro de 1991. Este sistema previa, *grosso modo*, duas modalidades de solução de litígios. Primeiramente, as negociações diplomáticas e no seio das instituições, especialmente no âmbito do Grupo Mercado Comum e da Comissão de Comércio. Em segundo lugar, o recurso à arbitragem, através de tribunais *ad hoc*, cujos árbitros são nomeados a partir das listas propostas pelos Estados-Membros. Em fevereiro de 2002, os Estados-Partes do MERCOSUL assinaram o *Protocolo de Olivos* para solução de controvérsias no MERCOSUL que revogou o Protocolo de Brasília. Dentre as mudanças instituídas em Olivos, duas se destacam. A primeira é a *cláusula de eleição de foro*, que obriga a Parte que deseja fazer uso do sistema autônomo de solução de controvérsias do MERCOSUL a renunciar a outros sistemas aos quais poderia recorrer, como, por exemplo, o da OMC. Infelizmente, o texto de Olivos não veda o recurso a outro sistema, mas apenas evita que sejam exaradas sentenças de conteúdo diverso no mesmo plano hierárquico, como já poderia ter ocorrido em controvérsias que tramitam simultaneamente na OMC e no sistema do MERCOSUL.

462. A segunda inovação é a criação de um *Tribunal Permanente de Revisão* (TPR), uma vez que no Protocolo de Brasília as decisões do Tribunal Arbitral *ad hoc* eram inapeláveis. O TPR, com sede em Assunção, é composto por cinco árbitros, que deverão estar permanentemente

disponíveis a convocações. É competente para analisar recursos de revisão, com efeito suspensivo, limitados a questões de direito tratadas na controvérsia ou a interpretações jurídicas do laudo do Tribunal *ad hoc*, excluídos os laudos que decidirem pelos princípios *ex aequo et bono*. Além disso, o TPR pode atuar como primeira e única instância, quando as partes o quiserem, em comum acordo. Embora a sucessão de laudos arbitrais não caracterize a formação de uma jurisprudência, cabe mencionar que o sistema de solução de controvérsias próprio ao MERCOSUL já produziu laudos arbitrais.

463. Em 2012, o Congresso do Paraguai aprovou o *impeachment* do presidente eleito, Fernando Lugo, por "mau desempenho das funções presidenciais".

Embora não se tratar de um golpe de Estado, já que não houve ruptura constitucional, além de se tratar de um processo eminentemente político, o MERCOSUL decidiu suspender o Paraguai de alguns direitos que lhe eram conferidos pelos tratados do bloco. Esta decisão permite que a Venezuela ingresse no MERCOSUL.

464. Há legítimas dúvidas sobre a legalidade do ingresso venezuelano. O Tratado de Assunção em seu artigo 20 exige que o alargamento decorra de decisão unânime dos Estados Partes. Posteriormente, o Protocolo de Ouro Preto, no seu art. 37, que rege o sistema de tomada de decisões, informa que "as decisões dos órgãos do MERCOSUL serão tomadas por consenso e com a presença dos Estados Partes", o que visivelmente não ocorreu.

465. O Governo paraguaio recorreu ao TPR. No entanto, este decidiu que não tinha competência (Laudo 01/2012) para decidir sobre o caso já que é voltado às desavenças comerciais, e não às políticas. Assim, decidiu-se de forma unânime que não estão presentes os requisitos para aplicação da Decisão 23/04 e "que a jurisdição do sistema de solução de controvérsias do MERCOSUL abarca o exame de legalidade da aplicação do Protocolo de Ushuaia" além de declarar que "o Tribunal Permanente de Revisão não se pronuncia sobre cumprimento ou violação da normativa MERCOSUL relacionada à demanda apresentada neste procedimento". Também se decidiu por maioria que é "inadmissível a intervenção direta do TPR sem o consentimento expresso dos demais Estados Partes".

⇒ **Fontes**

466. O Tratado de Assunção, o Protocolo de Ouro Preto e o Protocolo de Brasília constituem as *fontes originárias* do direito do MERCOSUL, eis que eles asseguram a existência autônoma do bloco, definem sua natureza e sua estrutura, além de estabelecer as regras de fun-

cionamento das instituições comunitárias. Contudo, para gerir a integração econômica e aplicar os textos constitutivos, as instituições comuns têm necessidade de elaborar novas normas. O resultado do exercício de poder normativo das instituições comuns constitui o *direito derivado* do MERCOSUL.

467. O MERCOSUL aproxima-se de uma ordem jurídica comunitária na medida em que ele possui fontes autônomas em relação às ordens nacionais. Ocorre que, como ensina Guy Isaac, uma ordem jurídica é um conjunto organizado e estruturado de normas jurídicas, que possui suas próprias fontes, dotado de órgãos e procedimentos aptos a emitir regras, a interpretá-las além de constatar violações e, se for o caso, aplicar sanções. Assim, o MERCOSUL distancia-se da noção de sistema jurídico na medida em que um procedimento complexo de transposição limita o caráter coercitivo das regras do bloco.

⇒ **Caráter autônomo**

468. Além das fontes de direito originário, já mencionadas, o Protocolo de Ouro Preto consagra, em seu artigo 41, III, como fontes do direito derivado do MERCOSUL, as decisões do Conselho Mercado Comum, as Resoluções do Grupo Mercado Comum e as Diretivas da Comissão de Comércio do MERCOSUL. Estas são as únicas instituições que dispõem do poder decisório, conforme o artigo segundo do mesmo Protocolo. Compõem-se de representantes dos Poderes Executivos nacionais, que se reúnem periodicamente para tratar de assuntos da comunidade. Suas reuniões são coordenadas, não por um Secretariado, mas pelos Ministérios de Relações Exteriores. A organização das reuniões e o controle da ordem do dia incumbem ao Estado que exerce a presidência do MERCOSUL. Esta se estende a todos os órgãos comuns e é exercida através de um rodízio entre Estados-Partes, com a duração de seis meses.

469. A Comissão Parlamentar Conjunta e o Foro Consultivo Econômico-Social são órgãos consultivos, compostos, respectivamente, de representantes dos Poderes Legislativos nacionais e de representantes de setores econômicos e sociais. A Comissão Parlamentar e o Foro podem formular *Recomendações* ao Conselho (artigos 26 e 29 POP). Os atos destas entidades não podem ser considerados como fonte de direito derivado.

470. Deduz-se do POP uma clara hierarquia entre as instituições que participam do processo decisório. O Conselho é o órgão superior do MERCOSUL, a quem incumbe a direção política do processo de integração (art. 3º). O Grupo é o órgão executivo (art.10), de quem

a Comissão de Comércio é um órgão auxiliar (art. 16). Isto não impede que o grupo e a Comissão detenham um poder normativo, limitado segundo sua natureza e suas competências. Na ausência de menção expressa à hierarquia entre as fontes, é possível imaginar se, em caso de conflito, a hierarquia entre as instituições refletir-se-ia sobre seus atos, com o predomínio dos atos do Conselho sobre os demais.

471. Reforçando o caráter autônomo desta ordem, o POP estabeleceu uma tipologia dos atos normativos das instituições. O Conselho elabora *Decisões* (art. 9º), que regem tanto a dinâmica interna da organização quanto o comportamento dos Estados Partes em seu território. Neste sentido, tais atos normativos possuem um campo de aplicação ilimitado. Porém, a deliberação por consenso, com a presença de todos os Estados, aplica-se ao conjunto da estrutura institucional (art. 37), evita um alargamento não desejado das competências dos órgãos comuns. Além da função normativa, o Conselho possui uma função representativa, pois ele exerce a personalidade jurídica do MERCOSUL. O Grupo pronuncia-se por intermédio das *Resoluções* (art. 15). Dispõe de um poder normativo originário para estabelecer planos de trabalho necessários à instauração do mercado comum. Contudo, ele detém ainda um poder normativo derivado, pois deve tomar as medidas necessárias à aplicação das decisões do Conselho. Além disso, o Grupo pode apresentar projetos de decisão ao Conselho. Finalmente, a Comissão de Comércio impõe *Diretivas* (art. 20), no domínio da política comercial comum e, em particular, da tarifa aduaneira comum. Esta Comissão assume igualmente uma função paralela no sistema de solução de controvérsias. Assim como o Grupo, sua organização repousa sobre Seções Nacionais. Pode também a Comissão formular *Proposições* ao Grupo, que não constituem atos normativos.

472. Tratando-se de uma organização intergovernamental típica, a existência de uma ordem jurídica supranacional está absolutamente excluída no caso do MERCOSUL. Entretanto, as normas comunitárias formam um conjunto organizado e estruturado. Para que um ato normativo seja válido, no sentido *kelseniano* do termo, é necessário que ele seja elaborado de acordo com os procedimentos comunitários previstos para esta finalidade. O direito primário do MERCOSUL está na origem de um tecido de normas, facilmente identificável através de suas fontes. A necessidade de posterior incorporação das normas às ordens nacionais não impede que as regras do bloco guardem relações de derivação entre si. Para confirmar a noção de ordem jurídica, resta, então, verificar o caráter coercitivo destas normas.

⇒ **Caráter obrigatório**

473. Os artigos do POP que estabelecem a tipologia dos atos normativos neles reconhecem uma natureza obrigatória (arts. 9º, 15 e 20). As demais disposições do texto esclarecem o alcance deste caráter coercitivo. O Capítulo IV consagra-se à aplicação interna das normas que emanam do MERCOSUL. Conforme o artigo 38, os Estados-Partes comprometem-se a tomar todas as medidas necessárias para assegurar a aplicação de Decisões, Resoluções e Diretivas, dentro de seu território. Eles devem informar a Secretaria sobre tais medidas. Logo, o direito do MERCOSUL não desfruta de uma aplicabilidade direta nas ordens jurídicas nacionais. A eficácia das normas comuns depende das diligências providenciadas pelos Estados-Membros no sentido de garantir sua aplicação. As normas dotadas de cláusula de dispensa de incorporação são aquelas que produzem efeitos exclusivamente *interna corporis*, no âmbito das instituições do bloco.

474. O artigo 40 do POP fixa um procedimento a seguir para assegurar, conforme o texto, a entrada em vigor simultânea das normas do MERCOSUL nos Estados-Partes. Uma vez adotada a norma, as medidas internas, tomadas pelos Estados para garantir sua aplicação, são informadas à Secretaria. Esta, após receber informação de todos os Estados, comunicará a cada um deles deste fato. As normas entrarão em vigor simultaneamente, trinta dias após a data da Comunicação da Secretaria. Neste prazo, os Estados tornarão pública a data de início da vigência da norma, através de seus jornais oficiais. Assim, a vigência do direito derivado do MERCOSUL segue um procedimento de *internalização* mais complexo do que o rito tradicional do DIP, eis que, antes da informação a SAM, a regra terá seguido o procedimento interno ordinário de incorporação à ordem nacional.

475. Ressalte-se que a não transposição de uma regra não ocasiona nenhuma sanção ao Estado omisso. Mesmo se ele a realiza é bem certo que uma transposição defeituosa pode alterar ou mesmo distorcer o espírito do texto comunitário. Este risco é ainda maior porque os Estados podem escolher as modalidades de incorporação de uma regra: lei ou ato administrativo normativo, escapando o segundo ao controle prévio do Poder Legislativo. Em caso de transposição defeituosa, igualmente, nenhuma sanção está prevista para o Estado faltoso. A inconsistência da obrigação de transposição torna-se patente no artigo 42: as normas que emanam do MERCOSUL *possuem caráter obrigatório e deverão, se necessário, ser incorporadas às ordens jurídicas nacionais conforme os procedimentos previstos pela lei de cada país*. O Estado-Parte pode, então, legitimamente, entender que o conteúdo de uma norma já está contemplado na ordem pátria e

decidir não transpô-la, ou fazê-lo parcialmente. Desta forma, configura-se um poder discricionário da parte dos governos nacionais, no que atine à oportunidade e às modalidades de incorporação das normas comuns.

⇒ **Jurisprudência brasileira**

476. Julgado em 13 de janeiro de 1998, o processo conhecido como *Caso Leben* (Poder Judiciário RS, proc. n° 01197608241) consagra-se ao problema da igualdade tributária entre os parceiros do MERCOSUL. Em resumo, a sociedade comercial brasileira *Leben Representações Comerciais* importou leite uruguaio, embalado e pronto para o consumo, cujo similar nacional é isento do *Imposto sobre Circulação de Mercadorias e Serviços* (ICMS). Reclamando a aplicação do artigo 7° do Tratado de Assunção, que preconiza a equiparação do tratamento tarifário entre os produtos similares, *Leben* provocou a jurisdição nacional, que assim decidiu: *sendo o leite nacional, pronto para consumo, produzido em território brasileiro, isento de ICMS, igualmente o produto similar estrangeiro deve merecer dita isenção.* Certos autores, por inadvertência, acolheram a sentença *Leben* como o reconhecimento da primazia do direito do MERCOSUL sobre a lei nacional. Ora, esta decisão refere-se à regra já incorporada e em vigor na ordem brasileira. Do ponto de vista jurídico, em nada inova a decisão em tela, que se limita a aplicar corretamente o Tratado de Assunção, que foi devidamente internalizado.

477. A superioridade da regra nacional não cessa, aliás, de ser confirmada pelo Supremo Tribunal Federal. Em decisão de 30 de dezembro de 1997, o STF anula Carta Rogatória que se funda no *Protocolo sobre Cooperação e Assistência Jurisdicional em Matéria Civil, Comercial, Trabalhista e Administrativa*, de 27 de junho de 1992. Correspondendo, à época, à Corte Suprema a competência para conceder o *exequatur* à Carta Rogatória, conforme o artigo 102, I, *h*, da Constituição Federal, no confronto com a regra do MERCOSUL, prevaleceu o dispositivo nacional. Pouco importa que, no caso concreto, a Carta Rogatória tramitasse entre dois juízos de fronteira, endereçada de Santana do Livramento, RS, a Rivera, Uruguai, cidades separadas por uma avenida. Finalmente, em 4 de maio de 1998 (Carta Rogatória 8.279, Argentina), o STF nega vigência ao *Protocolo sobre medidas cautelares*, de 17 de dezembro de 1994. Neste caso, consoante o procedimento de internalização em uso no Brasil, a regra não estava incorporada à ordem brasileira. Presente a aprovação do Congresso e a ratificação pelo Presidente, faltante a promulgação da avença internacional. Assim, as medidas cautelares que visavam a garantir direitos de credores argentinos foram denegadas pela jurisdição

brasileira. Pouco tempo depois da decisão do STF, o governo brasileiro providenciou a promulgação do instrumento, que ora se encontra em vigor na ordem jurídica pátria.

⇒ **Estados Associados**

478. O MERCOSUL possui, hoje, um número maior de Estados Associados do que de Partes. Aderiram ao bloco, ademais de Bolívia e Chile nos anos 1990, Peru (2003), Colômbia e Equador (2004). O estatuto de associação do MERCOSUL é ambíguo, sendo bastante assimétrico o grau de compromisso dos diferentes Associados com o acervo normativo do MERCOSUL.

5.3. Direito Internacional do Desenvolvimento (DID)

Bibliografia recomendada: FEUER, G.; CASSAN, H. *Droit international du développement*. Paris: Dalloz, 1985, 644 p.; FLORY, M. "Mondialisation et Droit international du développement", in *RGDIP*, n° 3, julho de 1997, pp. 609-633.; GABAS, J.-J. *Nord-Sud: l'impossible coopération?*. Paris: Presses Sciences Politiques, 2002, 117 p.; HONRUBIA, V. A. «Mundialización de la economía y estrategia internacional de cooperación al desarrollo», in *Cursos Euromediterráneos Bancaja de Derecho Internacional*. Valencia: 2002, vol. VI, pp. 365-458.; MARTIN, P.-M. *Les échecs du droit international*. Paris: PUF, 1996, 128 p.; RIST, G. *Le développement: histoire d'une croyance occidentale*. Paris: Presses des Sciences Politiques, 1996, 427 p.; SEITENFUS, R. *Relações Internacionais*. São Paulo: Manole, 2004, 267 p.; SEN, A. *Desenvolvimento como liberdade*, São Paulo: Cia das Letras, 2000, 409 p.; VIRALLY, M. *Le droit international en devenir: essais écrits au fil des ans*. Paris: PUF, 1990, 504 p.; VISSCHER, C. de. *Les effectivités du Droit international public*. Paris: Pedone, 1967, 175 p.

479. A permanência e, na grande maioria dos casos, o aprofundamento das diferenças marcantes do nível de desenvolvimento econômico-social entre os Estados do Norte e os do Sul do Planeta, impõem uma reflexão sobre como o Direito pode contribuir para mudar a inaceitável realidade. Sejamos claros: apesar da existência de certos estudos sociológicos e antropológicos que tentam explicar as assimetrias de desenvolvimento através de outras concepções intelectuais, a problemática do desenvolvimento vincula-se, pelo essencial, aos campos econômico e político. Todavia, durante as décadas de 1960/70, adquiriu relevo o enfoque jurídico, fazendo surgir um ramo específico do Direito Internacional do Desenvolvimento (DID). Este Direito é importante na medida em que as sombrias projeções feitas pelos cientistas sociais, notadamente os economistas e os demógrafos, anunciam o agravamento da situação social, fazendo com que o aumento da miséria seja uma realidade cada vez mais concreta no horizonte da Humanidade nas próximas décadas. Além disso, a verdadeira pacificação da vida internacional não pode resumir-se à visão simplista do combate ao terror, pois inexiste segurança ausente o desenvolvimento. Este é o vínculo que sustenta e que fornece conteúdo ao DID.

⇒ **Nascimento e decadência do DID**

480. O artigo 22, § 1º, do Pacto da SDN, ao referir-se ao sistema de Mandatos, é o primeiro texto de DIP que menciona o desenvolvimento ao indicar que "o bem estar e o desenvolvimento destes povos [sob domínio colonial] é uma missão sagrada de civilização...". Todavia, o DID possui uma data de nascimento: ela corresponde ao período da descolonização no pós-Segunda Guerra Mundial, durante o qual o número de Estados-Membros da Organização das Nações Unidas passa, em pouco mais de duas décadas, de 50 a 125. A maioria numérica permite aos países em desenvolvimento (PVD) orientar os debates e decisões no âmbito da Assembleia Geral (AG) da ONU, pois suas resoluções são adotadas com a maioria de 2/3.

⇒ **Premissas e propostas**

481. A Carta da ONU não se preocupa com as questões decorrentes do subdesenvolvimento. Contudo, a partir do momento, que a descolonização concede uma maioria aos Estados do Sul, a ideologia do desenvolvimento se transforma no *leitmotiv* de suas iniciativas. A solidariedade coletiva do então denominado Terceiro Mundo (TM) se manifesta através de várias instâncias: o Movimento dos Não Alinhados (MNA) nas múltiplas conferências por ele patrocinadas que tentam encontrar uma terceira via entre capitalismo e socialismo, notadamente a partir da reunião da Bandung (1955); o Grupo dos 77 (G 77) e na UNCTAD.

482. Insatisfeitos com o simples princípio de um *direito à ajuda* que rapidamente demonstrou seus limites, os PED defendem num segundo momento, o *direito à independência econômica* e, finalmente, lutam para lançar as bases de um *direito de uma nova ordem econômica internacional (NOEI)*.

Para bem avaliar as dificuldades que enfrenta o DID é necessário frisar que sua construção depende de um novo projeto de sociedade: ele se contrapõe ao liberalismo e ao determinismo e tenta, através do Direito, lançar as bases de um novo *contrato social internacional*. Além disso, tal Direito é orientado, isto é, ele abarca inúmeros aspectos da vida em sociedade. Inclusive esta característica complicadora o torna um Direito Global, tal como conhecido na atualidade, e conduziu os PVD a tentar simplificá-lo por meio de uma renhida luta ideológica.

Por outro lado, o DID não pode ser considerado como um corpus jurídico homogêneo, sistemático e unificado. Ao contrário, ele é marcadamente complexo e díspare pois além das regras de DIP tradicionais, há regras de direito interno, as resoluções emanadas das organizações internacionais, cujo alcance e natureza jurídica se prestam a contestação, e novas regras de direito transnacional que regulamentam as relações entre os Estados do TM e empresas estrangeiras.

483. O DID é um direito contestado em sua própria origem. Resultante de uma vontade coletiva do TM, a ele se opõe os Estados desenvolvidos. Ao pretender mudar a realidade internacional, ele manifesta sua natureza intervencionista e pode ser apresentado como o contrapé ao liberalismo defendido pelos Estados que são favorecidos pela ordem internacional vigente. O DID apresenta uma dupla composição de regras: coexistem regras *positivas* e *prospectivas*. As primeiras cristalizam a realidade e, na maioria dos casos, encontram sua fonte no tradicional DIP. O segundo rol de regras, ao contrário, é revolucionário na medida em que tentam subverter a ordem jurídica internacional. Esta característica original do DID – ao mesmo tempo conservador e revolucionário – lhe concede uma situação *sui generis*, típica de um direito em construção, *in statu nascendi*.

484. Três princípios estiveram na base do DID. O primeiro é o respeito à soberania. Para que um Estado desfrute da soberania deve respeitar as seguintes condições:

(a) a *não intervenção estrangeira* (ou não ingerência) nos assuntos considerados como sendo de interesse interno ou externo do Estado, ou seja, que integram o seu domínio reservado.

A Resolução 2625 da XXV AG da ONU (outubro de 1970) sustenta como sendo contrária ao DIP qualquer intervenção, direta ou indireta, no domínio reservado dos Estados feita individualmente ou por grupo de Estados. A proibição se estende, igualmente, às empresas transnacionais e tenta condenar, com resultados mitigados, a agressão econômica.

485. (b) *a liberdade de escolha da organização política e econômica dos Estados*. Esta autodeterminação dos povos contém duas aplicações práticas: por um lado, respaldar a livre manifestação das populações que ainda se encontram sob o jugo colonial. Reforça-se a ideia de que todo povo colonizado, independentemente de seu nível econômico e de suas características socioculturais, possui o direito nato, inconteste e intransferível de manifestar – inclusive pela força se necessário – sua aspiração à uma organização autônoma e à independência política. Por outro lado, uma vez alcançada a independência, os povos liberados devem poder expressar-se com total liberdade, portanto sem injunções do exterior, na escolha de seus sistemas político e econômico.

486. (c) a faculdade de utilizar livremente, ou seja, sem referência a outra fonte de poder a não ser a nacional, dos recursos naturais que o Estado dispõe em seu território. Impulsionado pelos Estados latino-americanos, ele não objetiva simplesmente colocar sob o controle do Estado as riquezas naturais de seu território, mas igualmente serve de inspiração à recusa da transferência dos recursos não pertencentes a uma soberania – como os fundos marinhos – para os

Estados que disponham de meios para explorá-los, isto é, os países industrializados (PI). Nasce assim a ideia de patrimônio comum da humanidade, pedra de toque do Direito do mar e do espaço extra-atmosférico.

A aplicação deste elemento foi estendida às relações entre os Estados do TM e as empresas transnacionais que investiam, concediam empréstimos ou comercializavam, provocando inúmeras crises. A expansão do capitalismo nos PVD se revestiu de várias formas, essencialmente financeira e comercial. A financeira consistiu no investimento direto para a industrialização que gerou divisas, produtos, empregos e transferência de tecnologia. Apesar de ser aparentemente muito mais benéfico para os PVD do que a simples importação de equipamentos, o investimento direto foi objeto de pesadas críticas em razão da dependência estrutural que ele provocou. Certos governos foram além tomando medidas de expropriação de empresas estrangeiras. Esse movimento atingiu seu auge em 1975 com a expropriação de mais de 80 empresas em cerca de trinta PVD.

487. Além da soberania, o DID apregoa o princípio do *respeito à igualdade entre os Estados*. Vinculada ao princípio anterior na medida em que sendo todos os Estados soberanos, também iguais, o DID introduz a expressão *igualdade soberana* no vocabulário jurídico. Os PVD defendem, num primeiro momento, o tradicional princípio do DIP da igualdade formal entre os Estados. Todavia, frente às desigualdades reais, é necessário, segundo o DID, que o direito aporte corretivos jurídicos. Ou seja, o princípio de igualdade jurídica formal deve ser aplicado somente entre iguais. Entre desiguais – caso dos PVD em suas relações com os Estados industrializados – é imprescindível lançar mão de políticas especiais. Chega-se à máxima que a verdadeira justiça se encontra no tratamento desigual dos desiguais.

Estas iniciativas recebem variadas denominações: discriminação positiva, desigualdade compensadora, sistema de preferências generalizadas (SPG) ou especiais, etc. O que não muda é a ideia: é necessário encontrar mecanismos para tornar real a igualdade formal entre os Estados. Defensor de um estatuto específico para os PVD que contemple suas expectativas, a UNCTAD opera a contracorrente às atividades do GATT (e posteriormente da OMC) os quais se esforçam para diminuir os entraves à circulação de mercadorias sem atentar às particularidades socioeconômicas dos Estados membros.

Muitos juristas identificavam neste embate o cerne dos dilemas enfrentados pelo DID. A dualidade de *estatutos* deveria refletir-se na dualidade de *normas*. Assim, pela primeira vez, o GATT reconhece, por ocasião do encerramento da Rodada de Tóquio (1973-79) que os PVD deveriam se beneficiar de um tratamento diferenciado e mais favorável.

488. Finalmente, o terceiro fundamento do DID decorre do *princípio da solidariedade*. Mais do que um princípio jurídico, a solidariedade é uma ideia em movimento e um princípio ético. Sustentando que todos os povos têm o direito ao bem-estar social e ao desenvolvimento econômico, o princípio da solidariedade deve ser perseguido na medida em que existe uma interdependência econômica do mundo. Não somente os PVD dependem dos PI, mas igualmente

aqueles, demonstrado com a crise do petróleo de 1973. Além disso, estamos no campo da ética, como prática eficiente, já que a busca pelo desenvolvimento e o bem-estar de todos é um direito inerente à pessoa humana.

Baseada no trinômio interdependência, interesse comum e cooperação, a solidariedade não deve restringir-se às relações Norte/Sul mas igualmente às Sul/Sul. Este é o sentido de um grande esforço empreendido pelo MNA para que os PVD fossem dotados de instrumentos ágeis e eficazes de luta contra as diferentes manifestações do subdesenvolvimento. Contudo, os resultados alcançados foram limitados pois o DID sofreu ataques frontais que o inviabilizaram. Entre as oposições mais ativas estavam as oriundas dos governos dos PI.

⇒ **Das críticas ao fracasso**

489. A acusação feita pelos PVD aos PI considerados responsáveis pelo seu atraso e subdesenvolvimento foi fortemente rechaçada. Segundo os PI, a busca pelo progresso econômico e social é responsabilidade, em primeiro lugar, dos próprios governos dos PVD. Ora, muitas vezes a elite política que os domina defende seus interesses privados e de grupo, descartando consistentes políticas públicas. Na maioria dos casos, o auxílio de origem estrangeira é drenado em proveito próprio por dirigentes corruptos. Além disso, segundo os PI, não se deve transformar uma responsabilidade moral e um princípio ético numa obrigação jurídica, como tenta fazer o DID. Isso seria trair a própria noção de solidariedade. Esta, segundo os Estados desenvolvidos, decorre de uma liberdade de escolha e de uma generosidade inerente à solidariedade. Há, portanto, antinomia entre direito e solidariedade.

O Brasil sugeriu em 1966 a adoção de uma «Carta do Desenvolvimento» que teria estatuto jurídico semelhante à Carta de São Francisco. A oposição dos PI impediu sua aprovação e levou ao seu abandono. Este exemplo demonstra que a recusa dos PI de se submeter a textos legais que venham conferir direitos aos PVD, fez com que o DID somente encontrasse suas fontes em origens diversas e de qualidade jurídica aleatória. Impossibilitado de transformar regras do DID em *jus cogens* os PVD foram levados a aceitar que elas viessem a compor um simples *soft law*.

Aparentemente o DID parecia ter encontrado seu maior sucesso nos dispositivos dos tratados referentes ao patrimônio comum da humanidade. Todavia o tratado relativo à exploração extra-atmosférica, em vigor desde 1984, vincula somente 8 Estados que não dispõem de tecnologia espacial. Por outro lado, o conteúdo da Convenção de Montego Bay sobre o Direito do Mar, sobretudo a Parte XI, embora em vigor desde novembro de 1994, foi remanejado pelos PI que legiferaram de maneira unilateral contradizendo elementos importantes da Convenção.

Na Convenção de Viena sobre do Direito dos Tratados (1969), os PVD conseguiram influenciar a redação de alguns artigos. Entre estes se encontra o que condena o vício de consentimento que pode se manifestar através da corrupção do representante do Estado ou de seu constrangimento. O primeiro caso é de difícil constatação e o segundo excluiu o constrangimento de natureza econômica e política, como sugeriam os PVD, e deixou somente a ameaça ou utilização da força.

490. Nota-se, portanto, o alcance limitado das concessões feitas pelos PI. Contudo, a maior crítica feita ao DID decorre de sua falta de efetividade. Com efeito, o calcanhar de Aquiles das normas jurídicas de alcance internacional, de uma maneira geral, vincula-se à sua escassa efetividade. Todavia, não deve haver confusão entre eficácia e efetividade: um dispositivo convencional é eficaz quando o conteúdo de sua redação, interpretado em seu sentido natural, traduz de forma adequada as intenções das Partes. Ele é ineficaz quando os termos não permitem que dele se depreenda com certeza esta intenção. Portanto, se trata da qualidade técnica da redação de uma convenção. A efetividade, por sua vez, não interpreta uma noção dada, mas se apresenta como uma noção buscada. No caso dos textos adotados nas instâncias multilaterais que dão sustentação ao DID, a efetividade é comprometida, pois existem indicações subjacentes ao texto, vinculadas a certas opções políticas que são aplicadas na medida em que o texto não as contradiga expressamente.

491. O embate mais violento entre PVD e PI ocorreu nos anos 1973-74 quando das discussões em torno da reforma das relações econômicas internacionais. Como mencionado anteriormente, os PED propuseram uma nova ordem econômica internacional (NOEI). Um dos elementos centrais que opôs os dois campos consistiu na definição das indenizações nos casos de nacionalização dos ativos estrangeiros. Os PI não se opuseram ao princípio da nacionalização, embora exigissem que o litígio fosse resolvido por terceiros. Ora, os PVD admitiam unicamente a jurisdição de seus próprios tribunais. Quando da votação do texto da NOEI, dos 134 Estados votantes, 118 aprovaram, 6 se opuseram e 10 se abstiveram. O que parecia ser uma vitória dos PVD foi, na realidade, uma derrota, na medida em que o conjunto dos Estados industrializados mais relevantes não aprovou o texto.

492. Como corolário a NOEI, os PVD decidiram elaborar um texto, no âmbito da UNESCO, prevendo a criação de uma «nova ordem mundial da informação e da comunicação» (NOMIC) com o objetivo de se contrapor à dominação da mídia ocidental na difusão das informações. Este novo embate levou os Estados Unidos e a Grã-Bretanha a retirarem-se temporariamente desta OI.

493. Neste caso, igualmente, a vitória dos PVD foi mais aparente que real. Com efeito, a imposição da NOMIC trazia consigo dois problemas fundamentais: por um lado se tratava de impor a presença do Estado em área que deve permanecer ao alcance da iniciativa privada.

De outro, muitos Estados-Membros do grupo dos PVD não respeitavam o Estado de Direito e os princípios fundamentais da democracia. Ora, entregar aos ditadores de plantão os instrumentos da comunicação consistia atentar aos próprios fundamentos do DID.

494. Além destas limitações e incongruências, o fracasso do DID provém de muitas outras fontes, e o seu simples inventário não retrata com fidelidade sua complexidade: corrupção, ditaduras e desmandos administrativos em inúmeros PVD; diferenças de expectativas entre eles na medida em que o TM não consegue ser mais do que um conceito; relações de clientelismo entre muitos PVD com os PI e com o bloco soviético e o chinês; adoção do Consenso de Washington que descartou o intervencionismo preconizado pelo DID; instrumentalização das organizações internacionais, sobretudo as de natureza econômica, para que se transformassem em arautos do liberalismo. Contudo, tal fracasso não significou a solução dos problemas crescentes suscitados pelo DID. Ao contrário. Como veremos a seguir, as dificuldades se avolumaram, tornando indispensável uma reavaliação das relações jurídicas internacionais.

⇒ **Perspectivas para um novo DID**

495. Para tornar possível o renascimento do DID, são necessárias duas condições: por um lado, a comunidade internacional deve tomar consciência do agravamento da situação socioeconômica em muitos PVD. Por outro, o novo DID deve levar em consideração a nova configuração internacional dominada por valores e realidades muito distintos daquelas encontradas nos anos 1960.

⇒ **A desigualdade persistente**

496. Atualmente, em números absolutos, partes da Humanidade contribuem com a criação de somente das riquezas mundiais. A tabela comparativa dos percentuais referentes à população e a respectiva participação na produção mundial de bens indica claramente a má distribuição da riqueza no mundo.

A globalização excludente em 2016

Região	% da população mundial	% do PIB mundial
América do Norte	5,05	30,4
América Latina	8,53	7,3
Europa e Rússia	11,99	32,4
África	13,14	2,3
Ásia	60,78	26,2
Oceania	0,51	1,5
Total	100	100

497. Com exceção da Oceania, onde se encontram países que alcançam altos índices de desenvolvimento (Austrália e Nova Zelândia, por exemplo) e de certo equilíbrio entre população e produção de riquezas na América Latina, a situação espelhada por esta tabela é dramática para vastos contingentes populacionais dos PVD localizados na Ásia e na África.

498. Todavia, a situação ainda é mais grave para os Países menos avançados (PMA), eufemismo que designa os quase-Estados abandonados das relações internacionais. A marcante disparidade, sob todos os aspectos, entre os países do TM, impôs o estabelecimento de uma hierarquia da pobreza. Três grupos sobressaem-se:
a) os novos países industrializados (NICs);
b) os países intermediários;
c) os países menos avançados (PMA).

499. O grupo de PMA era composto, quando de sua criação, por somente 25 países. Dos originários, somente um, o Botsuana, em razão da exploração das minas de diamante, conseguiu extrair-se da insustentável situação. No entanto, o clube dobrou o número de seus integrantes, contando com 49 Estados, sendo 34 africanos, que abrigam 630 milhões de habitantes.

É necessário enfatizar que os índices que definem o ingresso de um país no clube dos PMA são extremamente rigorosos. Apesar de encontrarmos situações de extrema pobreza e de desigualdade social em vários países localizados no continente americano, somente o Haiti integra seu rol. Os indicadores socioeconômicos são tomados em âmbito nacional e, portanto, não desnudam os desequilíbrios regionais e sociais que caracterizam a grande maioria dos países do TM.

500. Nos PMA sobressai-se a pobreza quando não a miséria absoluta de uma parcela ponderável da população. A escassez de poupança interna conduz ao endividamento crescente, ausente qualquer perspectiva de crescimento econômico. Este é negativo ou conhece, por longo período, uma estagnação. Ele é acompanhado por recorrente espiral inflacionária que incrementa a dependência do exterior tornando-os dificilmente administráveis.

501. Malgrado o extraordinário desenvolvimento econômico que conheceu o mundo na última metade do século passado, mais de 50% da população mundial, ou seja, 3 bilhões de pessoas, não conhece os direitos sociais, econômicos e políticos fundamentais. Situados na África, Ásia e também na América Latina, tais populações encontram-se à margem do progresso.

Razões endógenas explicam a amplidão da catástrofe: persistência de guerras civis (casos da rica Angola, do Afeganistão e da Serra Leoa); ausência de controle do crescimento demográfico (Senegal), catástrofes naturais (litoral do Oceano Índico e os Estados insulares localizados no Pacífico). Segundo a OMS, 40 milhões de pessoas estão a tal ponto desnutridas na África que milhares delas morrem diariamente.

Com respeito aos PVD que dispõem de condições de atração de novos investimentos externos sua situação é menos dramática embora igualmente preocupante. Se o abandono do imenso grupo de PVDs referido anteriormente resulta na cristalização e por vezes no aumento do subdesenvolvimento, seria de se imaginar que, ao contrário, os PVDs destinatários de investimentos, as condições de existência da população e dos níveis econômicos seriam fortemente melhorados. Ora, infelizmente, não há uma relação automática entre crescimento dos investimentos e melhoria substancial das condições de vida da maioria da população. O Índice de Desenvolvimento Humano (IDH) o comprova: mesmo nos PVDs mais procurados pelos investimentos, o aumento do nível de vida, quando ocorre, é marginal e se contrapõe às imensas necessidades sociais experimentadas por parcela ponderável de suas populações. A ausência de uma rede social protetora, o aumento da criminalidade e da violência – particularmente no meio urbano –, os alarmantes índices de desemprego e subemprego que tendem a ser estrutural. A miséria, a fome e a desesperança, é o destino de centenas de milhões de pessoas nestes PVD considerados como «emergentes».

502. A amoralidade e a irracionalidade da atual distribuição das riquezas do mundo tendem a tornar-se absolutamente insustentáveis nas próximas décadas. Quando os demógrafos projetam o aumento da população mundial, nota-se que ele ocorrerá, essencialmente, nos PVD. O quadro abaixo indica o alcance do fenômeno nas próximas décadas.

503. População das grandes regiões do mundo, 1750-2050 (em milhões de pessoas)

Regiões/Anos	1750	1800	1850	1900	1950	1996	2025	2050
África	106	107	111	133	224	739	1.454	2.046
Ásia	502	635	809	947	1.402	3.448	4.785	5.443
Europa	163	203	276	408	547	729	701	638
América Latina	16	24	38	74	166	484	690	810
América do Norte	2	7	26	82	172	299	369	384
Oceania	2	2	2	6	13	29	41	46
Total	791	978	1.262	1.650	2.524	5.768	8.039	9.367

504. Em termos percentuais, a repartição da população confirma a importante progressão do número de habitantes nos países do TM e a diminuição da população residente nos países desenvolvidos. Comparados à soma dos percentuais populacionais dos continentes africano, asiático e latino-americano consta-se que ele passará de 70% em 1900 para 88,7% do total em 2050.

O sombrio quadro projetado para a evolução demográfica indica que os problemas envolvendo uma melhor repartição de riquezas e a definição de políticas internacionais de desenvolvimento constitui desafio inadiável. Caso a comunidade internacional não se sensibilize para este drama que envolve bilhões de seres humanos, certamente as relações internacionais tornar-se-ão ainda mais tensas.

No plano das relações comerciais há, igualmente, um sério descompasso conduzindo a uma abissal assimetria entre o Norte e o Sul. Seguindo os princípios da teoria clássica da divisão internacional do trabalho – defendida com pequenas variações pela totalidade das economias desenvolvidas – era de se supor que a grande maioria dos países do TM poderia fazer valer suas vantagens comparativas e especializar-se na produção e exportação de produtos primários.

Condições climáticas favoráveis, extensão de terras produtivas, capacidade tecnológica e disponibilidade de mão de obra, constituem elementos capazes de proporcionar aos PVD um importante papel no intercâmbio destes bens. Todavia, trata-se de ilusão, pois além dos produtos agrícolas não ultrapassar 9% do total do valor das exportações mundiais, a soma das exportações agrícolas de 11 países desenvolvidos alcança 53,9% do total, enquanto os quatro mais importantes exportadores em desenvolvimento perfazem somente 10,3%. Por conseguinte, mesmo nas atividades onde, *a priori*, o TM estaria em condições vantajosas, assistimos à nítida predominância das economias desenvolvidas. Há casos extremos. A Holanda, por exemplo, consegue exportar, em valores, o dobro do Brasil e o triplo da Argentina. Uma das explicações ao desequilíbrio das trocas agrícolas provém da política agrícola comum (PAC) praticada pela União Europeia e as medidas protecionistas dos Estados Unidos.

505. De qualquer forma, o resultado é o mesmo: descartada a ajuda aos PVD e sugerida sua substituição pelo comércio – resumida na expressão «trade not aid» – todos os fluxos de trocas continuam sendo dominados pelos PI. Caso não se proceda a mudanças, inclusive as jurídicas, nas relações internacionais, o fosso que separa o Sul do Norte tenderá a aumentar. As sugestões que seguem indicam caminhos para que tal não venha a ocorrer.

⇒ **Condições para a renovação do DID**

506. As dificuldades de afirmação do DID decorrem do fato de não se tratar da criação de novas tendências jurídicas no âmbito de um Direito confirmado: trata-se de criar um novo Direito onde somente existem tensões oriundas de percepções contraditórias da realidade. Neste sentido, deve ser abandonada a filosofia de combate ideológico que permeou o DID. Ele deve buscar os instrumentos que permitam uma verdadeira cooperação e abandonar o confronto estéril dos anos 1960/70. Esta condição é indispensável em razão das transformações sofridas pelas relações internacionais.

A situação internacional muda radicalmente a partir do final da década de 1980: fim do império soviético; fim do MNA e divisões no seio do TM; crises recorrentes da dívida externa; redução dos investimentos estrangeiros; proliferação dos acordos de integração econômica; expansão do sistema democrático; reforço das organizações internacionais de natureza econômica (FMI, OMC e BIRD).

A política econômica dos PVD sofre bruscas mudanças a partir dos anos 1980 em razão da crise da dívida externa e a redução dos investimentos a níveis mínimos. Não somente foi abandonada a estratégia de expropriação como também tem início uma política de atração de novos investimentos com a concessão de facilidades fiscais e para-fiscais antes condenadas.

Tornando-se raro o capital e crescendo a seletividade de novos investimentos com a adoção de critérios mais rígidos, nota-se o abandono crescente à sua própria sorte de numerosos PVD e de todos os PMA, pois o capital será investido somente nos países que ofereçam sólidas condições internas.

Os princípios que orientam os novos investimentos podem se resumir nos seguintes: consistente mercado consumidor; recursos naturais; estabilidade política e eficiência do Estado. Esta nova etapa das relações Norte/Sul segue-se à relação conflituosa entre Estados fracos e empresas transnacionais (ET) fortes, característica das décadas de 1960/70, sobretudo na América Latina, e deu lugar à relação de cooperação, na qual os Estados esforçam-se por oferecer um ambiente favorável ao investimento direto.

A globalização financeira tem como corolário a incapacidade dos Estados, inclusive dos PI, de controlar os fluxos que se utilizam de redes transnacionais para a circulação do capital. Muitas vezes volátil, ele desempenha um papel predatório das frágeis economias dos PVD. Por essa razão, um novo DID deveria defender a imposição de uma taxa sobre os capitais de curto prazo afim de, por um lado, diminuir a velocidade de sua circulação e, de outro, constituir um fundo de investimentos nas regiões mais carentes, especialmente nos PMA.

Em contrapartida, os PVD deveriam adotar condutas responsáveis na condução do Estado. A luta contra a evasão fiscal, o equilíbrio das contas públicas, a transparência administrativa, a eficácia dos serviços públicos, o controle da emissão monetária e o combate contra a inflação não possuem coloração ideológica, ao contrário do sustentado por parte de uma suposta esquerda. Ao contrário, estas providências compõem o que se poderia denominar de bom governo, não importando a matiz política.

507. Não deve haver confusão entre a economia, sobretudo a contabilidade como ciência e a economia política, ou seja, as escolhas feitas pelos governantes frente a múltiplas possibilidades. Uma equilibrada contabilidade nacional é pré-condição para a implementação de políticas públicas eficientes. Ora, um Estado-Membro do grupo dos PVD somente pode ser beneficiado com projetos internacionais consistentes caso ele mesmo demonstre clareza em seus objetivos e técnicas de gestão.

508. Outro caminho importante a ser trilhado pelos PVD é a luta pela reforma das Organizações Internacionais e do próprio DIP. Trata-se de vasto tema cuja análise não comporta neste capítulo. Todavia, devem ser enfatizados os seguintes elementos:

a) confirmar e aprofundar o *princípio da dualidade de normas*, especialmente nas organizações econômicas internacionais. Há certos bens como os que envolvem a saúde pública – caso da luta contra as epidemias, especialmente a AIDS – e o meio ambiente, cuja regulamentação comercial deve escapar aos ditames do mercado e dos direitos de propriedade intelectual. O direito à saúde e a um meio ambiente saudável é um direito inerente à condição humana e um dever da comunidade internacional. Por esta razão deve estar livre dos constrangimentos mercantis. Neste sentido o DID deveria lutar para conceder o *estatuto de bem público*, insuscetível de apropriação privada, a certos bens indispensáveis ao homem.

b) fazer com que os produtos que interessam a pauta de exportações dos PVD sejam contemplados pela diminuição da proteção tarifária dos mercados dos PI. O caso dos produtos de origem agropecuária é significativo. Ao mesmo tempo, as instâncias internacionais devem exercer um monopólio sobre a ajuda alimentar e humanitária aos PMA. Somente assim poderão ser diminuídos os riscos de manipulação inerente à estas relações clientelistas.

c) aumentar a capacidade técnica dos PVD para que possam defender com maior competência seus interesses nas negociações econômicas internacionais. Um grande número de PVD, além de possuir restrita pauta de produtos exportáveis, não dispõe de meios intelectuais e técnicos para o exercício eficiente de seus direitos. Todas as OI deveriam colocar à disposição destes PVD uma formação de recursos humanos específica.

d) conceder maior transparência às negociações internacionais. Certamente a diplomacia parlamentar, introduzida pela prática das OI, restringiu o alcance do ilícito nos acordos internacionais. É necessário, contudo, aprofundar o processo.

509. A amarga constatação de que nos países em desenvolvimento «os ricos são mais ricos e os pobres mais pobres» deve incitar os governos dos PVD, como enfatizava os textos originários do DID, à prática de políticas redistribuição de renda. A busca de novos caminhos para o DID será inútil caso os governos dos PVD não tomem consciência da necessidade de um duplo combate: a diminuição do fosso que os separa dos países do Norte deve ser complementada por esforço ainda maior que venha amenizar as gritantes desigualdades sociais presentes no interior das sociedades do Sul.

Há, igualmente, a necessidade de convencer os Estados a tornar efetivas as decisões por via convencional. Vários textos, particularmente aqueles voltados à proteção ambiental e aos direitos humanos, carecem de aplicação e de eficácia em razão da ausência de vontade política dos Estados signatários em alocar recursos materiais e financeiros para a sua efetivação.

Retornando à afirmação inicial deste capítulo que considerou o desenvolvimento como um fenômeno meta-jurídico que envolve, em primeiro lugar, o econômico, apresenta-se atualmente para o renascimento do DID um caminho natural: é o trilhado pelo Direito da Integração (DI). Sustentado no princípio da dualidade de normas – as exclusivamente aplicadas aos Estados membros e as direcionadas acs Terceiros Estados – o DI construiu um tecido normativo que busca o desenvolvimento equilibrado e socialmente justo. Além disso, o DI somente vinga em ambiente democrático e em sociedades amantes da paz.

510. Este novo DID deveria procurar aumentar a interdependência entre os Estados, defender os interesses coletivos e respeitar as peculiaridades de cada sociedade partícipe. Ao compatibilizar a busca do desenvolvimento responsável com os direitos fundamentais do homem, o direito da integração deve ser percebido como a mola-mestre que impulsionará as sociedades periféricas a um futuro melhor.

Conclusão

Muitos autores percebem o direito internacional como uma disciplina estática, que apenas reconhece e formaliza aquilo que foi resultado de processos econômicos, políticos e sociológicos. Não raro defendem também a cristalização do direito internacional como vontade inquebrantável dos Estados. Estes seriam *ad aeternum*, seus únicos sujeitos. Outros compreendem o DIP como matéria passível de manipulação, ao sabor do jogo político, servindo para legitimar os interesses dos Estados mais poderosos. Em todas estas hipóteses, o DIP está longe da cidadania e do próprio destino de todo o direito que se preze: a invocabilidade em justiça. Há que se recordar, o provérbio *abusus non tollit usum*: se é bem verdade que o direito internacional serve, por vezes, aos poderosos, a censura ao seu uso distorcido não implica a defesa de sua abolição.

O DIP evoluiu acentuadamente na última metade do século XX. Vê-se, no alvorecer do terceiro milênio, confrontado aos fenômenos da imperiosa necessidade de enfrentar os desafios da paz, do subdesenvolvimento, da globalização, da integração econômica e do terrorismo. Estes temas têm operado um questionamento profundo no seio da comunidade acadêmica. É fato que diversos conceitos jurídicos não têm mais sentido no rápido avançar das relações internacionais em todos os seus planos. Entretanto, não é o DIP, mas o direito interno, que se vê mais atingido e ameaçado. Novos postulados, dotados de instrumentos técnicos também originais, devem anunciar o direito do futuro, irrefutavelmente um direito internacional.

O direito convencional sofre uma inflação cada vez mais acentuada, com a proliferação de textos no âmbito do relacionamento bilateral entre os Estados, mas igualmente no que atine à complexidade crescente do tecido normativo dos organismos multilaterais. Os acordos internacionais debruçam-se sobre uma inédita amplitude de domínios, perfazendo uma intrincada trama entre o *plexus* normativo advindo das fontes de direito internacional e cada uma das ordens jurídicas internas de uma sociedade internacional de relações superestimuladas.

Em meio a esta insurgente complexidade, as contradições entre as normas ou suas lacunas são abundantes. Muitos veem nela uma fraqueza do direito internacional, que vem a agravar-se com a peculiaridade desta disciplina jurídica, antes de tudo um direito de coordenação face ao poder internacional disperso, incondicionado e violento, como o definiu René-Jean Dupuy.

Desta ausência de poder centralizado resulta assídua crítica ao Direito Internacional Público como justificador dos interesses dos fortes. A história das relações internacionais denota que ele de fato o foi, inúmeras vezes. Porém, incontáveis são as oportunidades em que ele evitou conflitos sangrentos, justificou a assistência humanitária imprescindível, abrigou minorias, refugiados, propagou os direitos do homem e incentivou a proteção internacional dos trabalhadores.

Graças ao direito internacional público, extraordinários avanços marcaram a história da Humanidade no século que findou: o princípio da autodeterminação dos povos fez desaparecer o colonialismo; os direitos humanos encontram-se presentes nas relações internacionais; ao indivíduo, foi reconhecido um *status* de sujeito limitado de direito internacional; a manifestação da vontade política dos agrupamentos humanos foi difundida com a realização de eleições livres; as comunicações entre os povos foram regulamentadas pelas organizações internacionais; a busca de soluções para os problemas ambientais foi transnacionalizada; os direitos laborais foram objeto de regulamentações; a força foi banida e substituída por meios pacíficos de solução de litígios.

Todavia, as disparidades socioeconômicas entre o Norte e o Sul se aprofundam e tornam-se perenes. O atual enfraquecimento do direito internacional do desenvolvimento é mau presságio. Nestas condições, dois desafios essenciais apresentam-se ao direito internacional no atual século: por um lado, elaborar um marco jurídico de caráter supranacional para enquadrar a globalização e, por outro, construir uma solidariedade ativa e efetiva entre os Estados e os seus povos, sem a qual o DIP continuará sendo percebido por muitos como o fiador de um mundo injusto, e não o instrumento transformador desta inaceitável realidade.

Tomando como paralelo o próprio direito em seara interna, nos moldes do Estado moderno, nota-se que a personificação do poder através dos entes estatais não é automaticamente garante de uma coerência sistêmica, tampouco da efetividade do ordenamento jurídico nacional, que pode ser também paradoxal em seus efeitos práticos. Constitui, ainda menos, a certeza de um direito neutro.

Inclusive a ordem jurídica brasileira padece de contradições, não somente entre o direito oriundo de fonte internacional e a produção legislativa interna, mas de um conteúdo divergente, senão oposto, entre as fontes de direito interno. A Constituição Federal de 1988 inova, consagrando direitos da pessoa nunca antes assegurados pelo Estado brasileiro, cuja efetividade encontra ainda persistente resistência, tanto no plano econômico como no plano das ideias. Daí resulta que a Carta Magna está constantemente exposta à violação, seja pelo exercício exorbitante da competência legislativa de parte do Poder Executivo, seja pelo casuísmo, ou menos frequentemente pela mera ignorância jurídica, de parte do Poder Legislativo. Desta forma, postulados clássicos ou mesmo reformas recentes veem-se espancados, não raro por sua própria regulamentação. O aparelho judiciário interno, embora centralizado, tem merecido sucessivas críticas e não cessa de ser objeto de incontáveis projetos de reforma.

Ressalte-se, no caso brasileiro, que a sentida ausência, no corpo da Lei Maior, de um dispositivo definidor da hierarquia das normas, a identificar nitidamente uma prevalência do direito de fonte internacional sobre a legislação ordinária pátria, é um elemento de instabilidade jurídica insustentável. A tantas reformas foi submetida recentemente a Carta Magna. Porém, persiste o permissivo para que a lei posterior à convenção, mesmo que por acidente, viole a regra pactuada voluntariamente pelo Estado brasileiro. Aquela que foi definida por Celso Albuquerque de Mello como a grande lacuna da nova Constituição autoriza a jurisprudência do Supremo Tribunal Federal anteriormente descrita.

Insinuamos que não é a ausência de poder central uma debilidade do direito internacional público. Para Kaplan e Katzenbach, a confiança na força como meio de controlar as decisões alheias é, geralmente, uma característica de crise e não raro antecede reajustamentos importantes no sistema do governo de direito. O fato de que o direito internacional seja promovido através de instâncias de poder descentralizadas, como órgãos internacionais que foram apresentados ao longo deste livro, longe de constituir uma debilidade, é antes um aspecto favorável desta disciplina.

Se a institucionalização paulatina dos procedimentos internacionais é um bom caminho a ser seguido, ela não deve se conduzir no sentido de centralização de poder embora, contrariamente, no rumo da previsibilidade das condutas, da submissão voluntária aos meios de solução de controvérsias de parte dos Estados, da criação de mecanismos coletivos e democráticos de controle do cumprimento dos compromissos internacionais. Resta evidente a urgência de que as organizações internacionais ponham fim aos expedientes regimentais que oportunizam a aguda preponderância da política dos Estados mais fortes.

O desenvolvimento e a afirmação do direito dos negócios internacionais, malgrado os obstáculos de natureza de certo modo semelhante aos quais se expõe a *lex mercatoria*, deve ocasionar algumas reflexões ao direito internacional público, não ocasionalmente referido como o direito das gentes. A preocupação de formar quadros qualificados, a difusão intensa do conhecimento da área entre os interessados, a flexibilidade e a atualização dos mecanismos de solução de controvérsias, a revisão de inúmeros conceitos, a preocupação com a efetividade, encontram-se, na alçada do direito dos negócios internacionais, a serviço do comércio internacional.

Urge repensar os mecanismos atuais de propagação dos princípios de direito internacional público que está a serviço do homem. Talvez um dos modos precípuos de colocá-lo com mais sucesso a serviço de sua própria causa seja a revisão do papel do indivíduo frente à disciplina, ampliando as possibilidades de invocabilidade em justiça do direito internacional, seja pela possibilidade de provocação direta pelo particular de instâncias jurisdicionais internacionais, seja pela garantia de que o juiz nacional comum esteja habilitado a fazer prevalecer o direito convencional sobre a legislação interna que o infringe.

O Direito Internacional poderá vir a ser uma das armas de um novo humanismo, no qual o romantismo seja substituído pela criação de instrumentos técnicos eficazes, inspirados nos tropeços e acertos da vida internacional do século passado, servindo de inspiração para o século que se inicia.

Bibliografia

Geral

ACCIOLY, H. e NASCIMENTO SILVA, G. E. *Manual de Direito Internacional Público*. São Paulo: Saraiva, 1998, 554 p.

AGNIEL, G. *Droit des relations internationales*. Paris: Hachette, 1997, 160 p.

AKEHURST, M. *Introdución al Derecho Internacional*. Madrid: Alianza Universidad, 1987, 375 p.

ALBUQUERQUE MELLO, C. *Direito constitucional internacional*. Rio de Janeiro: Renovar, 1994, 377 p.

———. *Direito internacional americano*. Rio de Janeiro: Renovar, 1995.

———. *Direito internacional econômico*. Rio de Janeiro: Renovar, 1993, 232 p.

———. *Direito Internacional Público*. Rio de Janeiro: Renovar, 1992, 2 vol., 1343 p.

———. *Direito Internacional Público: Tratados e Convenções*. Rio de Janeiro: Renovar, 1997, 1384 p.

ALMEIDA-DINIZ, A. J. *Novos Paradigmas em Direito Internacional Público*. Porto Alegre: Sergio Fabris, 1995, 216p.

AMARAL, R. C., *Direito Internacional Público e Privado*, Porto Alegre: Verbo Jurídico, 2006, 168 p.

AMORIM ARAÚJO, L. I. *Curso de Direito Internacional Público*. 10ª ed. Rio de Janeiro: Forense, 2003, 333 p.

ATTAR, F. *Le droit international entre ordre et chaos*. Paris: Hachette, 1994, 635 p. BAILLY, L. (org.). *Legislação brasileira sobre atos internacionais* (1889-1940). Rio de Janeiro: Coelho Branco, 1940, 241 p.

BAPTISTA, L. O e FRANCO da FONSECA, J. R. (coords.). *O Direito Internacional no Terceiro Milênio*. São Paulo: LTr, 1998, 925 p.

BARBERO, J. R. *Democracia y derecho internacional*. Madri: Civitas, 1994, 216 p.

BARBOSA, R. *Problemas de Direito Internacional*. Londres: Truscott, 1916, 138 p.

BARRAL, W., *Direito Internacional: normas e práticas*, Florianópolis: Fundação Boiteux, 2006, 460 p.

BASDEVANT, J. (org.). *Dictionnaire de la terminologie du droit international*. Paris: Sirey, 1960, 755 p.

BEN ACHOUR, R.; LAGHMANI, S. (coord.). *Les nouveaux aspects du droit international*. Paris: Pedone, 1994, 330 p.

BEVILAQUA, C. *Direito Internacional Público*. Rio de Janeiro: Freitas Bastos, 1939, 2 vol., 877 p.

BONFILS, H. *Manuel de droit international public*. Paris: Arthur Rousseau, 1912, 1121 p.

BROTONS, A R. *Derecho internacional público (Derecho de los tratados)*, Madri: Tecnos, 1987, vol. II, 550 p.

BROWNLIE, I. *Princípios de Direito Internacional Público*. Lisboa: Calouste Gulbenkian, 1997, 809 p.

BUERGENTHAL, T. (coord.). *Manual de derecho internacional público*. México: Fondo de Cultura Económica, 1994, 168 p.

BUSTAMANTE y SIRVEN, A, S. *Droit international public*, Paris: Sirey, 1936, 5 volumes, 3081 p.

CAHIER, Ph. *Derecho Diplomático Contemporaneo*, Madri: RIALP, 1965, 685 p.

CALDEIRA BRANT, L. N. *A Corte Internacional de Justiça e a construção do Direito Internacional*, Belo Horizonte: O Lutador, 2005, 1291 p.

———. *A autoridade da coisa julgada no Direito Internacional Público*, Rio de Janeiro: Forense, 2002, 510 p.

CANÇADO TRINDADE, A. A. *Princípios do Direito Internacional Contemporâneo*. Brasília: UnB, 1981, 268 p.
CARREAU, D. *Droit international*. Paris: Pedone, 1997, 664 p.
CLAUSEWITZ, C. von. *Da guerra*. São Paulo: Martins Fontes, 1979, 787 p.
COMBACAU, J.; SUR, S. *Droit international public*. Paris: Montchrestien, 1997, 799 p.
COT, J.-P.; PELLET, A (coord.). *La Charte des Nations Unies: commentaire article par article*. Paris: Economica, 1991, 1571 p.
DALLARI, D.A. *Elementos de Teoria Geral do Estado*, 18ª ed. São Paulo: Saraiva, 1991, 259p.
DAL RI Jr, A. *História do Direito Internacional: comércio, moeda, cidadania e nacionalidade*, Florianópolis: Fundação Boiteux, 2004, 320 p.
DECAUX, E. *Droit international public*, Paris: Dalloz, 2002, 3ª edição, 326 p.
DEL'OLMO, F. de S. *Curso de Direito Internacional Público*, Rio de Janeiro: Forense, 2002, 338 p.
DINH, N. Q. *Direito Internacional Público*. Lisboa: Calouste Gulbenkian, 2003, 2ª edição, 1517 p.
DOLINGER, J. *Direito Internacional Privado*, Parte Geral. Rio de Janeiro: Renovar, 1997, 482p.
DREYFUS, S. *Droit des relations internationales: éléments de droit international public*. Paris: Cujas, 1992, 537 p.
DUPUY, P.-M. *Droit international public*, Paris: Dalloz, 1998, 4ª edição, 684 p.
DUPUY, R.-J. *O direito internacional*. Coimbra: Almedina, 1993, 178 p.
ESPALTER, M. F. *Ensayo sobre la influencia del Derecho Internacional em el Derecho Constitucional: historia y doctrina*, Montevidéu: Peña, 1938, 414 p.
FERREIRA de MELLO, R. *Textos de Direito Internacional e de História Diplomática* (1815-1949). Rio de Janeiro: Coelho Branco, 1950, 881 p.
FERREIRA Jr. L.; AMORIM ARAÚJO, L. I. (orgs.), *Direito Internacional & as novas disciplinarizações*, Curitiba: Juruá, 2005, 383 p.
FULGENCIO, T. *Direito Internacional Público: exposição em quadros*, São Paulo: Saraiva, 1932, 188 p.
GENTILI, A. *O Direito de Guerra (De Jure Belli Libri Tres)*, Ijuí: Editora Unijuí, 2005, 628 p.
GOMAR, G. P. *Curso elemental de Derecho das Gentes*, Montevidéu: Biblioteca Artigas, 1967, 2 volumes, 440 p.
GROTIUS, H. *O Direito da Guerra e da Paz (De Jure Belli ac Pacis)*, Ijuí: Editora Unijuí, 2004, 2 volumes, 1476 p.
GUERRA, S. *Direito Internacional Público*, Rio de Janeiro: Freitas Bastos, 2005, 2ª edição, 300 p.
HOFFMANN, S. «Mondes idéaux», in RAWLS, John. *Le droit des gens*, Commentaire. Paris: Esprit, 1996, 129 p.
HUCK, H. M. *Da guerra justa à guerra econômica: uma revisão sobre o uso da força em Direito Internacional*. São Paulo: Saraiva, 1996, 318 p.
ITUASSÚ, O. C. *Curso de Direito Internacional Público*. Rio de Janeiro: Forense, 1986, 724 p.
JIMÉNEZ de ARECHAGA, E. (org.). *Derecho internacional público*, Montevideo: Cultura Universitaria, 1996, 2 vol., 790 p.
JOUANNET, E. *Emer de Vattel et l'émergence doctrinale du Droit International classique*, Paris: Pedone, 1998, 490 p.
JOUVE, E. *Le droit des peuples*. Paris: PUF, 1992, 127 p.
KAPLAN, M.; KATZENBACH, N. *Fundamentos Políticos do Direito Internacional*. Rio de Janeiro: Zahar, 1964, 383p.
KELSEN, H. *La paz por medio del Derecho*, Madri: Trott, 2003, 155 p.
KENNEDY, D. "Les clichés revisités, le droit international et la politique », in *Droit International*, Paris: Panthéon Assas, Cours et Travaux nº 4, 2000, pp. 7-178.
KORFF, B. *Recueil des cours*, Haia: Academia de Direito Internacional, 1, 1923.
LASCOMBE, M. *Le droit international public*. Paris: Dalloz, 1996, 134 p.
LEJBOWICZ, A. *Philosophie du droit international: l'impossible capture de l'humanité*, Paris: PUF, 1999, 442 p.
LE JEUNE, P. *Introduction au droit des relations internationales*. Paris: LGDJ, 1994, 170 p.
LISZT, F. von. *Le droit international: exposé systématique*. Paris: Pedone, 1928, 400 p.

MAHIOU, A. (Org.) *La codification du droit international*, Paris: SFDI-Pedone, 1999, 344 p.

MANCINI, P. S. *Direito Internacional*, Ijuí: Unijuí, 2003, 312 p.

MANIN, P. *Droit international public*. Paris: Masson, 1979, 419 p.

MEDINA, F. D. *Nociones de Derecho Internacional Moderno*, Paris: Garnier, 1906, 5ª edição, 493 p.

MEIRA MATTOS, A. *Direito Internacional Público*, Rio de Janeiro: Renovar, 2002, 2ª edição, 516 p.

MENEZES, W. (Org.). *O Direito Internacional e o Direito Brasileiro*, Ijuí: Unijuí, 2004, 893 p.

MONSERRAT FILHO, J. *O que é o direito internacional*. São Paulo: Brasiliense, 1983, 113 p.

NASCIMENTO E SILVA, G. E. *Conferência de Viena sobre o Direito dos Tratados*. Rio de Janeiro: MRE, 1971.

NIEMEYER, T. *Derecho internacional público*. Barcelona: Labor, 1925, 148 p.

OIT, *Convenios y recomendaciones internacionales del trabajo (1919-1984)*, Genebra: OIT, 1985, 1766 p.

PEDERNEIRAS, R. *Direito Internacional compendiado*. 7ª ed. Rio de Janeiro: Coelho Branco, 1942, 375 p.

RAWLS, J. *Le droit des gens*. Paris: Esprit, 1996, 129 p.

RECHSTEINER, B. W. *Direito Internacional Privado: teoria e prática*. São Paulo: Saraiva, 1998, 314p.

REUTER, P. *Direito Internacional Público*. Lisboa: Presença, 1981, 342 p.

———. *Introduction au Droit des Traités*, Paris: PUF, 1995, 251 p.

REZEK, J. F. *Direito Internacional Público*. São Paulo: Saraiva, 1995, 411 p.

RODAS, J. G. *Direito Internacional Privado Brasileiro*. São Paulo: RT, 1993, 86 p.

ROQUE, S. J. *Direito Internacional Público*. São Paulo: Hemus, 1997, 272 p.

ROUSSEAU, C. *Droit international public*. Paris: Sirey, 1953, 752 p.

RUZIÉ, D. *Droit international public*. Paris: Dalloz, 1996, 253 p.

SALMON, J., «Le Droit International à l'épreuve au tournant du XXI siècle», in *Cursos Euromediterráneos Bancaja de Derecho Internacional*, Valencia: 2002, vol. VI, pp. 35-363.

SÁNCHEZ i SÁNCHEZ, C. *Curso de Derecho Internacional Público Americano*, Ciudad Trujillo: Montalvo, 1943, 729 p.

SANDS, Ph., "Vers une transformation du droit international? Institutionnaliser le doute", in *Droit International*, Paris: Panthéon Assas, Cours et Travaux nº 4, 2000, pp. 179-268.

SEITENFUS, R. *Legislação Internacional*, São Paulo: Manole, 2009, 2ª. edição, 1408 p.

———. *Relações Internacionais*, São Paulo: Manole, 2013, 2ª. edição, 216 p.

———. *Manual das Organizações Internacionais*. Porto Alegre: Livraria do Advogado, 2016, 6ª edição, 424 p.

———. *Textos fundamentais do Direito das Relações Internacionais*. Porto Alegre: Livraria do Advogado, 2002, 373p.

SHAW, M. N. *International Law*. Cambridge: Cambridge University Press, 1997, 939 p.

SORENSEN, M. (ed.). *Manual de derecho internacional público*. México: Fondo de Cultura Económica, 1992, 819 p.

TOUSCOZ, J. *Droit international*. Paris: PUF, 1993, 420 p.

TRUYOL Y SERRA, A. *Histoire du droit international public*. Paris: Economica, 188 p.

VASCO, M. *Dicionario de derecho internacional*, Quito: Benjamín Carrion, 1986, 499 p.

VATTEL, E. de. *O Direito das Gentes ou Princípios da lei Natural aplicada à condução e aos assuntos das Nações e dos Soberanos*, Brasília, Ed. IPRI e UnB, 2004, Coleção Clássicos do IPRI, 685 p.

VIRALLY, M. *L'organisation mondiale*. Paris: Armand Colin, 1972, 587 p.

VISSCHER, C. de. *Les effectivités du droit international public*. Paris: Pedone, 1967, 175 p.

VOGEL, L. (Org.) *Droit Global Law. Unifier le droit: le rêve impossible ?*, Paris: LGDJ, 2001, 149 p.

WECKMANN, L. *El pensamiento político medieval y los orígenes del derecho internacional*. México: Fondo de Cultura Económica, 1993, 311 p.

WEIL, P., *Écrits de droit international*, Paris: PUF, 2000, 423 p.

ZOLLER, E., *Droit des relations extérieures*, Paris: PUF, 1992, 368 p.

Específica

ACCIOLY, E. *MERCOSUL e União europeia*: estrutura jurídico-institucional. Curitiba: Juruá, 1996.

ALBUQUERQUE MELLO, C. Guerra interna e Direito internacional. Rio de Janeiro: Renovar, 1985, 229 p.

ALMEIDA, P. R. *MERCOSUL, fundamentos e perspectivas*. São Paulo: LTr, 1998,159p. ARAÚJO, N. Código do MERCOSUL, Tratados e Legislação. Rio de Janeiro: Renovar, 1998, 513p.

——. *Contratos Internacionais*. Rio de Janeiro: Renovar, 1997, 230p.

BAPTISTA, L. O. *Dos Contratos Internacionais*: uma visão teórica e prática. São Paulo: Saraiva, 1994, 219p.

——. *Investimentos internacionais no Direito comparado e brasileiro*. Porto Alegre: Livraria do Advogado, 1998, 102p.

——. *MERCOSUL, suas instituições e ordenamento jurídico*. São Paulo: LTr, 1998, 272p.

BARACHO, J. A. O. *O princípio da subsidiariedade, conceito e evolução*. Rio de Janeiro: Forense, 1996, 95p.

BARBOSA, R. *Problemas de Direito Internacional*. Londres: Trusctott e Filhos, 1916, 138 p.

BAUMGARTNER, L. M. *La jurisdicion del Plata*. Minas, Monfort Doria, 1929, 168 p.

BAZELAIRE, J.-P.; CRETIN, T. *A Justiça Penal Internacional*. São Paulo. Manole, 2000, 260 p.

BOBBIO, N. *Direito e Estado no Pensamento de Emanuel Kant*. Brasília: UnB, 1984, 168p.

——. *Teoria do Ordenamento Jurídico*. São Paulo: Polis; Brasília: UnB, 1989, 184p.

——. *Thomas Hobbes*. Rio de Janeiro: Campus, 1991, 202p.

BOUCAULT, C. E. A. *Homologação de sentença estrangeira e seus efeitos perante o STF*. São Paulo: Juarez de Oliveira, 1999, 50p.

——; ARAÚJO, N. (Orgs.) *Os direitos humanos e o Direito Internacional*. Rio de Janeiro: Renovar, 1999, 336 p.

——; MALATIAN, T. (Orgs.). *Políticas migratórias: fronteiras dos direitos humanos no século XXI*. Rio de Janeiro: Renovar, 2003, 390 p.

BUIRETTE, P. *Le droit international humanitaire*. Paris: La Découverte, 1996, 124 p.

CACHAPUZ DE MEDEIROS, A. P. *O poder de celebrar tratados*. Porto Alegre: Sergio Fabris, 1995, 624 p.

——. "Natureza Jurídica e Eficácia das Cartas de Intenções ao FMI", *Boletim da SBDI*, n° 75/76, jul--dez/1991, pp. 51-71.

——. *O Poder Legislativo e os Tratados Internacionais*. Porto Alegre: LPM, 1983, 203 p.

CALDEIRA BRANT, L. N. (Org.). *Terrorismo e Direito: os impactos do terrorismo na comunidade internacional e no Brasil*. Perspectivas político-jurídicas, Rio de Janeiro: Forense, 2003, 557 p.

CAMPOS, J. M. de. *Direito Comunitário*, vol. I e II. Lisboa: Calouste Gulbenkian, 1993.

CANÇADO TRINDADE, A. A. *Tratado de Direito Internacional dos Direitos Humanos*. Porto Alegre: Sérgio Fabris, vol. I, 1997, 486 p.

——. *O esgotamento de recursos internos no Direito Internacional*. Brasília: UnB, 1984, 285 p.

——. et alii, *Direito Internacional Humanitário*. Brasília: IPRI, 1989, 109 p. CANOTILHO, J. J.; MOREIRA, V. Os poderes do Presidente da República. Coimbra: Coimbra, 1991, 117p.

CASSESE, A.; DELMAS-MARTY, M. *Crimes Internacionais e Jurisdições Internacionais*. São Paulo: Manole, 2004, 336 p.

CHEMILLIER-GENDREAU, M. *Humanités et souverainetés: essai sur la fonction du droit international*. Paris: La Découverte, 1995, 382 p.

——. *Droit International et démocratie mondiale*: les raisons d'un échec, Paris. Textuel, 2002, 270 p.

CHEREM, M. T. *Direito Internacional Humanitário*. Curitiba: Juruá, 2002, 181 p.

COMBACAU, J. *Le droit international de la mer*. Paris: PUF, 1985, 128 p.

CORRÊA, A. *MERCOSUL, Soluções de Conflitos pelos Juízes Brasileiros*. Porto Alegre: Sergio Fabris, 1997, 304p.

CORRÊA LIMA, S. M. *Tratados internacionais no Brasil e integração*. São Paulo: LTr, 1998, 231p.

COSNARD, M. «Les lois Helms-Burton et d'Amato Kennedy. Interdiction de commercer et d'investir dans certains pays», AFDI, XLII, 1996, pp. 33-61.

COSTADOAT, C. P. *El espacio aéreo (Dominium Coeli)*. Buenos Aires: Depalma, 1955, 151 p.

COT, J.-P.; PELLET, A. *La Charte des Nations Unies*: commentaire article par article, Paris: Economica, 1991, 1571 p.

DALLARI, D.A. *Direitos humanos e cidadania*. São Paulo: Moderna, 1998, 80p.

DALLARI, P. *Constituição e Relações Exteriores*. São Paulo: Saraiva, 1994, 220p.

DEHOUSSE, R. *Fédéralisme et Relations Internationales*. Bruxelas: Bruylant, 1991, 284p.

DELMAS, Ph. *Le bel avenir de la guerre*. Paris: Gallimard, 1995, 283 p.

DIAZ LABRANO, R. R. *La aplicación de las leyes extranjeras y su efecto frente al derecho*. Assunção: Intercontinental, 1992, 433p.

FABELA, I. *Neutralité*. Paris. Pedone, 1949, 185 p.

FAZIO, S. *Os Contratos Internacionais na União Europeia e no MERCOSUL*. São Paulo: LTr, 1998, 152p.

FEUER, G.; CASSAN, H. *Droit international du développement*. Paris: Dalloz, 1985, 644 p.

FIORATI, J. J.; MAZZUOLI, V. O (orgs.). *Novas vertentes do Direito do Comércio Internacional*. São Paulo: Manole, 2003, 223 p.

——. *As normas imperativas de Direito Internacional Público como modalidade extintiva dos Tratados internacionais*. Franca: UNESP, 2002, 155 p.

FONTANAUD, D. *La justice pénale internationale*. Paris: Documentation française, 1999, 78 p.

FONTOURA, P. R. T. *O Brasil e as operações de manutenção da paz das Nações Unidas*. Brasília: Funag, 1999, 409 p.

FRANKLIN, J. H. *Jean Bodin et la naissance de la théorie absolutiste*. Paris: PUF, 1993, 201 p.

GALINDO, G. R. B. *Tratados Internacionais de Direitos Humanos e Constituição Brasileira*. Belo Horizonte: Del Rey, 2002, 436 p.

GARCIA Jr., A. A. *Conflito entre normas do MERCOSUL e direito interno*. São Paulo: LTr1997, 245p.

GARCIA, M.; MADRUGA Fº, A. (orgs.). *A imunidade de jurisdição e o Judiciário brasileiro*. Brasília: CEDI, 2002, 284 p.

GHERARI, H.; SZUREK, S. (orgs.). "Sanctions unilatérales, mondialisation du commerce et ordre juridique international", Cahiers Internationaux 14. Paris: CEDIN / Paris X Nanterre / Montchrestien, 1998.

GIL, A. G. *Derecho Penal Internacional*. Madri: Tecnos, 1999, 389 p.

GUILLAUME, G. *Les grandes crises internationales et le droit*. Paris: Seuil, 1994, 319 p.

HERRERA, L. A. *La Doctrina Drago y el interes del Uruguay*. Montevidéu: Camara de Representantes, 1991, 234 p.

JIMÉNEZ DE ARECHAGA, E. *Reconocimiento de Gobiernos*. Montevidéu: 1947, Faculdade de Direito, 376 p.

KELSEN, H.; CAMPAGNOLO, U. *Direito Internacional e Estado Soberano*. São Paulo: Martins Fontes, 2002, 209 p.

KLABBERS, J. *An Introduction to International Institutional Law*. Cambridge: University Press, 2002, 399 p.

LAFER, C. *A Internacionalização dos Direitos Humanos*: Constituição, Racismo e Relações Internacionais. São Paulo: Manole, 2005, 135 p.

——. *A OMC e a regulamentação do comércio internacional*: uma visão brasileira. Porto Alegre: Livraria do Advogado, 1998, 168p.

——. *A reconstrução dos direitos humanos*. São Paulo: Companhia das Letras, 1988.

LAVIEILLE, J.-M. *Droit international du désarmement et de la maîtrise des armements*. Paris: L'Harmattan, 1997, 368 p.

MADRUGA FILHO, A. P. *A renúncia à imunidade de jurisdição pelo Estado brasileiro e o novo Direito da imunidade de jurisdição*. Rio de Janeiro: Renovar, 2003, 563 p.

MANIN, P. *Les Communautés européennes, L'Union européenne*. Paris: Pedone, 1997, 467p.

MAROTTA RANGEL, V. M. "Os conflitos entre o direito interno e os tratados internacionais", Boletim da SBDI (1967), v. 45-46, pp. 29 e ss.

——. *Natureza jurídica e delimitação do mar territorial*. São Paulo. Revista dos Tribunais, 1966, 272 p.

MARQUES, C. L. (coord.). *Estudos sobre a proteção do consumidor no Brasil e no MERCOSUL*. Porto Alegre: Livraria do Advogado, 1994, 311p.

MARTINS, P. B. *Da Unidade do Direito e da Supremacia do Direito Internacional*. Rio de Janeiro: Forense, 1998, 73 p.

MARTINS ALONSO, A. *Estrangeiros no Brasil*. Rio de Janeiro. MRE, 1949, 405 p.

MENEZES DE CARVALHO, E. *Organização Mundial do Comércio*: cultura jurídica, tradução e interpretação. Curitiba: Juruá, 2006, 319 p.

MERCADANTE, A. "A processualística dos atos internacionais: Constituição de 1988 e MERCOSUL", in *Contratos Internacionais e Direito Econômico no MERCOSUL*. São Paulo: LTr, p. 458-505.

MINISTÉRIO DA JUSTIÇA (Brasil). *Cartas Rogatórias*: manual de instruções para cumprimento. Brasília: Imprensa Nacional, 1995, 332 p.

——. *MERCOSUL – Acordos e Protocolos na área jurídica*. Porto Alegre: Livraria do Advogado, 1996, 153p.

MORAES, G. P. *Nacionalidade: lineamentos da Nacionalidade Derivada e da Naturalização Extraordinária*. Rio de Janeiro: Lumen Juris, 2000, 98 p.

MORIN, C. *L'art de l'impossible: la diplomatie québécoise depuis 1960*. Montréal: Boréal, 1987, 478 p.

OSSORIO, A. *El pensamiento vivo del Fray Francisco de Vitoria*. Buenos Aires: Losada, 1943, 218 p.

PABST, H. *MERCOSUL: direito da integração*. Rio de Janeiro: Forense, 1997, 278p.

PEREIRA, A . C. *O novo quadro jurídico das relações comerciais na América Latina*. Rio de Janeiro: Lumen Juris, 1997, 208p.

PESCATORE, P. *Conclusion et effet des Traités Internationaux*. Luxemburgo: Office des Imprimés de l'État, 1964, 112 p.

PETIT, Y. *Droit international du maintien de la paix*. Paris: LGDJ, 2000, 216 p.

PUCCI, A. N. *Arbitragem Comercial nos Países do MERCOSUL*. São Paulo: LTr, 1997, 335p.;

PAPAUX, A.; WYLER, E. *L'éthique du droit international*. Paris: PUF, 1997, 128 p.

PECOURT, E. *La soberania de los Estados ante la Organización de las Naciones Unidas*. Barcelona: Sagitario, 1962, 279 p.

PERRONE-MOISÉS, C. *Direito ao desenvolvimento e investimentos estrangeiros*. São Paulo: Oliveira Mendes, 1998, 130p.

PIOVESAN, F. *Direitos Humanos e o Direito Constitucional Internacional*. São Paulo: Max Limonad, 1996, 487p.

POTOBSKY, G. von; CRUZ, H. G. B. de la. *La Organización Internacional Del Trabajo*. Buenos Aires: Astrea, 1990, 526 p.

REZEK, J. F. *Direito dos Tratados*. Rio de Janeiro: Forense, 1984.

ROCHA, M. C. *MERCOSUL, Alcances da União Aduaneira no Ordenamento Jurídico Brasileiro*. Rio de Janeiro: Lumen Juris, 1999, 152 p.

RODAS, J. G. *A publicidade dos tratados internacionais*. São Paulo: LTr, 1980, 264 p.

RUSSOMANO, G. C. *Extradição no Direito Internacional e no Direito Brasileiro*.3ª ed. São Paulo: Revista dos Tribunais, 1993.

SAYED, A. *Quand le droit est face à son néant*: le droit à l'épreuve de l'emploi de l'arme nucléaire, Bruxelas: Bruylant, 1998, 203 p.

SILVA, R. L.; MAZZUOLI, V. O. (Orgs.). *O Brasil e os acordos econômicos internacionais: perspectivas jurídicas e econômicas à luz dos acordos com o FMI*. São Paulo: RT, 2003, 511 p.

SOARES, G. F. S. *Das imunidades de jurisdição e de execução*. Rio de Janeiro: Forense, 1984.

——. *A proteção internacional do meio ambiente*. São Paulo: Manole, 2003, 204 p.

SOARES, M. L. *MERCOSUL, Direitos Humanos, Globalização e Soberania*. Belo Horizonte: Inédita, 1994, 192p.;

STERN, B. "Vers la mondialisation juridique ? Les lois Helms-Burton et d'Amato Kennedy", Paris: *RGDIP*, n° 4, Out-Dez/1996, pp. 979-1003.

——. *O contencioso dos investimentos internacionais*. São Paulo: Manole, 2003, 142 p.

STRENGER, I. *Curso de Direito Internacional Privado*. Rio de Janeiro: Forense, 1978, 627 p.

——. *Direito do Comércio Internacional e Lex Mercatoria.* São Paulo: LTr, 1996, 222 p.

THUAN, C.-H.; FENET (coord.). *A, Mutations internationales et évolution des normes.* Paris: PUF, 1994, 199 p.

TORRELLI, M. *Le droit international humanitaire.* Paris: PUF, 1989, 128 p.

TOURNAYE, C. *Kelsen et la sécurité collective.* Paris: LGDJ, 1995, 121 p.

VALTICOS, N. *Droit international du travail.* Paris: Dalloz, 1970, 638 p.

VARELLA, M. D. *Direito Internacional Econômico Ambiental.* Belo Horizonte: Del Rey, 2003, 452 p.

VENTURA, D. *A ordem jurídica do MERCOSUL.* Porto Alegre: Livraria do Advogado, 1996, 168 p.

——. *As assimetrias entre o MERCOSUL e a União Europeia*: os desafios de uma associação inter-regional. São Paulo: Manole, 2003, 694 p.

——; PEROTTI, A. *Primeiro relatório sobre a aplicação do direito do MERCOSUL pelos tribunais nacionais.* Montevidéu: SM, 2005, 214 p.

——; ——. *El processo legislativo del Mercosur.* Montevidéu: CPC/SM, 2004, 115 p. VISSCHER, C. de. «Des traités imposés par la violence», in RDILC, 1931, n° 3, pp. 513-537.

VITÓRIA, F.; SUAREZ, F. *Contribution des théologiens au Droit International moderne.* Paris: Pedone, 1939, 278 p.

ZORGBIBE, C. *Le droit d'ingérence.* Paris: PUF, 1994, 127 p.

Índice analítico

Os números correspondem aos parágrafos, não às páginas

Absolutismo, 105
Accioly, Hildebrando, 5
Acordos de Bretton Woods, 409
Acordos de Latrão, 112
Acordo de Marrakesh, 163
Acordo geral de tarifas alfandegárias e comércio (GATT), 73, 318, 418, 421, 425
Acordo misto, 440
Acordos verbais, 40
Acre, 125
Actio popularis, 69
Ad referendum, 47
Advogados sem Fronteiras, 371
Afeganistão, 501
África do Sul, 23
Agências de notação de risco soberano, 349
Agrément ou *agreement*, 56
Alemanha, 23, 35, 114, 204, 387, 410, 413, 431, 436, 457
Andorra, 111, 457
Angola, 237, 501
Anistia Internacional, 371
Antártida, 124, 364
Antiguidade, 99
Anzilotti, Dionisio, 18, 22
Apolo XI, 391
Arábia Saudita, 410
Ar e espaço extra-atmosférico, 391
Argentina, 254, 363, 459, 477, 504
Arms control, 362
Aron, Raymond, 207

Arquipélago, 381
Assembleia Geral das Nações Unidas, 94, 173, 184, 334, 394, 480
Associação Latino-americana de Integração, (ALADI), 179
Associação Latino-americana de Livre Comércio (ALALC), 179
Atos unilaterais, 37, 39, 92, 93, 416
Attar, Frank, 96, 213
Austrália, 254, 497
Áustria, 23, 35, 433, 457
Autoridade internacional para os fundos marinhos, 385

Banco Central Europeu (BCE), 437, 458
Banco Mundial (BIRD), 187, 408 a 412,
Baptista, Luis Olavo, 26
Barbosa, Rui, 146
Barcelona Traction, 66
Bélgica, 32
Bernadotte, Folke (caso), 170
Betancourt, Rómulo, 142
Bodin, Jean, 103
Boicote, 128
Bolívia, 125, 254, 478
Bonfils, Henry, 17, 28
Botsuana, 499
Brasil, 33 e ss., 55 e ss., 79, 121, 125, 129, 132 e ss., 218, 231 e ss., 288, 363, 414, 425, 459, 477, 489
Burdeau, Geneviève, 128

Cabo Verde, 111, 237, 457
Cachapuz de Medeiros, Antônio Paulo, 34, 40
Calvo, Carlos, 158
Câmara dos Deputados, 58, 239
Canais internacionais, 387
Carlos V, 7
Carneiro, Athos Gusmão, 131
Carreau, Dominique, 222, 266
Carta das Nações Unidas, 54, 68, 160, 165, 166, 173, 189, 204, 310, 342
Carta de intenções (ao FMI), 414 e ss.
Carta do Desenvolvimento, 489
Carta rogatória, 133, 477
Carvalho, Júlio Marino de, 138
Castro, Fidel, 128
Chile, 201, 254, 478
China, 10, 334, 396
Cláusula báltica, 147
Cláusula búlgara, 147

Cláusula Calvo, 158
Cláusula da nação mais favorecida, 73, 420
Codificação, 12, 88, 353
Código de boa conduta, 413
Combacau, Jean, 151, 153
Comissão de Direito Internacional (CDI), 153, 325
Comitê Internacional da Cruz Vermelha (CICV), 202, 358
Competência internacional, 131 e ss.
Comunidade Econômica Europeia (CEE), 114, 431
Comunidade Europeia da Energia Atômica (Euratom), 114, 431
Comunidade Europeia do Carvão e do Aço (CECA), 114, 431
Comunidade da África Oriental, 180
Concepção material, 3
Conferências
    de Atlantic City, 401
    de Berlim, 401
    de Bretton Woods, 409
    de Chicago, 394
    de Genebra, 374
    de Haia, 149, 369
    de Havana, 418
    de Moscou, 364, 398
    de Versalhes, 154
    de Viena, 368
    de Washington, 364
Conferência diplomática, 59, 182
Congresso Nacional, 55, 58, 79, 129, 232, 244, 288
Conselho da Europa, 182, 203, 268
Conselho de Ajuda Econômica Mútua (Comecom), 180
Conselho de Segurança da ONU, 93, 188 e ss., 311, 332, 334
Conselho Europeu, 434, 436, 448
Consenso de Washington, 494
Consentimento, 15, 65. 321, 465
Constituição europeia, 433, 435, 439, 449
Constituição Federal, 55, 232 e ss., 477
Contra legem, 91
Contra medidas, 71
Convenção
    de Basileia, 138
    de Bonn, 389
    de Chicago, 395
    de Haia, 304, 351 e ss.
    de Lomé, 441
    de Montego Bay, 377 e ss., 489

de Organização da Aviação Civil Internacional, 225
de Otawa, 364
de Paris, 341
de registro de objetos lançados no espaço, 226
de Varsóvia, 394
de Viena, 15, 40, 47 e ss., 289 e ss., 489
Drago-Porter, 340
Europeia, 138, 276 e ss., 323, 434, 443
pan-americana para a aviação, 394
sobre a desnuclearização do fundo do mar, 364
sobre as armas bacteriológicas, 364
sobre relações diplomáticas, 137, 288
Corpus juris gentium, 6
Corte Europeia dos Direitos Humanos, 276
Corte de Justiça Luxemburgo (CJL), 277, 442, 450
Corte Interamericana de Direitos Humanos, 276
Corte Internacional de Justiça (CIJ), 37, 62, 90, 95, 174, 193 e ss., 215, 220 e ss., 328, 337, 343 e ss., 379
Cortesia internacional, 13, 87
Cosnard, Michel, 128
Costa contra ENEL (decisão), 452
Costa Rica, 80, 276, 362
Costume, 23, 39, 85 e ss., 353
Cuba, 128, 290

Declaração Schuman, 114
Declaração Universal dos Direitos do Homem, 217, 272
Dehousse, Renaud, 35
Democracia, 104, 105, 493
Denúncia, 84, 169, 332
Desarmamento, 61, 72, 361 e ss.
Diário Oficial da União, 58
Dinh, Nguyen Quoc, 38, 91, 284
Diplomacia, 8, 294, 419
Direito comunitário, 428 e ss.
Direitos
    constitucional, 32 e ss., 181
    da guerra, 12, 350 e ss.
    da integração econômica, 428
    das relações exteriores, 31
    do desarmamento, 145, 362 e ss.
    especiais de saque (DES), 413
    humanitário, 150, 366
    humanos, 61, 79, 256, 267, 269 e ss., 276

interestatal, 3
internacional do desenvolvimento, 479 e ss.
internacional do mar, 373
internacional econômico, 404 e ss.
internacional privado, 17, 25, 28 e ss., 88
interno, 2, 18, 21 e ss.
judiciário, 13
natural, 7, 13, 19
político, 13

Divortium aquarum, 121
Dolinger, Jacob, 28
Doutrina Estrada, 145, 146
Doutrina funcionalista, 165
Doutrina objetivista, 19
Doutrina Tobar, 145
Doutrina voluntarista, 19
Doutrina do não reconhecimento, 148
Doutrina da não intervenção, 344
Dualismo, 22
Dupuy, René-Jean, 8, 21, 285

Endosso, 156, 158
Equador, 145, 254, 478
Equidade, 91
Escola sociológica, 19
Espaços internacionais, 228, 286, 364, 372
Espanha, 19, 254, 432, 436, 457
Estados Unidos da América, 52, 78, 149, 205, 254, 290, 332, 347, 362, 396, 410, 424, 425, 427, 492
Estatuto de bem público, 471
Estatuto dos estrangeiros, 259, 270
Estreito de Corfu (caso), 364
Estreitos, 428
Euro, 456 e ss.
Europa dos 12, 457
Europa dos 15, 433
Europa dos 25, 457
Europa dos 28, 433
Ex aequo et bono, 37, 91, 462
Exequatur, 133, 136, 298, 477
Extraterritorialidade, 128, 295

Federação, 35, 66
Federalismo, 34

Finlândia, 433, 457
Fontes (do DIP), 22, 36 e ss., 76, 93
    autônomas do Mercosul, 467, 468
    convencionais, 39
    direito comunitário, 430, 442, 444, 451
    formais, 36, 37
    materiais, 36
    não convencionais, 39, 85
    originárias do Mercosul, 466, 472
Foreign Sovereign Immunities Act, 138
França, 218, 254, 256, 268, 332, 410, 431, 436, 457
Fronteiras, 99, 105, 120, 125, 346, 388, 392
Fundo Monetário Internacional, 210, 408, 409, 412

Garantias, 72
Globalização, 496, 506
Good governance, 349
Grócio, Hugo, 7, 353
Grupo dos 77, 481
Guatemala, 220
Guerra dos Trinta Anos, 6, 7
Guerra Fria, 10, 363, 365
Guerra do Golfo, 357

Haiti, 499
Hobbes, Thomas, 105, 106, 208
Holanda, 431, 432, 436, 457
Hungria, 433

Idade Média, 99, 102
Igualdade jurídica, 6, 10, 113, 128, 310, 487
Império, 26, 99, 100, 123, 138
Índia, 363, 389, 425
Índice de Desenvolvimento Humano (IDH), 501
Indivíduo
    apátrida (ou heimatlos), 217
    aquisição da nacionalidade brasileira, 233, 242
    aquisição da nacionalidade, 219, 220, 233, 235, 236, 240, 242
    asilo diplomático, 265, 296
    asilo político, 264, 302
    condição jurídica do estrangeiro no Brasil, 243
    declarações e tratados dos direitos humanos, 79, 256, 267, 276
    deportação, 256, 260 e ss.
    detração, 251

efeitos, 227
estatuto especial dos portugueses no Brasil, 249
expulsão, 257
extradição, 249, 255
implementação dos direitos humanos, 276
limitações decorrentes da naturalização, 239
nacionalidade secundária, 216
não reconhecimento da nacionalidade, 220
perda da nacionalidade, 219, 241
proteção diplomática, 156
proteção internacional dos direitos humanos, 272
proteção internacional dos trabalhadores, 279
reaquisição da nacionalidade, 242
refúgio, 256
sujeitos fragmentários, 283

Infra legem, 91
Inglaterra, 23, 146, 432, 436, 457
Intelsat, 226
Intervenção (tipologia da), 349
Isaac, Guy, 467
Islândia, 362
Itália, 112, 254, 256, 431, 457
Itamaraty, 56

Jamaica, 377
Japão, 23, 204, 410,
Jellinek, Georg, 18
Jure gestionis, 138
Jure imperii, 138
Jurisdição, 137
Jurisprudência, 79, 476
Jus cogens, 16, 38, 63, 69, 83, 140
Jus gentium (Direito das gentes), 26
Jus publicum Europaeum, 6
Jus sanguinis, 216, 233, 235
Jus solis, 216, 233

Korff, Barão, 6
Kuait, 357

Lachs, Manfred, 8
Lagos internacionais, 390
Latrão (Acordos de), 112
Leben (caso), 476

Legitimidade, 137, 148, 209, 415, 433, 436, 455
Lei D'Amato-Kennedy, 128
Lei Helms-Burton, 128
Lex mercatoria, 29, 406
Libéria, 224
Líbia, 128
Liechtenstein, 111, 220
Liga das Nações (ou Sociedade das Nações), 9, 53, 179, 210, 267, 279, 305, 310, 341, 394,
Liszt, Franz von, 3
Litispendência, 135

Manin, Philippe, 2, 126
Mar, 373 e ss.
Médicos sem Fronteiras, 371
Meio ambiente, 12, 30, 273, 357, 384, 399, 508
Mello, Celso Albuquerque de, 158
Mercado Comum do Sul (MERCOSUL) direito do MERCOSUL, 459 e ss.
México, 145, 254, 256
Microestados, 110
Minorias (questão das), 268
Modus vivendi, 41
Mônaco, 111, 132, 457
Monismo, 22, 23
Monnet, Jean, 114, 431
Moral internacional, 13
Movimentos de libertação nacional, 66, 202
Movimentos dos Estados não Alinhados, 481

Não beligerância, 359 e ss.
Não intervenção, 343
Nauru, 111
Neutralidade, 358 e ss.
Nicarágua, 332, 343, 347
Normas, 47
Notificação, 54
Nottebohm (caso), 220
Nova ordem econômica internacional (NOEI), 482, 491, 492
Nova ordem mundial da informação e da comunicação (NOMIC), 492
Nova Zelândia, 497

Opinio juris sive necessitatis, 87
Organização das Nações Unidas (ONU)
    Assembleia Geral, 94, 173, 184, 334, 394, 480
    Conselho de Segurança, 93, 189 e ss., 332, 334,

Organização dos Estados Americanos (OEA), 166, 191, 270
Organizações internacionais
    competência de controle, 192
    competência impositiva, 181
    competência normativa, 182
    competência operacional, 185
    definição, 160
    dissolução, 179
    elementos constitutivos, 171
    financiamento, 198
    generalidades, 160 e ss.
    imunidades, 178, 301
    instrumentos materiais de ação, 195
    noções gerais, 160
    principais características, 164
    reconhecimento, 176
    recursos humanos, 196
    representação dos Estados-Membros, 91
    sujeitos mediatos de direito internacional, 172
Organização da Aviação Civil Internacional (OACI), 394 e ss.
Organização Marítima Internacional (OMI), 374
Organização Mundial do Comércio (OMC), 418
Organização para a Libertação da Palestina (OLP), 66
Organização do Tratado do Atlântico Norte (OTAN), 61

Pacta sunt servanda, 70, 75
Pacto Briand-Kellog (Convenção de Paris), 341
Pacto da Liga das Nações, 310, 341
Pacto de San José da Costa Rica, 80
Pacto de Varsóvia, 180
Países menos avançados (PMA), 498
Panamá, 224, 387
Paquistão, 363, 389
Papado, 99
Paraguai, 53, 64, 254, 459, 463, 465
Paraphe, 47
Parlamento Europeu, 203
Partilha de competências, 11, 440
Pederneiras, Raul, 4
Personalidade jurídica internacional, 1, 96 e ss.
Pescatore, Pierre, 118, 119
Platô continental, 374, 382
Poderes da República, 33, 34, 49, 131, 137, 251, 258, 328
Política externa, 34, 35,
Pontes de Miranda, 214

Praeter legem, 91
Presidente da República, 32 e ss., 129, 256, 258
Princípios
    da aplicabilidade imediata, 452
    da autodeterminação dos povos, 33, 69, 125, 268, 350
    da boa-fé, 48
    da condicionalidade, 414
    da dualidade de normas, 508
    da efetividade, 124, 138, 140
    da igualdade jurídica entre Estados, 113
    da imputabilidade, 89
    da legítima defesa, 342
    da reciprocidade, 45, 63, 289
    da reparação, 91,
    da solidariedade, 488
    da subsidiariedade, 35
    da territorialidade, 129
    do patrimônio comum da humanidade, 91
    gerais do direito, 91, 354, 442 e ss.
Promessa, 92, 250, 255
Proteção diplomática internacional, 156
Protesto, 92
Protocolo de Brasília, 461, 462, 466
Protocolo de Buenos Aires, 317
Protocolo de Cartagena, 317
Protocolo de Las Leñas, 134
Protocolo de Olivos, 461
Protocolo de Ouro Preto, 460 e ss.
Protocolo de Ushuaia, 147, 465
Protocolos de Genebra, 358

Rawls, John, 26
Reconhecimento, 92, 136, 139 e ss.
    generalidades, 139 e ss.
    modalidades, 142
    outros objetos de reconhecimento, 150
    reconhecimento de Estado, 143
    reconhecimento de governo, 144
    teorias, 141
Relações consulares, 287, 298
Relações diplomáticas, 287
    a situação das organizações internacionais, 319 a 321
    estabelecimento, 289
    generalidades, 305, 306
    imunidades e privilégios, 295

modalidades de representação, 291
　　　ruptura, 289
Relações internacionais, 27, 121
Renúncia, 92, 137, 297
Represálias, 71
Res communis, 372
Res nullius, 372
Resolução Acheson, 314
Resoluções das Nações Unidas, 37, 93
Responsabilidade internacional, 98, 151
Reuter, Paul, 4, 13, 161
Rezek, José Francisco, 79
Rios internacionais, 388
Rodadas de negociação (GATT/OMC), 423
Rousseau, Charles, 11, 105
Rousseau, Jean-Jacques, 105
Rússia, 314, 362, 413, 496
Ruzié, David, 13, 23

Santa Sé, 41, 112
Scelle, Georges, 19, 212
Senado Federal, 40, 239
Senegal, 501
Serra Leoa, 501
Silêncio, 92
Silva, José Afonso da, 234, 252
Simmenthal (decisão de), 451
Sistema de Mandatos, 480
Sistema de Preferências Generalizado (SPG), 421
Soberania, 44, 99 e ss.
Soberania delegada, 44
Soberania original, 44
Sociedade civil, 34
Soft law, 489
Solução coercitiva de litígios, 338
Solução pacífica dos litígios, 304
　　　arbitragem, 321
　　　bons ofícios, 316
　　　conciliação, 316
　　　investigação, 309
　　　mediação, 316
　　　meios jurisdicionais, 320
　　　negociação diplomática, 307
　　　negociações através das organizações internacionais, 310

panels (OMC), 318
Sorel, Georges, 212
State Immunity Act, 138
Stern, Brigitte, 128
Stimson, Henry, 149
Strategic Arm's Limitation Talks (SALT), 365
Strategic Arm's Reduction Talks (START), 365
Strenger, Irineu, 28
Suíça, 23, 254, 290
Sujeito de direito internacional, 30, 88, 92, 111, 139, 154, 175, 270
Supranacionalidade, 114
Supremo Tribunal Federal (STF), 79, 133, 135, 239, 251 e ss., 477

Talvegue, 121
Teoria da autolimitação, 18
Teoria da guerra, 7
Teoria da vontade coletiva, 18
Teoria das competências implícitas, 314
Teoria do efeito direto, 454
Teoria normativista, 19
Terceiro Mundo, 481
Terra derelicta, 123
Terra nullius, 122 e ss.
Território, 120
Tosi, Renzo, 70
Tournaye, Cécile, 17
Touscouz, Jean, 110, 120
Tratados
    adesão, 61
    cláusulas de revisão, 81
    coação, 68
    conflito de normas, 77
    Convenção de Viena sobre o Direito dos Tratados, 15, 40, 161, 489,
    corrupção, 68
    denúncia, 84
    depositário, 50, 64
    efeito útil, 76
    emendas, 81
    erro essencial, 67
    executive agreements, 42, 51
    extinção, 83
    garantias, 72
    generalidades, 40 e ss.
    interpretação, 46, 62, 74

jus cogens, 63, 69
  modificação, 81
  nulidade, 69
  plenipotenciários, 50, 57
  princípio da boa-fé, 48
  ratificação, 50, 58, 67
  reservas, 62
  teoria dos tratados desiguais, 68
  treaty making power, 44
  validade, 65
  vício de consentimento, 68
  vigência, 53
Tratado
  de Amsterdam, 433
  da Bacia do Prata, 389
  de Assunção, 53, 459, 464, 466, 476
  de Brasília, 389
  de Maastricht, 432, 456
  de Moscou, 364, 398
  de não proliferação nuclear (TNP), 363
  de Nice, 433
  de Roma, 431
  de Tlatelolco, 364
  de Versalhes, 387
  de Washington, 364
  Hay-Bunau Varilla, 387
  Hay-Paunceforte, 387
  Interamericano de Assistência Recíproca (TIAR), 191, 317
  sobre o espaço extra-atmosférico, 397
Tremps, Pablo Pérez, 114
Tribunal Penal Internacional, 79
Tribunal Permanente de Revisão do MERCOSUL, 462
Tribunal Internacional do Direito do Mar, 385
Triepel, Heinrich, 18, 22

União Europeia, 114, 119, 147, 176, 427, 428, 432, 447
União Soviética (ex), 396
União Internacional de Telecomunicações (UIT), 400
Uruguai, 264, 422, 424, 459, 477

Velloso, Carlos, 80
Van Gend en Loos (decisão), 452
Vargas, Getúlio, 268
Vaticano, ver Santa Sé 112

Venezuela, 254, 459, 463
Vestefália, 6
Vietnam (guerra do), 357
Virally, Michel, 93
Vitória, Francisco de, 7

Weckmann, Luis, 101

Zona econômica exclusiva, 379, 382

Impressão:
Evangraf
Rua Waldomiro Schapke, 77 - POA/RS
Fone: (51) 3336.2466 - (51) 3336.0422
E-mail: evangraf.adm@terra.com.br